Once anillos

Once anillos

El alma del éxito

Phil Jackson

y

Hugh Delehanty

Traducción de
Margarita Cavándoli Menéndez

Rocaeditorial

Título original: *Eleven Rings. The Soul of Success*

© Phil Jackson, 2013

Primera edición: febrero de 2014

© de la traducción: Margarita Cavándoli Menéndez.
© de esta edición: Roca Editorial de Libros, S. L.
Av. Marquès de l'Argentera 17, pral.
08003 Barcelona
info@rocaeditorial.com
www.rocaeditorial.com

Impreso por Liberdúplex, s.l.u.
Crta. BV-2249, km 7,4, Pol. Ind. Torrentfondo
Sant Llorenç d'Hortons (Barcelona)

ISBN: 978-84-9918-743-3
Depósito legal: B. 29.107-2013
Código IBIC: KJMB; WSJM

Para Red Holzman, Tex Winter y todos
los jugadores a los que he entrenado
y que me han dado infinidad de lecciones.

Cuando haces cosas desde el alma,
sientes un río, un gozo que fluye en tu interior.

RUMI

Índice

Capítulo uno

El círculo del amor

La vida es un viaje, el tiempo un río
y la puerta está entreabierta.
JIM BUTCHER

A Cecil B. DeMille le habría encantado ese momento.
Ahí estaba yo, montado en limusina, en la rampa que conducía al Memorial Coliseum de Los Ángeles, a la espera de la llegada de mi equipo, mientras una enfervorizada multitud de más de noventa y cinco mil seguidores, ataviados con todas las combinaciones imaginables de los colores púrpura y dorado de los Lakers, entraba en el estadio. Avisté mujeres con tutús, hombres con disfraces de los soldados imperiales de *La guerra de las galaxias* y críos muy pequeños con letreros en los que se leía KOBE DIEM. Pese a tanta extravagancia, percibí algo edificante en ese ritual antiguo con un saborcillo decididamente angelino. Como afirmó Jeff Weiss, colaborador de la revista *LA Weekly*: «Es lo más cerca que jamás estaremos de asistir al retorno de las legiones romanas después de una expedición por las Galias».

A decir verdad, nunca me he sentido muy cómodo en las celebraciones de un triunfo, lo cual resulta extraño dada la profesión que he escogido. En primer lugar, las multitudes me producen fobia. No me molestan durante los partidos, pero me causan inquietud en situaciones menos controladas. Además, nunca me ha gustado ser el centro de atención. Tal vez se relaciona con mi timidez intrínseca o con los mensajes contradictorios que de pequeño recibí de mis padres, pastores religiosos. En su opinión, ganar estaba bien (de hecho, mi madre es una de las personas más ferozmente competitivas que he conocido), pero regodearte en el éxito obtenido se consideraba un insulto a Dios. Me decían: «La gloria corresponde al Señor».

De todas maneras, la celebración no tenía nada que ver conmigo, sino con la extraordinaria transformación vivida por los jugadores de camino al campeonato de la NBA del año 2009. Quedó patente en sus caras cuando bajaron la escalera púrpura y dorada del coliseo, vestidos con las camisetas del campeonato y las gorras con las viseras hacia atrás, sin dejar de reír, empujarse y estar radiantes de alegría, mientras la muchedumbre rugía encantada. Cuatro años antes, los Lakers ni siquiera habían llegado a los *play-offs*, y en ese momento se habían convertido en los amos del universo del baloncesto. Algunos entrenadores se obsesionan con conquistar trofeos y otros quieren ver sus caras en la televisión. A mí me emociona ver a los jóvenes unidos y conectados con la magia que surge cuando se centran, con toda su alma, en algo más grande que ellos mismos. En cuanto lo has experimentado, jamás lo olvidas.

El símbolo es el anillo.

En la NBA, el anillo del campeonato simboliza el estatus y el poder. Por muy estrafalario o incómodo que sea, el sueño de conseguirlo es lo que motiva a los jugadores y les permite someterse a la dura experiencia de la larga temporada de la NBA. Jerry Krause, ex gerente general de los Chicago Bulls, lo comprendió perfectamente. En 1987, año en el que me incorporé al equipo como segundo entrenador, me pidió que, para inspirar a los jóvenes jugadores de los Bulls, me pusiese uno de los dos anillos que había conquistado jugando en los New York Knicks. Solía hacerlo durante los partidos decisivos cuando era entrenador de la Continental Basketball Association, pero la idea de exhibir cada día semejante pedrusco en el dedo me pareció demasiado. Un mes después de iniciar el gran experimento de Jerry, la gema central del anillo se cayó mientras cenaba en el restaurante Bennigan de Chicago y nunca la recuperé. A partir de entonces solo me pongo los anillos durante los *playoffs* y en ocasiones especiales, como esa reunión en el coliseo para festejar el triunfo.

A nivel psicológico, el anillo representa algo muy profundo: la búsqueda de la identidad en pos de la armonía, la interrelación y la integridad. Por ejemplo, en la cultura de los aborígenes norteamericanos, la capacidad unificadora del círculo era tan significativa que naciones enteras se concibieron como una sucesión de anillos o aros interrelacionados. El tipi es un anillo, lo mismo que la hoguera del campamento, la aldea y el trazado de la nación propiamente dicha... círculos dentro de círculos que no tienen principio ni fin.

La mayoría de los baloncestistas desconocían la psicología indígena, pero comprendían intuitivamente el significado más profundo del anillo. Al comienzo de la temporada inventaron un cántico que entonaban al inicio de cada partido, con las manos unidas y formando un corro: «¡UNO, DOS, TRES..., ARO!».

Después de que los jugadores ocuparan sus sitios en el escenario —la pista de baloncesto portátil de los Lakers en el Staples Center—, me puse en pie y me dirigí a los seguidores.

—¿Cuál es el lema de este equipo? El anillo —dije mostrando mi sortija, la que habíamos conquistado en el último campeonato que ganamos, en 2002—. El anillo..., ese fue nuestro lema. No solo se trata de una banda de oro, sino del círculo que estableció un vínculo

15

entre todos los jugadores. El gran amor que cada uno sintió por los demás.

El círculo del amor…

No es así como la mayoría de los seguidores de baloncesto piensan en su deporte. Tras más de cuarenta años participando al máximo nivel, no solo como jugador sino como entrenador, no se me ocurre una forma más verídica de definir la peculiar alquimia que aglutina a los jugadores y los cohesiona en pos de lo imposible.

Evidentemente, no hablamos del amor romántico, ni siquiera del amor fraternal en el sentido cristiano tradicional. La analogía más atinada sería la intensa conexión emocional que los grandes guerreros experimentan en el fragor de la batalla.

Años atrás el periodista Sebastian Junger se adhirió a un pelotón de soldados estadounidenses destinados a una de las zonas más peligrosas de Afganistán, en un intento de averiguar por qué esos jóvenes indescriptiblemente valientes combatían en condiciones tan adversas. Como relata en su libro *Guerra*, Junger comprobó que el valor necesario para entrar en combate no se diferencia del amor. Dada la fuerte hermandad que se había creado, los soldados estaban más preocupados por lo que les ocurría a sus camaradas que por lo que les pasaba a sí mismos. Un militar le contó que se echaría sobre una granada por cualquiera de sus compañeros de pelotón, incluso por aquellos que no le caían demasiado bien. El periodista preguntó por qué y el soldado respondió: «Porque amo realmente a mis hermanos. Es decir, formamos una hermandad. Creo que es gratificante salvar una vida, y cualquiera de ellos también lo haría por mí».

Según Junger, esa clase de vínculo, prácticamente imposible de reproducir en la vida civil, es decisiva para el éxito, ya que sin ella nada es factible.

No quiero forzar excesivamente la analogía. Los jugadores de baloncesto no arriesgan diariamente la vida como los soldados en Afganistán, aunque en muchos aspectos aplican los mismos principios. Hacen falta varios factores críticos para ganar un campeonato de la NBA, incluida la combinación adecuada de talento, creatividad, inteligencia, resistencia y, desde luego, suerte. Ninguno de esos factores tiene la menor importancia si el equipo carece del ingrediente fundamental: el amor.

Esa clase de conciencia no se construye de la noche a la mañana. Hacen falta años de preparación para conseguir que los atletas jóvenes tomen distancia de sus egos y se involucren de lleno en la experiencia grupal. La NBA no es precisamente el entorno más adecuado para inculcar la generosidad. A pesar de que se trata de un deporte en el que participan cinco jugadores, la cultura que lo rodea fomenta los comportamientos egoístas y resalta los logros individuales más que los vínculos entre los integrantes del equipo.

No era así cuando en 1967 empecé a jugar con los Knicks. Por aquel entonces los jugadores cobraban un salario modesto y en verano tenían trabajos a tiempo parcial para redondear sus ingresos. Los partidos se televisaban en contadas ocasiones y nadie había oído hablar del visionado desde diversas posiciones, menos todavía de Twitter. Esa situación cambió en la década de 1980, en gran medida gracias a la famosa rivalidad existente entre Magic Johnson y Larry Bird y a la aparición de Michel Jordan como fenómeno global. Actualmente el baloncesto se ha convertido en una industria que produce miles de millones de dólares, cuenta con seguidores en todo el mundo y con una compleja maquinaria mediática que transmite cuanto sucede, tanto dentro como fuera de las pistas, las veinticuatro horas de cada día de la semana. Una de las consecuencias lamentables de esto es la obsesión por el estrellato en términos mercantiles, la cual infla los egos de un puñado de jugadores y causa estragos en aquello que hace que la gente se sienta atraída por el baloncesto: la belleza intrínseca de este deporte.

17

Como la mayoría de los equipos de la NBA, los Lakers de la temporada 2008-2009 llevaban años luchando por llevar a cabo la transición de un equipo desunido y egocéntrico a un conjunto cohesionado y generoso. No formaban el equipo más trascendente que yo haya entrenado, honor que corresponde a los Chicago Bulls de la temporada 1995-1996, encabezados por Michael Jordan y Scottie Pippen. Tampoco eran tan talentosos como los Lakers de la temporada 1999-2000, pletóricos de grandes anotadores, entre los cuales se incluían Shaquille O'Neal, Kobe Bryant, Glen Rice, Robert Horry, Rick Fox y Derek Fisher. Pero los Lakers de la temporada 2008-2009 llevaban las simientes de la grandeza en su ADN colectivo.

Los jugadores estaban más motivados que nunca cuando en agosto de 2008 se presentaron para las sesiones de entrenamiento. La temporada anterior, su trayectoria fue de fábula hasta llegar a las finales contra los Celtics, pero en Boston fueron humillados y perdieron por 39 puntos el decisivo sexto partido. Evidentemente, la paliza sufrida a manos de Kevin Garnett y compañía —por no hablar del posterior y desagradable regreso al hotel rodeados de simpatizantes de los Celtics— había sido una experiencia brutal, sobre todo para los miembros más jóvenes del equipo, que todavía no conocían el veneno bostoniano.

Algunos equipos se desmoralizan después de perder con tanta contundencia, pero ese conjunto joven y fogoso se cargó de energía tras estar tan cerca del premio y perderlo en el último momento a manos de un adversario más aguerrido y físicamente intimidador. Kobe, al que esa temporada habían considerado el jugador más valioso del año, se mostró extraordinariamente centrado. Siempre me han impresionado su capacidad de adaptación y su férrea confianza en sí mismo. A diferencia de Shaq, a menudo acosado por la falta de autoconfianza, Kobe jamás permitió que esos pensamientos dominaran su mente. Si alguien ponía el listón a tres metros de altura, Kobe saltaba tres treinta, por mucho que hasta entonces nadie lo hubiese conseguido. Esa fue la actitud que mostró cuando aquel otoño llegó a las sesiones de entrenamiento y causó un poderoso impacto en sus compañeros.

De todas maneras, lo que más me sorprendió no fue la implacable determinación de Kobe, sino la relación fluctuante con sus compañeros de equipo. Había desaparecido el joven impetuoso y tan empeñado en ser el mejor jugador de la historia que arrebataba la alegría deportiva a los demás. El nuevo Kobe nacido durante la temporada se tomó muy a pecho la función de capitán del equipo. Años atrás, recién llegado yo a Los Ángeles, insistí para que Kobe pasase ratos con sus compañeros de equipo en vez de encerrarse en la habitación del hotel a estudiar vídeos. El jugador rechazó mi propuesta y aseguró que a sus compañeros solo les interesaban los coches y las mujeres. Pero en ese momento hizo un esfuerzo por conectar más estrechamente con el resto de los jugadores y por descubrir cómo podían convertirse en un equipo más cohesionado.

A ello contribuyó el hecho de que Derek Fisher, el otro capitán del equipo, fuera un líder natural, con una inteligencia emocional extraordinaria y una gran capacidad de gestión. Me sentí satisfecho cuando Fish, que había desempeñado un papel decisivo como base en la etapa anterior de nuestros tres campeonatos consecutivos, decidió volver a Los Ángeles después de su estancia temporal en los Golden State Warriors y los Utah Jazz. Pese a no ser tan veloz ni tan inventivo como algunos de los bases más jóvenes de la liga, Fish era fuerte, decidido, intrépido y con un carácter sumamente confiable. Carecía de velocidad, pero poseía el don de subir la pelota por la pista y organizar correctamente el ataque. También era un excelente lanzador de triples en los momentos finales. Pero, por encima de todo, Kobe y él mantenían un vínculo fuerte. Kobe respetaba la disciplina mental de Derek y su fiabilidad cuando estaba sometido a presión y

19

Derek sabía cómo comunicarse con Kobe cuando nadie más podía llegar a él.

Kobe y Fish iniciaron la primera sesión de entrenamiento con un discurso acerca de que la próxima temporada sería un maratón más que una carrera de velocidad y de que necesitábamos centrarnos en hacer frente a la fuerza con nuestra fuerza en vez de dejarnos intimidar por la presión física. Por paradójico que resulte, cada día que pasaba las palabras de Kobe se parecían más a las mías.

En su innovador libro *Tribal Leadership*, los consultores de gestión Dave Logan, John King y Halee Fischer-Wright definieron los cinco estadios del desarrollo tribal, formulados tras exhaustivos estudios de organizaciones de tamaños pequeño y mediano. Aunque oficialmente no son tribus, los equipos de baloncesto comparten sus características en un elevado porcentaje y se desarrollan más o menos según los mismos principios.

20

ESTADIO 1 - Compartido por la mayoría de las pandillas callejeras y caracterizado por la desesperación, la hostilidad y la creencia colectiva de que «la vida es un asco».

ESTADIO 2 - Ocupado principalmente por personas apáticas que se consideran víctimas, que son pasivamente hostiles y que tienden a considerar que «mi vida es un asco». Piensa en la serie televisiva *The Office* o en la tira cómica *Dilbert*.

ESTADIO 3 - Basado, sobre todo, en los logros individuales y en la consigna «soy genial (y tú no)». Según los autores, en este estadio los integrantes de las organizaciones «necesitan ganar, y lo convierten en una cuestión personal». En el plano individual, trabajan y piensan más y mejor que sus competidores. La atmósfera resultante es la de un conjunto de «guerreros solitarios».

ESTADIO 4 - Dedicado al orgullo tribal y a la profunda convicción de que «somos geniales (y ellos no)». Esta clase de equipo necesita un adversario fuerte y, cuanto más grande sea el enemigo, más poderosa será la tribu.

ESTADIO 5 - Fase poco corriente que se caracteriza por la sensación de asombro ingenuo y la firme convicción de que «la vida es genial». (Véase Chicago Bulls, temporadas 1995 a 1998.)

Logan y sus colegas sostienen que, en igualdad de condiciones, la cultura del estadio 5 funciona mejor que la del estadio 4, que, a su vez, supera a la del 3 y así sucesivamente. Por añadidura, las reglas cambian cuando pasas de una cultura a otra. Por esa razón, los llamados principios universales que aparecen en la mayoría de los libros de texto sobre liderazgo casi nunca se sustentan. Con el fin de que una cultura pase de un estadio al siguiente tienes que pulsar las teclas adecuadas para ese estadio específico del desarrollo del grupo.

Durante la temporada 2008-2009, los Lakers tenían que pasar de ser un equipo del estadio 3 a convertirse en uno del estadio 4 para ganar el campeonato. La clave consistió en lograr que una masa crítica de jugadores adoptase un enfoque más generoso de nuestro deporte. Kobe no me preocupaba demasiado, aunque en cualquier momento podía entregarse a una racha de lanzamientos seguidos si se sentía frustrado. Yo sabía que a esa altura de su trayectoria era consciente de la insensatez de tratar de anotar cada vez que cogía la pelota. Tampoco me preocupaban Fish ni Pau Gasol, espontáneamente propensos a ser jugadores de equipo. Lo que más agitación me causaba era que algunos de los baloncestistas más jóvenes estaban impacientes por hacerse un nombre entre los seguidores de *SportsCenter*, del canal de televisión ESPN.

Me llevé una agradable sorpresa cuando a comienzos de la temporada noté que incluso algunos de los jugadores más inmaduros del equipo se mostraron centrados y con un único propósito. «Estábamos en una misión seria y no habría tregua —declaró el alero Luke Walton—. Cuando llegasen las finales, perder no sería una opción.»

Tuvimos un principio de temporada espectacular y ganamos veintiuno de los primeros veinticinco partidos. Cuando en Navidad nos enfrentamos a los Celtics en

21

casa, éramos un equipo mucho más entusiasta que durante los *play-offs* de la temporada anterior. Jugábamos tal como estipulaban las divinidades del baloncesto: interpretábamos las defensas andando de aquí para allá y reaccionábamos a la vez, como un grupo de jazz perfectamente sincronizado. Los nuevos Lakers ganaron sin dificultades a los Celtics por 92 a 83 y se pasearon por la temporada hasta conseguir el mejor balance de la Conferencia Oeste (65 victorias y 17 derrotas).

La amenaza más preocupante fue la de los Houston Rockets: durante la segunda ronda de los *play-offs* alargaron la serie a siete partidos, a pesar de que en el tercero perdieron a su estrella, Yao Ming, que se fracturó un pie. En todo caso, nuestra máxima debilidad consistía en la ilusión de que nos bastaba con el talento. Al llegar al límite jugando contra un equipo que había perdido a sus tres estrellas más importantes, nuestros jugadores comprendieron que los *play-offs* pueden ser muy traicioneros. La encarnizada competición los arrancó de su letargo y contribuyó a que se aproximaran a convertirse en un generoso equipo del estadio 4.

Sin lugar a dudas, el equipo que abandonó la pista de Orlando después de conquistar el campeonato en cinco partidos era distinto al que la temporada anterior se había desmoronado en la cancha del TD Garden bostoniano. Los jugadores no solo se habían vuelto más resistentes y seguros de sí mismos, sino que habían sido agraciados con un vínculo muy intenso.

«Solo se trataba de una hermandad —aseguró Kobe—. Eso es todo: una hermandad.»

La mayor parte de los entrenadores que conozco dedican mucho tiempo a las jugadas ofensivas y defensivas. Debo reconocer que en ocasiones también he caído en esa trampa. Pero en el deporte, lo que fascina a casi todas las personas no tiene nada que ver con la cháchara incesante que transmiten las ondas radiofónicas, sino con lo que a mí me gusta describir como la naturaleza espiritual del juego.

Admito que no soy un experto en teoría del liderazgo, pero sí sé que el arte de transformar a un grupo de individuos jóvenes y ambiciosos en un equipo integrado de campeones no es un proceso mecánico. Consiste en un misterioso número de malabarismo que, además de exigir un conocimiento cabal de las seculares reglas del juego, necesita un corazón abierto, una mente despejada y una gran curiosidad sobre las modalidades del espíritu humano.

Este libro es mi intento de desentrañar dicho misterio.

23

Capítulo dos

Los once de Jackson

No puedes romper las reglas a menos
que sepas cómo se juega.
RICKIE LEE JONES

*A*ntes de continuar, me gustaría ofrecer una visión de conjunto de los principios básicos de liderazgo pleno que a lo largo de los años he desarrollado para contribuir a transformar equipos desorganizados en campeones. Aquí no encontrarás sesudas teorías de liderazgo porque, como con la mayoría de las cosas de esta vida, el mejor enfoque siempre es el más simple.

1. Lidera de dentro a fuera

A algunos entrenadores les encanta suicidarse. Dedican una desmesurada cantidad de tiempo a estudiar lo que otros hacen y a probar técnicas novedosas y llamativas para aventajar a sus adversarios. Esta clase de estrategia de fuera a dentro puede funcionar a corto plazo, siempre y cuando poseas una personalidad carismática y convincente, pero inevitablemente falla cuando los jugadores se hartan de que los intimides y desconectan o, lo que todavía es más probable, tus adversarios se dan cuenta y buscan una manera inteligente de contrarrestar tus últimas novedades.

Por naturaleza estoy en contra del suicidio. Esta posición se remonta a mi niñez, época en la que mis padres me inyectaron en vena los dogmas religiosos. Ambos eran ministros pentecostales, y esperaban que pensase y me comportara de una forma rígidamente inflexible. De adulto he intentado liberarme de ese condicionamiento inicial y desarrollar un modo más tolerante y personalmente significativo de ser y de estar en el mundo.

Durante mucho tiempo he creído que debía mantener mis creencias personales al margen de mi vida profesional. En el intento de hacer las paces con mis anhelos espirituales, he experimentado con un amplio abanico de ideas y prácticas, desde el misticismo cristiano hasta el budismo zen y los rituales de los aborígenes norteamericanos. Al final llegué a una síntesis que me pareció válida. Aunque al principio me preocupaba que mis jugadores considerasen que mis heterodoxas posturas eran un tanto disparatadas, con el transcurso del tiempo comprobé que, cuanto más hablaba desde el corazón, más me escuchaban y más se beneficiaban de mis ideas.

2. Deja el ego en el banquillo

En cierta ocasión, un reportero preguntó a Bill Fitch, mi entrenador en la Universidad de Dakota del Norte, si ocuparse de personalidades difíciles le causaba acidez, a lo que este respondió: «Soy yo quien provoca acidez de estómago, no a la inversa». Fitch, que más adelante se convirtió en un exitoso entrenador de la NBA, representa uno de los estilos de entrenador más corrientes: el líder dominante a la manera «se hace como yo digo o te largas» (actitud que, en el caso de Bill, quedaba atemperada por su endemoniado sentido del humor). El otro estilo clásico es el del entrenador pelota, el que intenta aplacar a las estrellas del equipo y ser su mejor amigo, actitud que, incluso en el mejor de los casos, está condenada al fracaso.

Yo me decanté por un enfoque diferente. Tras años de experimentación, descubrí que, cuanto más intentaba ejercer el poder directamente, menos poderoso era. Aprendí a suavizar mi ego y a distribuir el poder lo más extensamente que pude sin renunciar a mi autoridad en última instancia. Por paradójico que parezca, ese enfoque fortaleció mi efectividad porque me liberó y me permitió centrarme en mi labor como cuidador de la visión de equipo.

Algunos entrenadores insisten en tener la última palabra, mientras que yo siempre he tratado de facilitar un entorno en el que todos desempeñasen el papel de líder, desde el *rookie* menos preparado hasta la superestrella veterana. Si tu objetivo principal consiste en llevar al equipo a un estado de armonía o unidad, no tiene sentido que impongas rígidamente tu autoridad.

Suavizar el ego no significa convertirse en un blandengue. Tomé esta lección de mi mentor, Red Holzman, ex entrenador de los Knicks y uno de los líderes más generosos que he conocido. Cierta vez en la que el equipo volaba antes de iniciar una gira, en el equipo de música de un jugador comenzó a sonar rock duro. Red se acercó al muchacho y preguntó: «Oye, ¿en tu selección musical hay algo de Glenn Miller?». El jugador miró a Red como si fuera un extraterrestre. «Entonces podrías poner un poco de mi música y otro poco de la tuya. De lo contrario, apaga ese maldito aparato.» Al cabo de unos instantes, Red se sentó a mi lado y comentó: «Como sabes, los jugadores tienen ego…, y a veces se olvidan de que los entrenadores también lo tenemos.»

3. Deja que cada jugador descubra su propio destino

Algo que he aprendido como entrenador es que no puedes imponer tu voluntad a los demás. Si quieres que se comporten de otra manera, tienes que servirles de fuente de inspiración para que cambien por sí mismos.

La mayoría de los jugadores están acostumbrados a

permitir que el entrenador piense por ellos. Cuando en la pista se topan con un problema, miran nerviosamente hacia el banquillo con la esperanza de que el entrenador les dé la solución. Gran parte de los místers lo hacen encantados, pero no es mi caso. Siempre me ha preocupado que los jugadores piensen por sí mismos a fin de que sean capaces de tomar decisiones difíciles en el fragor de la batalla.

La norma general al uso en la NBA sostiene que debes pedir tiempo muerto en cuanto el adversario consigue un parcial de 6-0. Para gran consternación de mi equipo de entrenadores, muchas veces yo permitía que el reloj siguiese avanzando cuando llegábamos a ese punto para que los jugadores se vieran obligados a buscar una solución. Así no solo generaba solidaridad, sino que se incrementaba lo que Michael Jordan denomina la «capacidad de pensamiento colectivo» del equipo.

A otro nivel, siempre he intentado conceder a cada jugador la libertad de forjar su propio papel en el seno de la estructura del equipo. He visto a montones de jugadores en la cresta de la ola que desaparecieron, no porque careciesen de talento, sino debido a que no supieron cómo encajar en el trillado modelo de baloncesto predominante en la NBA.

Mi enfoque ha consistido en relacionarme con cada jugador como persona en su totalidad más que como un engranaje de la maquinaria del baloncesto. Eso ha supuesto presionarlo para que descubriese qué cualidades específicas podía aportar a este deporte más allá de hacer pases y anotar puntos. ¿Cuánto coraje o resiliencia posee? ¿Cuál es su reacción cuando está sometido a presión? Muchos jugadores que he entrenado no parecían, en principio, nada del otro mundo, pero en el proceso de crear su propio papel se convirtieron en magníficos campeones. Derek Fisher es un gran ejemplo de esto. Comenzó como base suplente de los Lakers con una velocidad de pies y de tiro regulares. Trabajó incansablemente y se transformó en un jugador de un valor incalculable, con un rendimiento ex-

27

traordinario en situaciones límite, y en uno de los líderes más capacitados que he entrenado.

4. El camino a la libertad es un excelente sistema

En 1987, cuando me uní a los Bulls como segundo entrenador, mi colega Tex Winter me enseñó un sistema —conocido como «ofensiva triangular», «triangulación ofensiva» o bien como «triángulo ofensivo»— que se alinea a la perfección con los valores de la generosidad y la conciencia plena del budismo zen que yo había estudiado. Tex aprendió los rudimentos de dicho sistema cuando estudiaba en la Universidad de Southern California, bajo la guía del legendario entrenador Sam Barry. Siendo primer entrenador de Kansas State, Tex refinó el sistema y lo puso en práctica para que los Wildcats conquistaran ocho títulos de liga y dos participaciones en la Final Four. También se basó en el mismo sistema en su época de entrenador principal de los Houston Rockets. (Bill Sharman y Alex Hannum, compañeros de equipo de Tex en la Universidad de Southern California, emplearon sus propias variantes del triángulo ofensivo para ganar campeonatos con los Lakers y los 76ers, respectivamente.)

A pesar del éxito arrollador que tanto Tex como yo obtuvimos aplicando el triángulo ofensivo con los Bulls y los Lakers, aún existen un montón de errores conceptuales en lo que a la aplicación del sistema se refiere. Los críticos lo consideran rígido, anticuado y difícil de aprender, pero ninguno de esos calificativos es cierto. A decir verdad, el triángulo ofensivo es más sencillo que casi todos los sistemas que actualmente emplean los equipos de la NBA. El elemento más positivo radica en que estimula automáticamente la creatividad y la labor de equipo, con lo cual libera a los jugadores de tener que memorizar decenas de jugadas preestablecidas.

Lo que más me atrajo del triángulo ofensivo es la forma en que dota de poder a los jugadores, pues ofrece a cada uno el desempeño de una función decisiva, así como un alto nivel de creatividad en el marco de una estructura clara y bien definida. La clave consiste en entrenar a cada participante para que interprete la defensa y reaccione en consecuencia, lo que da pie a que el equipo se mueva simultánea y coordinadamente…, según la acción de cada momento. En el caso del triángulo ofensivo, no puedes esperar a que los Michael Jordan y los Kobe Bryant de este mundo pongan en práctica su magia. Los cinco jugadores deben estar plenamente integrados en cada instante o el sistema falla. Esta actitud fomenta un proceso ininterrumpido de solución grupal de problemas en tiempo real, no solo en el sujetapapeles del entrenador durante los tiempos muertos. Si el triángulo funciona bien, resulta prácticamente imposible frenarlo, ya que nadie sabe qué ocurrirá a continuación, ni siquiera los propios jugadores.

5. Sacraliza lo mundano

De pequeño me fascinaba la capacidad de mis padres para crear comunidad, pues convertían la modesta vida en las llanuras de Montana y de Dakota del Norte en una experiencia sagrada.

Ya conoces este himno:

> Bendito sea el vínculo que une
> nuestros corazones en el amor cristiano;
> la camaradería de las mentes afines
> es como ese lazo.

Ahí radica la esencia de lo que significa unir individuos y conectarlos con algo mayor que ellos mismos. Mientras crecía oí miles de veces ese himno y fui testigo de lo que sucede cuando el espíritu conmueve a las personas y las une. Los rituales ejercieron un efecto profundo en mí, así como en mi perspectiva del liderazgo, si bien más adelante me distancié del pentecostalismo y encontré una nueva dirección espiritual.

En cierta ocasión en la que los Bulls montábamos en el

autobús del equipo tras una reñida victoria que nos hizo ganar posiciones en el ranking, mi entrenador, Chip Schaefer, comentó que le gustaría que embotellásemos como una poción mágica la energía del final de ese partido para emplearla cuando fuera necesario. La idea resulta atractiva, pero he aprendido que las fuerzas que unen de modo armonioso a las personas no están tan claramente delimitadas. Es imposible fabricarlas a voluntad, aunque puedes crear las condiciones que fomentan esa clase de transformación: es muy parecido a lo que mis padres intentaban hacer cada domingo en la iglesia.

Tal como yo la veo, mi labor como entrenador consistía en darle un sentido a una de las actividades más prosaicas del planeta: jugar profesionalmente al baloncesto. A pesar del glamour que rodea este deporte, el proceso de jugar un día sí y otro también en una ciudad tras otra puede insensibilizarte. Por eso incorporé la meditación a los entrenamientos. Quería que los jugadores se concentraran en algo más que las estrategias ofensivas y defensivas. Es más, con frecuencia inventamos nuestros propios rituales a fin de dotar a las prácticas de un carácter sagrado.

Por ejemplo, al inicio de las sesiones de entrenamiento practicábamos un ritual que tomé prestado de Vince Lombardi, el gran míster del fútbol americano. Cuando formaban fila en la línea de fondo, les pedía a los jugadores que se comprometiesen a ser entrenados esa temporada diciendo: «Muchachos, Dios me ha ordenado que os entrene y acepto la función que me ha sido asignada. Si queréis aceptar el deporte que defiendo y seguir mis instrucciones de juego, cruzad esa línea como muestra de vuestro compromiso». Por sorprendente que parezca, siempre la franquearon.

Aunque lo hacíamos con actitud divertida, la intención era francamente seria. La esencia del entrenamiento consiste en lograr que los jugadores accedan de manera incondicional a ser preparados; luego tienes que ofrecerles la percepción de su destino como equipo.

6. Una respiración = una mente

En 1999, año en el que me hice cargo del equipo, los Lakers formaban un grupo talentoso pero muy poco centrado. En los partidos decisivos solían perder el control porque sus ataques eran muy confusos e indisciplinados y porque equipos superiores, como los San Antonio Spurs y los Utah Jazz, habían aprendido a neutralizar a su arma más potente: Shaquille O'Neal.

Es cierto que podíamos llevar a cabo una serie de jugadas tácticas para contrarrestar esas debilidades, pero lo que realmente necesitaban los jugadores era un modo de acallar el murmullo que resonaba en sus mentes y centrarse en la tarea de ganar partidos. En mi etapa como entrenador principal de los Bulls, los jugadores tuvieron que hacer frente al circo mediático de Michael Jordan. Pero eso no fue nada si lo comparamos con las distracciones que los Lakers tuvieron que afrontar debido al culto a las celebridades. Con el propósito de que se calmasen, di a conocer a los jugadores una de las herramientas que había empleado con éxito con los Bulls: la meditación plena.

He tenido que soportar muchas bromas de otros entrenadores debido a mis experimentos con la meditación. En cierta ocasión, Dean Smith y Bobby Knight, preparadores de baloncesto universitario, asistieron a un partido de los Lakers y me preguntaron: «Phil, ¿es cierto que antes de los encuentros los jugadores y tú os quedáis a oscuras en el vestuario y os cogéis de las manos?».

Me limité a reír. Aunque hunde sus raíces en el budismo, la meditación plena es una técnica muy accesible para serenar las mentes agitadas y concentrar la atención en lo que ocurre en el presente. Resulta sumamente útil para los baloncestistas, que a menudo se ven obligados a tomar decisiones rapidísimas al tiempo que están sometidos a una presión enorme. También descubrí que haciendo que los jugadores permanecieran en silencio y respirasen juntos en sincronía, a un nivel no verbal se ali-

31

neaban mucho más eficazmente que con palabras: una sola respiración es igual a una mente.

Otro aspecto de las enseñanzas budistas que ha causado un efecto profundo en mí es la importancia que atribuyen a la franqueza y a la libertad. El maestro de zen Shunryu Suzuki comparó la mente con una vaca que pasta. Si la encierras en un cercado pequeño, la vaca se pone nerviosa, se frustra y comienza a comer la hierba del vecino. Si le ofreces unos pastos extensos por los que pueda deambular, estará más satisfecha y se reducirán las posibilidades de que quiera escapar. En mi caso, este enfoque de la disciplina mental ha sido enormemente estimulante en comparación con la forma limitada de pensar que me inculcaron de pequeño.

He corroborado que la metáfora de Suzuki puede aplicarse a la gestión de un equipo. Si impones demasiadas restricciones, los jugadores dedican una extraordinaria cantidad de tiempo a tratar de escapar del sistema. Como todos los seres humanos, necesitan cierto grado de estructuración en sus vidas, pero también suficiente amplitud como para expresarse creativamente. De lo contrario, se comportan como la vaca acorralada.

7. La clave del éxito radica en la compasión

En su nueva adaptación del Tao Te Ching, el texto sagrado chino, Stephen Mitchell da una provocadora visión de la perspectiva que Lao-tsé muestra del liderazgo:

Solo tengo que enseñar tres cosas:
simplicidad, paciencia y compasión.
Son los mejores tesoros que existen.
Simple en los actos y en los pensamientos,
retornas a las fuentes del ser.
Paciente con los amigos y con los enemigos,
estás en concordancia con el modo de ser de las cosas.
Compasivo contigo mismo,
reconcilias a todos los seres del mundo.

Esos «tesoros» han formado parte inseparable de mi entrenamiento y la compasión ha sido el más importante. Aunque en Occidente solemos pensar en la compasión como una variante de la caridad, comparto la perspectiva de Lao-tsé en el sentido de que la compasión hacia todos los seres, y también hacia uno mismo, es la clave para derribar las barreras existentes entre las personas.

La palabra «compasión» no suele circular por los vestuarios, pero he comprobado que unos comentarios amables y considerados pueden ejercer un intenso efecto transformador en las relaciones, incluso en los hombres más rudos del equipo.

Dado que empecé como jugador, siempre me ha sido posible empatizar con los jóvenes que afrontan la áspera realidad de la vida en la NBA. La mayoría de los jugadores viven en un estado de ansiedad constante, preocupados por si acabarán lesionados, humillados, eliminados, transferidos o, peor aún, por si cometerán un estúpido error con el que cargarán el resto de sus vidas. Durante mi época en los Knicks, pasé más de un año en el banquillo a causa de una horrorosa lesión en la espalda. Esa experiencia me ha permitido hablar desde una perspectiva personal con los jugadores que he entrenado acerca de lo que se siente cuando el cuerpo te abandona y después de cada partido tienes que ponerte hielo en todas y cada una de las articulaciones o pasar una temporada completa en el banquillo.

Por otro lado, considero imprescindible que los atletas aprendan a abrir sus corazones para que puedan colaborar entre sí de manera significativa. En 1995, cuando regresó a los Bulls tras un año y medio en las ligas menores de béisbol, Michael Jordan apenas conocía a los jugadores y se sintió totalmente fuera de sincronía en el equipo. Solo cuando durante un entrenamiento se peleó con Steve Kerr se dio cuenta de que necesitaba conocer mejor a sus compañeros. Tenía que entender qué los hacía vibrar con el propósito de colaborar más estrechamente con ellos. Ese despertar contribuyó a que Michael se desplegara como

33

líder compasivo y, en última instancia, sirvió para convertir el equipo en uno de los mejores de todos los tiempos.

8. Fíjate en el espíritu más que en el marcador

Stephen Covey, gurú de la gestión empresarial, refiere esta antigua historia japonesa sobre un guerrero samurái y sus tres hijos. El padre quería enseñarles el poder del trabajo en equipo. Entregó una flecha a cada uno de sus hijos y les pidió que la rompieran. No tuvieron la menor dificultad. Cada uno lo hizo fácilmente. Luego les dio un haz con tres flechas unidas y pidió que repitiesen el proceso. Ninguno de los tres lo consiguió. «Esa es la lección —explicó el samurái—. Si permanecéis unidos, jamás seréis derrotados.»

Esta anécdota muestra la fuerza o poder que un equipo alcanza cuando cada uno de sus integrantes renuncia al interés personal a cambio del bien colectivo. Cuando no fuerza un tiro ni intenta imponer su personalidad al equipo, el jugador manifiesta de la manera más plena posible sus dotes como atleta. Paradójicamente, al jugar en el marco de sus aptitudes personales, activa un potencial superior para que el equipo trascienda sus limitaciones individuales y ayuda a sus compañeros a trascender las suyas. Si esto ocurre, el todo se convierte en algo más que la suma de las partes.

Por ejemplo, en los Lakers contábamos con un jugador al que le encantaba perseguir la pelota cuando defendía. Si su mente se hubiera centrado en anotar en el otro extremo de la pista en vez de en robar el balón, no habría llevado a cabo demasiado bien ninguna de las dos actividades. Sin embargo, cuando se concentraba en ser defensor, sus compañeros de equipo lo cubrían en la otra punta de la cancha porque sabían intuitivamente lo que se proponía. De repente, todos entraban en ritmo y comenzaban a ocurrir cosas buenas. Vale la pena comentar que el resto de los jugadores no eran conscientes de que se anticipaban al comportamiento del compañero. No me refiero a una experiencia extracorpórea ni a nada por el estilo, sino a que, misteriosamente, percibían lo que sucedería a continuación y ajustaban sus jugadas a la situación.

La mayoría de los entrenadores se lían con la táctica. Yo he preferido centrarme en si los jugadores actuaban en consecuencia y simultáneamente. Michael Jordan decía que lo que le gustaba de mí como entrenador era la paciencia que mostraba durante los últimos minutos de un partido, una actitud muy parecida a la de Dean Smith, su preparador universitario.

No se trataba de un acto fingido. Mi confianza y seguridad iban en aumento porque sabía que, cuando el ánimo era el adecuado y los jugadores sintonizaban entre sí, era probable que el partido se decantase a nuestro favor.

9. A veces hay que sacar el garrote

En la variante más estricta del zen, los monitores recorren la sala de meditación y golpean a los practicantes adormecidos o distraídos con una vara de madera, llamada «keisaku», para que presten atención. No pretende ser un castigo. De hecho, en ocasiones al keisaku se lo define como «la vara compasiva». El propósito del golpe radica en revitalizar al practicante de la meditación y hacer que tome más conciencia del momento.

En los entrenamientos no he empleado la vara keisaku, aunque en más de una ocasión me habría gustado tenerla a mano. De todas maneras, he apelado a otras estratagemas para despertar a los jugadores y elevar su nivel de conciencia. Cierta vez hice que los Bulls entrenasen en silencio y en otra ocasión practicamos con las luces apagadas. Me gusta innovar y tener atentos a los baloncestistas, no porque quiera amargarles la vida, sino porque pretendo prepararlos para el caos inevitable que se desencadena en cuanto saltan a la pista.

A la hora de entrenar, uno de mis trucos favoritos consistía en dividir al equipo en dos grupos asimétricos y en no pitar las faltas del grupo menor. Me gustaba ver cómo reaccionaba el equipo más fuerte cuando las penalizaciones recaían sobre ellos y sus adversarios alcanzaban una ventaja de hasta treinta puntos. Este plan enloquecía a Michael porque, aunque sabía que el juego estaba amañado, lo cierto es que no soportaba perder.

Uno de los atletas con los que fui sumamente severo fue Luke Walton, alero de los Lakers. Algunas veces realicé juegos mentales con él para que supiese lo que se siente al estar expuesto a presiones. En cierto momento lo sometí a una serie de ejercicios muy frustrantes y por su reacción me percaté de que me había excedido. Al terminar me reuní con él y le dije: «Sé que piensas que algún día serás entrenador. Considero que es una buena idea, pero entrenar no solo es diversión y partidos. Por muy simpático que seas, a veces tienes que convertirte en un cabrón. No puedes ser entrenador si quieres caer siempre bien».

10. Ante la duda, no hagas nada

El baloncesto es un deporte de acción y la mayoría de sus participantes son individuos con mucha energía a quienes les encanta hacer algo, lo que sea, con tal de resolver problemas. Sin embargo, en algunas ocasiones la mejor solución consiste en no hacer nada.

Esta actitud es especialmente cierta cuando se trata de lidiar con los medios de comunicación. Los reporteros se burlaban de mí porque no me enfrentaba directamente con los jugadores cuando se comportaban de forma inmadura o decían una tontería a la prensa. En cierta ocasión T. J. Simers, periodista de *Los Angeles Times*, publicó una columna burlándose de mi propensión a la inactividad y concluyó con un tono cargado de ironía: «Nadie hace nada mejor que Phil». Capto la broma. Pero siempre he puesto mucho cuidado en no afirmar frívolamente mi ego para dar a los periodistas temas para sus artículos.

A un nivel más profundo, estoy convencido de que concentrarnos en algo distinto a lo que nos traemos entre manos puede convertirse en la forma más eficaz de resolver problemas complejos. Al permitir que la mente se relaje, suele llegar la inspiración. Las investigaciones comienzan a demostrar esta afirmación. En un comentario publicado en CNNMoney.com, Anne Fisher, colaboradora sénior de la revista *Fortune*, comentó que los científicos han empezado a comprender «que cabe la posibilidad de que las personas piensen mejor cuando no se concentran en el trabajo». Cita estudios que un grupo de psicólogos holandeses publicó en la revista *Science*, de los que se extrajeron las siguientes conclusiones: «El inconsciente resuelve de forma excelente problemas complejos cuando la conciencia está ocupada con otra cuestión o, y quizás esto sea lo mejor, cuando no se le exige nada».

Por eso soy partidario de la filosofía del difunto Satchel Paige, que afirmaba: «A veces me siento y pienso y otras, simplemente, me siento».

11. Olvídate del anillo

Detesto perder y siempre ha sido así. De pequeño era tan competitivo que me ponía a llorar y destrozaba el tablero de ajedrez si uno de mis hermanos mayores, Charles o Joe, me ganaban de manera abrumadora. Se divertían tomándome el pelo cuando me daba el berrinche del perdedor, lo que me volvía más decidido a ganar la próxima vez. Practicaba y volvía a practicar hasta encontrar el modo de vencerlos y borrar de sus caras esas sonrisas presuntuosas.

Incluso de adulto he llegado a reaccionar de mala manera. Tras perder de manera vergonzosa en los *play-offs* contra Orlando, me rapé casi toda la cabeza y pateé vestuario arriba y abajo durante cerca de una hora hasta que la furia fue desapareciendo.

Como entrenador, sé que obsesionarse con ganar (mejor dicho, con no perder) resulta contraproducente, sobre todo si te lleva a dejar de controlar las emociones. Es más: obsesionarse con ganar es el juego de los perdedores; lo máximo que podemos esperar es la creación de las mejores condiciones posibles para el triunfo..., y atenernos al resultado. De esa forma el viaje resulta mucho más entretenido. Bill Russell, el genio de los Boston Celtics que como jugador consiguió más anillos que nadie (once), reveló en su libro de memorias, *Second Wind*, que durante los partidos más importantes a veces aclamaba al equipo contrario porque, en el caso de que a ellos mismos les fuese bien, su propia experiencia sería más intensa.

Lao-tsé lo veía desde otra perspectiva. Consideraba que el exceso de competitividad podía desequilibrarte espiritualmente:

El mejor atleta
desea que su adversario esté en su mejor momento.
El mejor general
entra en la mente de su enemigo…
Todos encarnan
la virtud de la no competición.
No se trata de que les desagrade competir,
sino de que lo hacen con espíritu lúdico.

Por ese motivo, al inicio de cada temporada yo alentaba a los jugadores a centrarse en el camino más que en la meta. Lo más importante es jugar bien y tener la valentía de crecer, no solo como seres humanos, sino como baloncestistas. Si lo haces, el anillo ya se encargará de sí mismo.

Capítulo tres

Red

El mejor escultor es el que menos talla.
LAO-TSÉ

Mi primera impresión de la NBA fue la de un caos desestructurado.

En 1967, cuando Red Holzman me reclutó para los New York Knicks, yo no había visto apenas ningún encuentro de la NBA, salvo un puñado de *play-offs* televisados entre los Boston Celtics y los Philadelphia Warriors. Por consiguiente, Red me envió la filmación de un partido de 1966 que los Knicks habían disputado con los Lakers e invité a algunos de mis compañeros del equipo universitario a verla en la gran pantalla.

Me sorprendió la torpeza y la falta de disciplina de ambos equipos. En la universidad de Dakota del Norte nos enorgullecíamos de jugar sistemáticamente. De hecho, durante mi último año en el centro, el entrenador Bill Fitch puso en práctica un movimiento del balón que me gustaba mucho y más adelante me enteré de que se trataba de una variante de la triangulación, técnica que había copiado de Tex Winter.

El juego de los Knicks que vimos en la pantalla no parecía tener la menor lógica. En mi opinión, solo eran una pandilla de jugadores con talento que corrían cancha arriba y cancha abajo en un intento de encestar.

Entonces estalló un altercado.

Willis Reed, el imponente ala-pívot de los Knicks, de 2,06 metros de estatura y 100 kilos de peso, se lio con el alero Rudy LaRusso cerca del banquillo de los Lakers. Se produjo una pausa en la filmación y, cuando se reanudó, Willis se quitó de encima a varios jugadores de los Lakers antes de derribar al pívot Darrall Imhoff y de asestar dos puñetazos en la cara a LaRusso. Cuando por fin lo redujeron, Willis también le había roto la nariz al ala-pívot John Block y arrojado al suelo al pívot Hank Finkel.

¡Caramba! Todos saltamos a la vez y gritamos: «¡Tenemos que volver a verlo!». Simultáneamente pensé: «¿Dónde me he metido? ¡Con este tío tendré que vérmelas un día sí y otro también durante los entrenamientos!».

Cuando aquel verano nos conocimos, descubrí que Willis era una persona cálida y amistosa, así como un líder natural, digno y magnánimo al que todos respetaban. Su presencia en la pista resultaba imponente e instintivamente tenía la sensación de que debía proteger a sus compañeros de equipo. Los Knicks supusieron que Willis sería suspendido por ese incidente en el partido contra Los Ángeles, pero en aquella época la liga era más tolerante con las peleas y la dejó pasar. A partir de entonces, los jugadores corpulentos de la liga se lo pensaron dos veces antes de meterse en una trifulca con Willis en la pista.

Reed no era el único gran líder que formaba parte de los Knicks. De hecho, jugar con ellos durante los años de los campeonatos fue como asistir a un centro de posgrado en liderazgo. El alero Dave DeBusschere, que había sido jugador/entrenador de los Detroit Pistons antes de incorporarse a los Knicks, era un astuto general de pista. El escolta Bill Bradley, futuro senador estadounidense, era muy hábil a la hora de conseguir el consenso de los jugadores y ayudarlos a hacer equipo. El base Dick Barnett, que posteriormente se doctoró en Ciencias de la Educación, aprovechaba su mordaz ingenio para evitar que los jugadores se tomaran demasiado en serio a sí mismos. Walt Frazier, mi compañero de habitación durante la primera temporada, era un base magistral que en la pista desempeñaba la función de mariscal de campo del equipo.

El hombre que más me enseñó sobre liderazgo era el más humilde de todos: el mismísimo Red Holzman.

La primera vez que Red me vio jugar fue durante uno de los peores partidos de mi trayectoria universitaria. Desde el principio me metí en un lío horrible y fui incapaz de encontrar mi ritmo a medida que Louisiana Tech nos eliminaba en la primera ronda del torneo de la NCAA entre universidades modestas. Marqué 51 puntos en el partido de consolación contra Parsons, pero Red se lo perdió.

De todas maneras, Red debió de ver algo que le gustó, ya que después del encuentro con Louisiana Tech cogió a Bill Fitch y le preguntó: «¿Crees que Jackson querrá jugar conmigo?». Fitch no titubeó al responder: «Por descontado que sí», pues pensó que Red buscaba jugadores capaces de encargarse de la defensa en toda la pista. Solo más tarde se percató de que lo que Red quería saber era si un paleto de Dakota del Norte como yo podría vivir en la Gran Manzana. En todo caso, Fitch insiste en que su respuesta habría sido la misma.

Fitch era un entrenador cabezota..., y un exmarine que dirigía los entrenamientos como si de ejercicios militares en Parris Island se tratase. No tenía nada que ver con Bob Peterson, mi apacible preparador de la escuela secundaria Williston, en Dakota del Norte, pero disfruté jugando para él porque era rudo, honrado y siempre me presionó para que mejorase. En cierta ocasión, durante el tercer año de universidad, me emborraché durante la semana de peticiones para recaudar fondos e hice el ridículo al intentar dirigir a un grupo de estudiantes para que animasen al centro. Cuando se enteró, Fitch me comunicó que tendría que hacer flexiones cada vez que nos cruzáramos en el campus.

41

Lo cierto es que gracias al sistema de Fitch mejoré. Jugamos con una defensa presionante en toda la cancha, algo que a mí me encantaba. Con mis 2,03 m, era lo bastante corpulento como para jugar de pívot, pero dado que también era rápido, estaba lleno de energía y poseía una gran envergadura de brazos, me resultaba sencillo acosar a los bases y robar balones. La verdad es que tenía los brazos tan largos que, si me sentaba en el asiento trasero de un coche, podía abrir las dos portezuelas de delante sin siquiera inclinarme. En la universidad me habían puesto de mote *La Mopa*, porque siempre andaba por los suelos persiguiendo balones sueltos. Durante el tercer año de universidad conseguí el reconocimiento merecido, pues alcancé un promedio de 21,8 puntos y 12,9 rebotes por partido y me nombraron All-American del mejor equipo amateur. Aquel año conquistamos el título de la conferencia y, por segundo año consecutivo, estuvimos en la Final Four de los centros universitarios más modestos, perdiendo una reñida semifinal contra Southern Illinois. El año siguiente mi promedio fue de 27,4 puntos y 14,4 rebotes, y por dos veces conseguí cincuenta puntos en el intento de volver a conquistar el All-American.

En los comienzos imaginé que, en el supuesto de ser reclutado por la NBA, sería escogido por los Baltimore Bullets, cuyo ojeador principal, mi futuro jefe Jerry Krause, no había dejado de observarme. Sin embargo, los Bullets fueron aventajados por los Knicks, que me escogieron al inicio de la segunda ronda (de diecisiete en total), razón por la cual Krause, que estaba seguro de que yo no entraría antes de la tercera, se autorreprochó durante años.

También me reclutaron los Minnesota Muskies de la American Basketball Association, idea que me resultó atractiva porque quedaba más cerca de casa. Holzman no estaba dispuesto a permitir que los Muskies se salieran con la suya. Aquel verano me visitó en Fargo, Dakota del Norte, donde yo había ido a trabajar como asesor de campamento, y me propuso una oferta más jugosa. Me preguntó si tenía reservas para firmar el contrato con los

Knicks y respondí que pensaba asistir a un centro para graduados y estudiar para ministro de la iglesia. Añadió que, cuando acabase mi carrera profesional en el baloncesto, ya tendría tiempo de sobra para dedicarme a lo que me apeteciera. También me dijo que podía contar con él si tenía dificultades a la hora de adaptarme a Nueva York.

Tal como sucedieron las cosas, quiso la casualidad que John Lindsay, por aquel entonces alcalde de Nueva York, estuviese en Fargo para dar una charla en la organización para la cual yo trabajaba. A Red le hizo gracia tanta sincronía. Aquel mismo día, mientras firmábamos el contrato, comentó: «¿Te das cuenta? El alcalde de Nueva York está aquí y todos lo saben, mientras que tú estás firmando el contrato y nadie se ha enterado».

En ese instante tomé conciencia de que había encontrado a mi mentor.

En octubre, cuando me presenté en el campamento de entrenamiento, los Knicks estaban en situación de espera. Seguíamos aguardando a que Bill Bradley, nuestro nuevo escolta estrella, se presentase tras haber concluido su período de formación como recluta de la reserva en un campamento de la Fuerza Aérea. De hecho, nuestro campamento de entrenamiento se había instalado en la base McGuire, perteneciente a la Fuerza Aérea, con la esperanza de que en algún momento Bradley pudiera escaparse y comenzase a entrenarse con el equipo.

A pesar de que en nuestra lista abundaban los talentos, aún no se había creado la estructura de liderazgo. El presunto hombre fuerte era Walt Bellamy, pívot que conseguía muchos puntos y futuro miembro del Hall of Fame. Walt se peleaba incesantemente con Willis, que estaba mucho más capacitado como líder. En un momento de la temporada anterior habían chocado y literalmente se habían dejado fuera de combate en la pugna por ocupar el puesto de líder. En principio, Dick van Arsdale era el alero titular, si bien muchos consideraban

43

que Cazzie Russell tenía más talento. Entretanto, Dick Barnett y Howard Komives eran sólidos bases, a pesar de que Barnett todavía no se había recuperado de la rotura del tendón de Aquiles que había sufrido la temporada anterior.

Por si con eso no bastara, era evidente que los jugadores habían perdido la confianza en el entrenador Dick McGuire, cuyo mote, *Balbuceos*, resultaba muy elocuente respecto a su incapacidad para comunicarse con el equipo. Por lo tanto, nadie se sorprendió cuando en diciembre Ned Irish, presidente de los Knicks, recolocó a McGuire como ojeador y nombró a Red entrenador principal. Holzman era un neoyorquino rudo, reservado, con un rebuscado sentido del humor y un arraigado pedigrí baloncestístico. Fue en dos ocasiones escolta All-American en el City College de la Gran Manzana, había jugado como profesional para los Rochester Royals y había ganado dos campeonatos de liga antes de que lo nombrasen primer entrenador de los Milwaukee/Saint Louis Hawks.

44

Red era un genio de la simplicidad. Nunca defendió un sistema concreto ni pasó en vela toda la noche a fin de inventar jugadas. Creía que había que jugar de la manera correcta, lo cual, en su caso, significaba mover el balón en ataque y llevar a cabo una intensa defensa en equipo. Red había aprendido a jugar en los tiempos anteriores a los tiros en suspensión, cuando el movimiento del balón por parte de los cinco jugadores era mucho más predominante que la creatividad individual. Tenía dos reglas sencillas, que no dejaba de gritar desde las bandas durante los partidos:

1) MIRA LA PELOTA. Durante los entrenamientos, Red daba mucha más importancia a la defensa porque estaba convencido de que una defensa fuerte es la clave de todo. En medio de unas prácticas, Red, que cuando era necesario podía llegar a ser muy gráfico, cogió las copias de nuestras jugadas y simuló que se limpiaba el trasero con ellas. «Es para lo único que sirven», afirmó tirando las hojas al suelo. Por eso quería que aprendiésemos a mejorar la de-

fensa colectiva, dado que tenía la seguridad de que, una vez conseguida, el ataque se encargaría de sí mismo.

En opinión de Red, el secreto de una buena defensa radica en la conciencia. Insistía en que en ningún momento debíamos apartar la mirada del balón y en que teníamos que estar perfectamente sintonizados con lo que sucedía en la cancha. Los Knicks no eran tan grandiosos como otros equipos ni contábamos con un taponador descomunal de la talla de Bill Russell, de los Celtics. Por consiguiente, bajo la batuta de Red desarrollamos un estilo de defensa altamente integrado que, más que en los geniales movimientos de un individuo bajo el aro, se basaba en la conciencia colectiva de los cinco jugadores. Con el quinteto de baloncestistas trabajando al unísono era más fácil atrapar a los que organizaban el juego, interceptar los pases, aprovechar los errores y lanzar veloces contraataques a fin de desconcentrar a los adversarios.

A Red le encantaba presionar en toda la pista antes de que el equipo contrario se percatase de lo que pasaba. De hecho, durante mi primer entrenamiento únicamente ensayamos presión en toda la cancha. Fue perfecto para Walt Frazier, para Emmett Bryant y para mí, ya que en la universidad habíamos jugado con defensa en toda la pista. Debido a mi constitución física, los compañeros del equipo me apodaron *Percha* y *Cabeza y Hombros*, aunque yo prefería el mote que me puso el comentarista deportivo Marv Albert: *Acción* Jackson. Sabía que al jugar en la posición de alero más que de pívot renunciaba a mi mayor fortaleza, el juego en el poste, pero así ayudaría al equipo y pasaría más tiempo en la pista, concentrado en la defensa. Además, todavía no tenía un gran tiro de 4-5 metros y mi habilidad para conducir la pelota dejaba tanto que desear que más adelante Red me enseñó la regla del doble regate.

2) PASA AL QUE ESTÁ LIBRE. Si entrenara actualmente, Red quedaría sobrecogido por lo egocéntrico que se ha vuelto este deporte. En su opinión, la generosidad era el santo grial del baloncesto. «Esto no es ingeniería aeroes-

45

pacial», declaraba y añadía que la mejor estrategia ofensiva consistía en mover el balón entre los cinco jugadores a fin de crear ocasiones de anotar y dificultar que los integrantes del equipo contrario se centrasen en uno o en dos lanzadores. A pesar de que contábamos con varios de los mejores creadores de lanzamientos, sobre todo Frazier y Earl *la Perla* Monroe, Red insistía en que trabajásemos al unísono con el propósito de pasar al jugador con mayores posibilidades de encestar. Si decidías ir por tu cuenta y riesgo, algo que pocos jugadores intentaban, no tardabas en acabar en el banquillo.

«En un buen equipo no hay superestrellas —aseguraba Red—. Hay excelentes jugadores que demuestran que lo son por su capacidad de jugar en equipo. Poseen la facultad de ser superestrellas pero, si se incorporan a un buen equipo, realizan sacrificios y cuanto es necesario para contribuir a que su equipo gane. Las cifras de los salarios y de las estadísticas no tienen importancia; lo que cuenta es cómo juegan juntos.»

Pocos equipos de la NBA han estado tan equilibrados ofensivamente como los Knicks de la temporada 1969-1970. Contábamos con seis jugadores que regularmente anotaban dobles cifras y nadie tenía un promedio de más de veinte puntos por encuentro. Así se logró que el equipo fuera tan duro, ya que los cinco integrantes de la alineación inicial eran grandes anotadores, de modo que si asignabas dos hombres a un jugador peligroso, se abrían posibilidades para los cuatro restantes..., que también eran grandes lanzadores.

Algo que me fascinaba de Red era hasta qué punto delegaba el ataque en los jugadores. Nos permitió diseñar muchas jugadas y buscó activamente nuestra opinión respecto a lo que había que hacer en los partidos claves. Muchos entrenadores tienen dificultades para ceder poder a sus jugadores, pero Red escuchaba con atención nuestros comentarios porque consideraba que sabíamos mejor que él lo que sucedía en la pista.

De todas maneras, el don singular de Red consistía en

su extraordinaria capacidad de dirigir a adultos y conseguir que se unieran en una misión común. No empleaba complejas técnicas de motivación: lisa y llanamente, se mostraba sincero y directo. A diferencia de otros entrenadores, no interfería en la vida privada de los jugadores, a menos que tramasen algo que ejerciera un efecto negativo en el equipo.

Cuando Red se hizo cargo del equipo, los entrenamientos eran ridículamente caóticos. Los jugadores solían llegar tarde y llevaban a sus amigos y familiares como espectadores. En las instalaciones, los suelos estaban rotos, las tablas de refuerzo se habían combado y las duchas carecían de agua caliente; la mayoría de las veces, en las prácticas no había enseñanzas ni ejercicios. Red puso fin a esa situación. Instituyó lo que denominó «multas tontas» por llegar tarde y desterró de los entrenamientos a todo aquel que no formase parte del equipo, incluida la prensa. Organizó entrenamientos intensos y disciplinados, centrados sobre todo en la defensa. Decía: «No es la práctica la que hace la perfección, sino la práctica perfecta».

Cuando salíamos con el equipo, no había toques de queda ni control de horarios. Red solo tenía una regla: el bar del hotel le pertenecía. Le daba igual dónde fueses o lo que hicieras, siempre y cuando no interrumpieses el whisky que a última hora de la noche compartía con el preparador físico Danny Whelan y la prensa especializada. Aunque era más accesible que otros místers, consideraba importante guardar cierta distancia con los jugadores porque era consciente de que algún día podía tener que despecharnos o traspasarnos.

Si se veía en la tesitura de disciplinarte, casi nunca lo hacía en presencia de los demás, a no ser que estuviera relacionado con tu juego. Prefería invitarte a su «despacho privado»: el lavabo del vestuario. Me llevaba al lavabo cuando yo hacía un comentario crítico sobre el equipo delante de la prensa. Después de años de jugar a las cartas con ellos, mi relación con los reporteros era buena y en ocasiones hablaba de más. Red era más circunspecto. Le

47

gustaba preguntar: «¿No te das cuenta de que mañana esos mismos periódicos servirán para forrar una jaula?».

Con los periodistas Red se comportaba como una esfinge. A menudo invitaba a cenar a los reporteros y hablaba durante horas, pero casi nunca decía algo que pudiese serles de utilidad. Jamás criticaba a sus jugadores ni a nuestros adversarios. Jugueteaba con los periodistas con el propósito de ver qué clase de tonterías publicaban. En cierta ocasión, después de una derrota muy dolorosa, un reportero le preguntó cómo lograba mostrarse tan sereno y Red repuso: «Porque soy consciente de que la única catástrofe verdadera es volver a casa y descubrir que el whisky se ha terminado». Por descontado, al día siguiente la prensa publicó esa cita.

Apreciaba de Red su capacidad de situar el baloncesto en perspectiva. A principios de la temporada 1969-70 tuvimos una racha de dieciocho victorias seguidas y nos distanciamos del resto de los equipos. Cuando la racha se cortó con una decepcionante derrota en nuestra cancha, los reporteros le preguntaron a Red qué habría hecho en el caso de que los Knicks hubieran ganado y este contestó: «Habría vuelto a casa, bebido un whisky y disfrutado de la exquisita comida que Selma [su esposa] está preparando». ¿Qué hará ahora que hemos perdido? «Pues volver a casa, beber un whisky y disfrutar de la exquisita comida que Selma está preparando.»

El punto de inflexión de los Knicks se produjo a causa de otra disputa, en este caso durante un partido televisado contra los Hawks celebrado en Atlanta en noviembre de 1968. Inició la bronca Lou Hudson, de los Atlanta Hawks, durante la segunda mitad del partido, cuando intentó esquivar el duro bloqueo de Willis Reed y acabó golpeándole en la cara. Todos los Knicks se pusieron de pie y se sumaron a la refriega (o al menos simularon que lo hacían), con la única excepción de Walt Bellamy.

Al día siguiente celebramos una reunión de equipo

para analizar el incidente. La conversación giró en torno a la no participación de Bellamy y entre los jugadores hubo consenso en el sentido de que no cumplía con su trabajo. Cuando Red le preguntó por qué no había apoyado a sus compañeros de equipo en la pista, Walt respondió: «Porque no creo que las peleas sean lo más adecuado en el baloncesto». Es posible que, en abstracto, muchos hubiéramos coincidido con él, pero las disputas eran un hecho habitual en la NBA y de poco nos sirvió saber que nuestro pívot no nos cubría las espaldas.

Varias semanas después, los Knicks cambiaron a Bellamy y a Komives por Dave DeBusschere, de los Pistons, con lo que reforzaron el quinteto inicial y nos proporcionaron la flexibilidad y la profundidad suficientes como para ganar dos títulos. Willis ocupó la posición de pívot y se fortaleció como líder del equipo y hombre de confianza de Red en la pista. DeBusschere, jugador muy esforzado, de metro noventa y ocho de estatura y cien kilos de peso, con una gran comprensión de la pista y un excelente tiro desde fuera de la zona, jugaba de ala-pívot. Walt Frazier sustituyó a Komives en el puesto de base y se combinó con Barnett, jugador de gran talento individual. Bill Bradley y Cazzie Russell compartieron la última posición, la de alero, ya que nuestro iniciador del juego, Dick van Arsdale, había sido escogido por los Phoenix Suns en el *draft* de expansión de aquel año. Bill se llevó la mejor parte cuando, dos meses después del canje por DeBusschere, Cazzie se rompió un tobillo.

Fue interesante ver cómo compitieron Bill y Cazzie por esa posición cuando este regresó al equipo. Ambos habían sido estrellas universitarias y opciones muy valoradas en el *draft*. (En 1965, Bill había sido nombrado jugador territorial del año y, en 1966, Cazzie fue jugador universitario del año.) Bradley, apodado *Dólar Bill* por su impresionante contrato (para la época) de cuatro años por la friolera de medio millón de dólares, había alcanzado un promedio de más de treinta puntos por partido durante tres años seguidos en Princeton y condujo a los Tigers a la

49

Final Four de la NCAA, que lo consideró el jugador más valioso de todo el torneo. En 1965, tras ser elegido por los Knicks, decidió estudiar dos años en Oxford con una beca Rhodes antes de incorporarse al equipo. Se dijeron tantas barbaridades de él que, con tono sarcástico, Barnett se refería a su compañero como «el hombre que, de un solo salto, cruza altos edificios».

También se burlaron mucho de Cazzie. Había firmado un jugoso contrato (doscientos mil dólares por dos años) y en Michigan había sido un anotador tan dinámico que al gimnasio del centro lo llamaban «la casa construida por Cazzie». Nadie puso en duda sus aptitudes: era un encestador extraordinario que había conducido a los Wolverines a tres títulos consecutivos de la Big Ten. A los jugadores les divertía su obsesión por la comida sana y las terapias alternativas. Por una vez, en el equipo había alguien con más motes que yo. Lo apodaron *Niño Prodigio*, *Músculos* Russell, *Cockles 'n' Muscles* y mi preferido, *Max Factor*, debido a que al terminar las sesiones de entrenamiento le encantaba untarse el cuerpo con aceite para masajes. Su habitación estaba tan atiborrada de vitaminas y suplementos que Barnett, con quien la compartía, bromeaba con que necesitabas una receta firmada para visitarla.

Lo más impresionante de Bill y Cazzie fue la intensidad con la que compitieron entre sí sin enredarse en una lucha de egos. Al principio Bil tuvo dificultades para adaptarse al deporte profesional debido a su escasa velocidad de pies y de capacidad de salto, pero compensó esas limitaciones aprendiendo a moverse deprisa sin la pelota y a aventajar en carrera a sus defensores. En las prácticas, a menudo me tocó defenderle y puedo asegurar que era exasperante. Justo cuando pensabas que lo habías arrinconado, Bill se largaba y aparecía en el otro extremo de la cancha dispuesto a lanzar un tiro abierto.

Con Cazzie el problema era otro. Se trataba de un fantástico conductor con un gran empuje a la hora de mover la pelota, pero el quinteto inicial funcionaba mejor con Bradley en la cancha. Por eso Red le atribuyó el puesto de sexto hombre, capaz de salir del banquillo y desencadenar una sucesión de canastas que modificaban el resultado de un partido. Con el tiempo, Cazzie se adaptó a desempeñar esa función y se sintió muy orgulloso de dirigir la segunda unidad, que en la temporada 1969-70 incluía al pívot Nate Bowman, al escolta Mike Riordan y al ala-pívot Dave Stallworth (quien durante un año y medio había permanecido en la banda, tras sufrir un ataque al corazón), más los suplentes John Warren, Donnie May y Bill Hosket. Cazzie Russell llamaba a dicha unidad «los milicianos de la Guerra de la Independencia».

Hace poco Bill asistió a una reunión de los Knicks y se sorprendió cuando Cazzie, que actualmente ejerce de pastor religioso, lo abordó y se disculpó por su comportamiento egoísta en los tiempos en los que competían por el mismo puesto. Bill respondió que no era necesario porque sabía que, por muy empeñado que estuviese, Cazzie nunca había antepuesto su ambición personal a la del equipo.

Por desgracia, en la temporada 1969-70 no pude ser uno de los milicianos de la guerra de la Independencia de Cazzie. En diciembre de 1968 sufrí una grave lesión de espalda que me obligó a someterme a una operación de fusión espinal y me mantuvo alejado de las pistas durante un año y medio. La rehabilitación fue espantosa: durante seis meses tuve que llevar corsé ortopédico y fui advertido de que en ese período debía limitar mi actividad física, incluida la sexual. Los compañeros del equipo me preguntaron si pensaba pedirle a mi esposa que se pusiese cinturón de castidad. Aunque reí, no me causó la menor gracia.

Probablemente habría vuelto a la actividad en la temporada 1969-70, pero el equipo había comenzado de forma inmejorable y la directiva decidió incluirme en la lista de lesionados de ese año a fin de evitar que fuese escogido durante el *draft* de expansión.

El aspecto económico no me preocupaba: tras un año como *rookie*, había firmado con el club un acuerdo de ampliación por dos años. Como necesitaba estar ocupado, hice de comentarista televisivo; trabajé con George Kalinsky, el fotógrafo del equipo, en un libro sobre los Knicks titulado *Take It All!* y viajé con el equipo como asistente informal de Red. En aquellos tiempos la mayoría de los entrenadores no contaban con asistentes, pero Red sabía que me interesaba aprender cosas sobre el baloncesto y, además, buscaba a alguien con quien contrastar ideas novedosas. Ese encargo me permitió evaluar el baloncesto desde la perspectiva de los entrenadores.

Red era un poderoso comunicador oral, pero no tenía dotes para expresarse visualmente y casi nunca trazaba diagramas de las jugadas en las charlas previas a los partidos. Con el fin de mantenerlos concentrados, pedía a los jugadores que, mientras hablaba, ladeasen la cabeza cada vez que oyeran la palabra «defensa», que repetía más o menos cada cuatro vocablos. A pesar de todo, los baloncestistas se adormecían mientras hablaba, por lo que me pidió que apuntase las fortalezas y las debilidades de los equipos con los que nos enfrentábamos y que dibujara sus jugadas clave. Esa propuesta me obligó a pensar en términos estratégicos más que tácticos. Cuando eres un jugador joven sueles centrar casi toda tu atención en cómo vencerás a tu contrincante en cada partido, pero a partir de ese momento comencé a ver el baloncesto como una dinámica partida de ajedrez en la que todas las piezas están en movimiento. Fue muy estimulante.

También aprendí una lección sobre la importancia de los rituales previos a los encuentros. El precalentamiento aún no se había inventado, de modo que la mayoría de los entrenadores intentaba transmitir los consejos previos al partido en los quince o veinte minutos anteriores a que los jugadores salieran al parqué. El jugador solo puede asimilar determinada cantidad de información cuando la adrenalina discurre por todo su cuerpo, por lo que no es un buen momento para evaluaciones sesudas. En ese espacio de tiempo hay que serenar la mente de los jugadores y fortalecer su conexión espiritual antes de que se lancen al campo de batalla.

Red atribuía mucha importancia a los reservas o suplentes porque desempeñaban un papel decisivo en nuestro equipo, a menudo afectado por las lesiones. En su opinión, que los reservas estuviesen activamente involucrados en el juego era tan importante como la atención que le prestaba el quinteto inicial. Para comprobar si los suplentes estaban mentalmente preparados, los avisaba con varios minutos de antelación antes de sacarlos a la cancha. Además, insistía en que estuviesen permanentemente atentos al reloj de posesión para entrar en cualquier segundo del juego sin perderse nada. Red consiguió que cada jugador sintiera que desempeñaba un papel significativo en el equipo, estuviera en la pista cuatro o cuarenta minutos de un encuentro... lo cual sirvió para convertir a los Knicks en un equipo veloz y cohesionado.

Los Knicks parecían imparables cuando llegaron los *play-offs* de la temporada 1969-70. La terminamos con una plusmarca de 60-22 como líderes de la liga y en las primeras rondas arrollamos a Baltimore y a Milwaukee. Afortunadamente, no tuvimos que preocuparnos de los Celtics, ya que Bill Russell se había retirado y Boston estaba de capa caída.

Los Lakers fueron nuestros adversarios en las finales del campeonato. Se trataba de un equipo salpicado de estrellas, liderado por Wilt Chamberlain, Elgin Baylor y Jerry West, con unas ganas tremendas de conquistar el anillo tras perder ante Boston en seis de las últimas ocho finales. Por otro lado, no eran tan veloces ni poseían nuestra movilidad, y su arma principal, Chamberlain, había pasado casi toda la temporada recuperándose de una intervención en la rodilla.

Con la serie empatada 2-2, en el quinto partido, cele-

brado en Nueva York, Willis sufrió una rotura muscular
en un muslo y durante el resto del encuentro tuvimos que
apelar a un titular menudo que no era pívot. Eso supuso
que DeBusschere y Stallworth (que medían, respectivamente, 1,98 y 2 metros) se vieran obligados a emplear el
sigilo y las argucias para encargarse de los 2,16 metros y
125 kilos de Chamberlain, con toda probabilidad el pívot
más arrollador que haya pisado una pista de baloncesto.
En aquella época no podías apartarte más de dos pasos de
tu hombre para cubrir a un jugador ofensivo, lo que nos
obligó a establecer la defensa zonal, actividad también ilí-
cita pero con menos probabilidades de ser sancionada ante
los embravecidos seguidores de los Knicks y en casa. En lo
que al ataque se refiere, DeBusschere alejó a Chamberlain
de la canasta con sus tiros precisos y el resto del equipo
quedó liberado para moverse más cómodamente por la
pista, lo que acabó con un decisivo triunfo por 107-100.

Los Lakers hicieron lo propio en su cancha, por lo que
en el sexto partido la serie estaba empatada. Fue uno de
los momentos más emocionantes en la historia de la
NBA. La gran duda era si Willis podría participar en el
séptimo encuentro, que tendría lugar en el Madison
Square Garden. Los médicos guardaron silencio hasta el
último momento. Debido al desgarro muscular, Willis
no podía flexionar la pierna y saltar estaba descartado,
pero se cambió para el partido y se dejó hacer algunas fotos durante el calentamiento, antes de retirarse a los vestuarios para que el preparador físico le aplicase otros tra-
tamientos. Lo seguí con la cámara e hice una gran foto
cuando le pusieron una generosa inyección de mepiva-
caína. Red no me permitió publicarla, pues consideró
que sería injusto con los reporteros gráficos, a quienes
les habían negado el acceso a los vestuarios.

El partido estaba a punto de empezar cuando Willis entró cojeando en la pista por el pasillo central. Los asistentes enloquecieron. Steve Albert, futuro comentarista deportivo y recogepelotas honorario de ese encuentro, contó
que miraba a los Lakers cuando Willis apareció en la pista

y «todos, sin una sola excepción, se volvieron, dejaron de lanzar y miraron a Willis. Quedaron boquiabiertos. El partido estaba decidido antes del inicio».

Al comienzo del encuentro, Frazier subió la pelota por la pista y se la pasó a Willis cerca de la canasta. Encestó con un ligero tiro en suspensión. Volvió a anotar en el siguiente ataque y de repente los Knicks se colocaron con una ventaja de 7-2, que en la NBA no suele tener mucha importancia, aunque en este caso fue decisiva. La imponente presencia de Willis en los primeros minutos de partido desmontó el juego de los Lakers, que ya no se recuperaron.

Tampoco vino mal que Frazier tuviese una de las mejores actuaciones no reconocidas en la historia de los *play-offs*, ya que consiguió 36 puntos, diecinueve asistencias y siete rebotes. Aunque se llevó un chasco al ser eclipsado por Willis, Walt también se quitó el sombrero ante el capitán. «Ahora mucha gente me dice: "Caramba, no sabía que jugabas así" —comentó Frazier posteriormente—. De todas maneras, sé que si Willis no hubiera hecho lo que hizo, yo tampoco habría jugado como lo hice. Se metió a los aficionados en el bolsillo y nos dio seguridad simplemente saltando a la pista.»

Los Knicks ganamos 113-99 y de la noche a la mañana nos convertimos en celebridades. Sin embargo, para mí fue una victoria agridulce. Agradecí que los compañeros del equipo votasen a favor de concederme una parte completa de las ganancias del *play-off* y mi primer anillo del campeonato pero, en cuanto el champán dejó de fluir, me sentí culpable de no haber podido colaborar más en la consecución del título. Me moría de ganas de volver a jugar.

Capítulo cuatro

La búsqueda

El privilegio de toda una vida es ser quien eres.
JOSEPH CAMPBELL

56 *E*n el verano de 1972, mi hermano Joe y yo realizamos un viaje en moto por el Oeste, viaje que cambió la dirección de mi vida.

Dos años antes había regresado al baloncesto, pero todavía me sentía inseguro en la pista y no había encontrado mi ritmo. Mi matrimonio con Maxine, mi novia de la universidad, se fue a pique. El medio año de rehabilitación posterior a la intervención quirúrgica no había contribuido a la relación y meses atrás habíamos decidido, de manera informal, seguir nuestros respectivos caminos. Joe, profesor de psicología en la Universidad Estatal de Nueva York, en Búfalo, también se había separado de su esposa. Nos pareció un buen momento para realizar un viaje por carretera.

Compré una BMW 750 de segunda mano y me reuní con Joe en Great Falls, Montana, no muy lejos de la casa parroquial de mis padres. Emprendimos un viaje de un mes por la divisoria continental, en dirección a la Columbia Británica. Nos lo tomamos con calma, viajábamos cinco o seis horas por la mañana y por la tarde montábamos el campamento. Por la noche nos sentábamos ante la fogata con un par de cervezas y charlábamos.

Joe no se anduvo por las ramas cuando comentó:

—Al verte jugar tengo la sensación de que estás asustado. Parece que tienes miedo de volver a sufrir una lesión y ya no te vuelcas en el baloncesto como antes. ¿Crees que estás totalmente recuperado?

—Sí, pero hay una diferencia —repuse—. No puedo jugar al mismo nivel que antes. Sigo siendo rápido, pero ya no tengo la misma potencia de piernas.

—En ese caso, tendrás que encargarte de recuperarla.

En cuanto al matrimonio, expliqué que Maxine y yo nos habíamos distanciado. A ella no le interesaba mi mundo del baloncesto y yo todavía no estaba en condiciones de establecerme y formar una familia en un barrio residencial de los suburbios. Además, Maxine estaba empeñada en profundizar en su carrera de abogada.

Joe fue directo al grano. Afirmó que, a lo largo de los dos últimos años, yo no me había volcado en mi matrimonio, en mi carrera ni en nada.

—Has tenido demasiado miedo como para hacer un verdadero esfuerzo, de modo que has perdido el único amor que siempre has tenido: el baloncesto —explicó—. Tienes que ser más agresivo en la vida.

Era el mensaje que necesitaba oír. Al regresar a Nueva York decidí volver a concentrar las energías en mi trayectoria profesional y las tres temporadas siguientes jugué el mejor baloncesto de toda mi vida. Maxine y yo comunicamos oficialmente nuestra separación y presentamos la demanda de divorcio. Me mudé a un loft situado sobre un taller de reparaciones de coches, en el distrito neoyorquino de Chelsea, y Maxine se instaló con Elizabeth, nuestra hija de cuatro años, en un apartamento del Upper East Side.

Para mí fue una época salvaje y esclarecedora y llevé la existencia de un hombre del Renacimiento en la década de 1960, incluidos el pelo largo, los vaqueros y la fascinación por explorar nuevas maneras de ver el mundo. Me encantaron la libertad y el idealismo, y por supuesto la fantástica música del movimiento contracultural que estremeció Nueva York y el resto de Estados Unidos. Compré una bicicleta con la que pedaleé por toda la ciudad, intentando conectar con la verdadera Nueva York. Por más tiempo que pasase en Central Park, lo cierto es que para mí vivir en la ciudad era como estar encerrado entre cuatro paredes. Necesitaba encontrar un sitio en el que experimentar una conexión fuerte con la tierra.

También deseaba volver a conectarme con mi esencia espiritual, a la que no había hecho caso. En la universidad había estudiado otras religiones y sentido curiosidad por la amplia gama de tradiciones espirituales de todos los rincones del planeta. Entonces había sido, básicamente, un ejercicio intelectual más que una práctica espiritual significativa. En ese período me sentí impulsado a navegar en aguas más profundas.

Mi viaje de autodescubrimiento estuvo lleno de incertidumbres y cargado de promesas. Por mucho que sabía que el sistematizado enfoque espiritual de mis padres no era adecuado para mí, seguía interesado en la idea de ahondar en el poder del espíritu humano.

De pequeño tuve una serie de extraños problemas de salud. Rondaba los dos años cuando me apareció en la garganta un bulto bastante grande, que desconcertó a los médicos y desencadenó una enorme preocupación en mis padres. Me trataron con penicilina y finalmente desapareció, pero crecí con el convencimiento de que algo no iba bien. Al empezar la escuela me diagnosticaron un soplo cardíaco y aconsejaron que durante un año evitase toda actividad física, algo que para mí fue una verdadera tortura, pues era un niño muy activo.

Debía de tener once o doce años cuando, una noche, me encontré mal, con una fiebre muy alta. Dormí intermitentemente y de pronto oí una especie de rugido, como el sonido de un tren, que fue en aumento hasta resultar tan ensordecedor que pensé que el tren entraría en mi dormitorio. Fue una sensación abrumadora pero, por alguna razón, no me asusté. Mientras el ruido crecía, sentí que de mi cuerpo emanaba una poderosa oleada de energía mucho más intensa e incontenible que todo lo que hasta entonces había experimentado.

No sé de dónde salió ese poder, pero al día siguiente desperté fuerte, confiado y rebosante de energía. La fiebre había desaparecido y, a partir de entonces, mi salud mejoró espectacularmente y casi nunca pillé resfriados ni gripes.

Lo cierto es que el impacto principal de esa experiencia espontánea no fue físico, sino psicológico. A partir de aquella noche creí más en mí mismo y desarrollé la fe en que todo se resolvería para bien. También tuve la sensación de que podía apelar a una nueva fuente de energía, que existía en mi interior y de la que hasta entonces no había sido consciente. A partir de ese momento me sentí lo bastante seguro como para volcarme en cuerpo, mente y alma en lo que amo..., y ha sido esta certeza, tanto como lo demás, el secreto de mi éxito deportivo.

Siempre me he preguntado de dónde procedía esa energía y si podría aprender a usarla por mi cuenta, no solo en la pista de baloncesto, sino en el resto de mi existencia.

Esa fue una de las cosas que buscaba cuando emprendí el viaje de autodescubrimiento. No sabía dónde iba ni qué escollos encontraría en el camino, pero me sentí alentado por las siguientes líneas de *Ripple*, de Grateful Dead:

> No hay camino, ni sencilla carretera,
> entre el alba y la oscuridad de la noche;
> si sigues adelante es posible que nadie te siga,
> ya que esa senda es solo para tus pasos.

Francamente, ya había realizado todo un recorrido. Dado que tanto mi padre como mi madre eran pastores, mis hermanos y yo teníamos que ser doblemente perfectos. Los domingos acudíamos dos veces a la iglesia, por la mañana para oír el sermón de mi padre y por la tarde para escuchar el de mi madre. También teníamos que asistir a un servicio en mitad de la semana y ser los mejores alumnos de la escuela dominical, que estaba a cargo de mi madre. Por la mañana orábamos antes de desayunar y por la noche memorizábamos pasajes de la Biblia.

Mamá y papá se conocieron en el seminario de Winnipeg en el que estudiaban para pastores. Habían llegado por caminos distintos. Mi padre, Charles, era un hombre alto, guapo, de pelo rizado, ojos oscuros y comportamiento tranquilo y discreto. Nuestros antepasados *tories* habían escogido el bando equivocado en la guerra estadounidense de la Independencia y, una vez terminada la contienda, se trasladaron a Ontario, donde el rey Jorge III les concedió tierras que se convirtieron en la granja familiar de los Jackson. Mi padre siempre soñó con asistir a la universidad pero, tras suspender las pruebas de acceso (en gran medida debido a problemas de salud), dejó los estudios en octavo y se puso a trabajar en la granja. En ese período también pasó una temporada como leñador en la bahía de Hudson. Cierto día, mientras ordeñaba vacas en el establo, experimentó repentinamente la llamada del Señor.

Mi madre, Elisabeth, era una mujer carismática, impactante, de ojos azules cristalinos, pelo rubio y marcadas facciones germánicas. Se crio en Wolf Point, Montana, donde el abuelo Funk había trasladado a la familia después de la Primera Guerra Mundial para evitar el marcado sentimiento antigermánico de Canadá. Todos sus hermanos fueron los primeros de su promoción en la escuela secundaria, pero mamá no pudo serlo por dos décimas de punto, ya que tuvo que saltarse seis semanas de clases para trabajar en la cosecha. Años después, dando clases en una escuela con una sola aula, asistió a una reunión del renacimiento del pentecostalismo y quedó convencida. Con poco más de treinta años, mamá se estableció como predicadora ambulante en las pequeñas poblaciones del este de Montana.

Mi padre ya había enviudado cuando comenzaron a

salir. Su primera esposa había muerto pocos años antes, embarazada de su segundo hijo. La primogénita era mi hermanastra Joan. Mis padres se sintieron atraídos por una profunda conexión espiritual más que por el elemento romántico. Ambos estaban cautivados por el movimiento pentecostal, que se había extendido rápidamente por las zonas rurales durante las décadas de 1920 y 1930, cuya idea fundamental radica en que es posible encontrar la salvación conectando directamente con el Espíritu Santo. También quedaron prendados por la profecía, que aparece en el Apocalipsis, de la segunda venida de Cristo, y hablaron de lo importante que era prepararse espiritualmente para Su llegada porque podía suceder en cualquier momento. Su mayor temor era no estar bien con Dios. «Si hoy murieras, ¿te reunirías en el cielo con tu Hacedor?», solía preguntar mi madre. Esa era la principal cuestión en nuestra casa.

Mis padres también observaban a pies juntillas las enseñanzas de san Pablo sobre la necesidad de separarte de la sociedad materialista, estando en este mundo pero sin formar parte de él. No nos permitían ver televisión, ir al cine, leer cómics ni asistir a bailes…, ni siquiera podíamos reunirnos con los amigos de la escuela en la taberna del pueblo. Joan no podía ponerse pantalones cortos ni bañador y, fuéramos donde fuésemos, mis hermanos y yo teníamos que ponernos camisas blancas, salvo cuando practicábamos deportes. Hace poco le pregunté a Joe qué lo asustaba de pequeño y respondió que se rieran de él en la escuela cuando se equivocaba. Los demás chicos nos tomaban el pelo implacablemente, nos llamaban «apisonadoras sagradas» y se burlaban de lo que consideraban un estilo de vida extraño y anticuado.

Yo debía de tener once años cuando mi madre me anunció que había llegado el momento de que «buscase ser imbuido del Espíritu Santo». Mis hermanos y mi hermana ya habían sido «bautizados» en el Espíritu Santo y tenían don de lenguas. Este era un aspecto importante del pentecostalismo. Durante años había visto a otras perso-

61

nas pasar por ese ritual, pero nunca fue algo que yo quisiese experimentar. Mis padres querían realmente que lo hiciera y todos los domingos por la noche, después del servicio, oraban conmigo mientras yo buscaba activamente el don de lenguas.

Tras un par de años de oraciones y súplicas devotas, llegué a la conclusión que eso no era lo mío. Desesperado, busqué actividades escolares que me apartasen de una vida prácticamente dedicada a la iglesia. Actué en obras de teatro, canté en el coro, trabajé en una carroza de la clase y desempeñé la función de anunciante deportivo del programa escolar de radio. Cursaba el último año de la escuela secundaria cuando mi hermano Joe me llevó por primera vez al cine, a ver *Siete novias para siete hermanos*, mientras mis padres asistían a una conferencia.

Mi verdadero salvador fue el baloncesto. En tercero medía 1,95 metros, pesaba 72,5 kilos y empecé a mejorar realmente como jugador. La estatura y los brazos largos me proporcionaron una ventaja enorme y aquel año promedié 21,3 puntos por partido, lo que contribuyó a que mi equipo, Williston High, llegase a la final del campeonato estatal de Dakota del Norte. Habíamos perdido dos veces con nuestro gran adversario, Rugby, durante la temporada regular. En ambos partidos me metí en un buen lío, motivo por el cual el entrenador Bob Peterson se decantó por la defensa zonal en el último encuentro. Logramos contener a Paul Presthus, mi rival de la escuela secundaria, pero Rugby lanzó lo suficientemente bien como para ganar por doce puntos.

Lo que me gusta del baloncesto es lo interconectado que está todo. Se trata de una compleja danza de ataques y contraataques, por lo que era mucho más intenso que cualquier otro de los deportes que practicaba. Además, requería un alto nivel de sinergia. Para triunfar, necesitas confiar en todos los que están en la pista, no solo en ti. Es lo que le proporciona cierta belleza trascendente que me resultó profundamente gratificante.

El baloncesto también me salvó de asistir a los servicios religiosos la mayoría de los fines de semana. Nuestro rival más cercano se encontraba a doscientos kilómetros y los fines de semana realizábamos largos viajes nocturnos hasta las zonas más alejadas del estado, lo que significaba que solía perderme los oficios de la noche del viernes y del domingo por la mañana.

Durante el último curso me convertí en una especie de minicelebridad estatal. Logré un promedio de 23 puntos por encuentro y, una vez más, llegamos a la final del estado, a pesar de que no teníamos un palmarés tan bueno como el del año anterior. La final contra Grand Forks Red River fue televisada y en la primera mitad robé la pelota, corrí solo la pista e hice un mate. Me convertí en algo así como el héroe popular del estado porque la mayoría de los televidentes nunca habían visto un mate. Terminé marcando 35 puntos y me nombraron el jugador más valioso en la conquista del campeonato.

Después del partido conocí a Bill Fitch, que acababa de ser contratado como entrenador del equipo de la universidad de Dakota del Norte, y me dijo que, si me interesaba, se comprometía a hacerme sitio entre los suyos. Varias semanas después se presentó en Williston para pronunciar un discurso en la ceremonia de entrega de premios del equipo. Al finalizar, hizo que un compañero y yo subiéramos al escenario, nos esposó y comentó con tono de broma: «En cuanto acabe de pronunciar este discurso, estos chicos se vienen conmigo a la universidad de Dakota del Norte».

Al final mi madre, que nunca acudió a mis partidos en la escuela secundaria, preguntó cómo iba mi vida espiritual y me vi obligado a reconocer que tenía dificultades con la fe. Para ella fue un momento desgarrador, pues ya había visto cómo sus hijos mayores «se desviaban» de la iglesia. Cuando yo era un bebé, mis padres se habían comprometido ante la congregación a criarme como un siervo del Señor, tal como habían hecho previamente con Charles y con Joe. Para ellos tuvo que ser doloroso que ninguno de los tres cumpliera sus expectativas. Creo que por eso jamás abandonaron la esperanza de que algún día uno de nosotros retornaría a nuestra auténtica vocación: el ministerio.

En la universidad viví otro brusco despertar. Me habían criado en la lectura literal de la Biblia. Por lo tanto, al estudiar la teoría darwiniana de la evolución en clase de biología, me desconcertó descubrir que, según los cálculos más atinados, hacía más de cuatro millones de años que los seres humanos caminaban erectos por el planeta. Esa revelación me llevó a cuestionarme en gran medida lo que me habían enseñado desde pequeño y me inspiró para tratar de resolver, al menos para mis adentros, algunas de las contradicciones existentes entre el dogma religioso y la investigación científica.

Decidí abandonar ciencias políticas y pasarme a una combinación de psicología, religión y filosofía. De esa forma tuve ocasión de explorar la extensa variedad de enfoques espirituales que existen, tanto en oriente como en occidente. Me sentí muy conmovido por la visión humanista de Jesús que Nikos Kazantzakis presenta en *La última tentación de Cristo*, muy semejante a lo que yo había leído sobre Buda. También me emocioné con *Las variedades de la experiencia religiosa*, de William James, que no solo me ayudó a situar en perspectiva mi experiencia infantil, sino que me enseñó de qué forma mi búsqueda de una nueva y más auténtica identidad espiritual estaba en consonancia con el abigarrado paisaje de la cultura estadounidense.

Dejé de lado esa búsqueda durante los primeros años en la NBA. Cuando me trasladé a Chelsea, entablé amistad con un estudiante diplomado en psicología y devoto musulmán llamado Hakim, que volvió a despertar mi interés por la espiritualidad y me llevó a explorar la meditación.

Cierto verano que estaba en Montana recabé la ayuda de un vecino, Ron Fetveit, que era cristiano practicante, para arreglar las goteras del techo. Mientras reparábamos las tejas, sostuvimos una larga conversación sobre cuestiones espirituales, durante la cual confesé que había tenido dificultades para vincularme con su fe debido a mi experiencia infantil. «Sé de dónde vienes, pero te aseguro que el nieto de Dios no existe —explicó—. No eres ni tu padre ni tu madre, por lo que tendrás que desarrollar tu propia relación personal con Dios.»

A partir de ese momento comencé a buscar serenamente prácticas espirituales que se adecuasen a mí. Uno de los primeros descubrimientos fue el de Joel S. Goldsmith, autor innovador, místico y ex sanador de la ciencia cristiana, que había fundado su propio movimiento, conocido como «El camino infinito». Lo que me atrajo de su obra fue el rechazo global de la organización, el ritual y el dogma. En su opinión, la espiritualidad es un recorrido personal y punto; por eso diseñó sus charlas para que pudieran interpretarse desde diversas y variadas perspectivas. Quedé muy intrigado por la visión que Goldsmith tenía de la meditación, ya que la consideraba una forma de experimentar el silencio interior y conectar con la propia sabiduría intuitiva. Siempre he pensado que la meditación es una técnica terapéutica para calmar la mente y sentirse más equilibrado. Sin embargo, Goldsmith me enseñó que también puede ser el sustituto de la plegaria, el portal hacia lo divino.

Aunque con el paso del tiempo me interesé por otras prácticas, tengo que reconocer que «El camino infinito» me abrió los ojos. Significó la transición de la rígida espiritualidad que me habían inculcado a una visión más amplia de las prácticas espirituales. De pequeño, mi madre me llenaba diariamente la cabeza con las Sagradas Escrituras porque creía que la mente ociosa es el lugar preferido del demonio. Yo pensaba que la verdad radica exactamente en lo contrario. No me interesaba llenar la cabeza con más barullo; solo quería calmar mi mente y, simplemente, ser.

En esa época conocí a June, mi futura esposa, durante mi habitual partida de pinacle en Nueva York. Era una chica cálida y divertida y se había sacado el título de trabajadora social en la universidad de Connecticut. Nuestro romance floreció durante un viaje estival en moto por el noroeste y en 1974 nos casamos. Nuestra primogénita, Chelsea, nació al año siguiente y poco después le siguieron nuestra hija Brooke y los mellizos Charley y Ben.

Poco después de la llegada de Chelsea, June y yo fuimos a visitar a mi hermano Joe y a su nueva pareja (Deborah, la hermana de June), que convivían en una comuna de Taos, Nuevo México. Hacía años que Joe practicaba el sufismo y poco antes había renunciado a su trabajo de profesor en Búfalo para irse a vivir a la Fundación Lama, comunidad dedicada a integrar las prácticas espirituales de una gran variedad de tradiciones.

El sufismo es una forma de misticismo islámico que se centra, principalmente, en pasar la conciencia de lo personal a lo divino. Los sufíes creen que no puedes librarte de identificarte con el yo pequeño e individual a menos que te entregues al poder de lo sagrado. Eso significa entregarse a lo que el maestro sufí Pir Vilayat Inayat Khan denomina «el hechizo mágico del amor incondicional...», el abrazo extático que salva la separación entre el ser amante y el amado».

Los sufíes de la Fundación Lama dedicaban buena parte del día a tratar de conectar con lo divino a través de la meditación, el recogimiento y una forma extática de canto y reverencia que denominan «zikers». Joe se sintió atraído por el aspecto físico de esa práctica y por los movimientos repetitivos, parecidos a los de la danza y destinados a modificar la conciencia.

Tras participar en los rituales durante varias semanas, llegué a la conclusión de que el sufismo no era el camino adecuado para mí, ya que iba en busca de una práctica que me ayudase a controlar mi mente hiperactiva.

Varios años después, contraté a Joe para que me ayudase a construir una casa en el lago Flathead de Montana. Una vez erigida la estructura, nos pusimos en contacto con un albañil para que nos ayudara a terminar el trabajo. Este había estudiado zen en el monasterio del monte Shasta, en el norte de California, y tenía una actitud serena y centrada, así como un enfoque pragmático y serio del trabajo. Me interesaba profundizar en el zen desde que había leído *Zen Mind, Beginner's Mind* (*Mente zen, mente de principiante*), el clásico de Shunryu Suzuki. Este maestro japonés, que desempeñó un papel decisivo en la introducción del budismo zen en occidente, habla de aprender a abordar cada momento con una mente curiosa y libre de prejuicios. «Si está vacía, tu mente siempre está preparada y abierta a todo. En la mente del principiante hay muchas posibilidades, mientras que en la del experto escasean.»

Aquel verano Joe y yo nos unimos al grupo de nuestro amigo y una vez por semana comenzamos a practicar en grupo la zazen, la meditación sentada. Lo que me atrajo de la práctica zen fue su simplicidad intrínseca. No incluía entonar mantras ni visualizar imágenes complejas, como otras prácticas que había probado. El zen es pragmático y realista y está abierto a la exploración. No te obliga a ceñirte a determinado conjunto de principios ni a creer en algo; a decir verdad, alienta a que sus practicantes lo cuestionen todo. El maestro zen Steve Hagen escribe: «El budismo consiste en ver. Consiste en saber más que en creer, tener esperanzas o desear. También se relaciona con no tener miedo a examinar nada, ni siquiera el programa personal de cada ser humano».

Las instrucciones de Shunryu Suzuki sobre el modo de meditar son sencillas:

1. Siéntate con la espalda recta, los hombros relajados y la barbilla hacia dentro, «como si sostuvieras el cielo con la cabeza».

2. Sigue la respiración con la mente a medida que el aire entra y sale como una puerta de batiente.

3. No intentes detener el discurrir de tu pensamiento. Si surge una idea, permite que llegue, déjala ir y vuelve a tu respiración. La propuesta no consiste en tratar de controlar la mente, sino en permitir que los pensamientos aparezcan y desaparezcan espontáneamente una y otra vez. Cuando cojas un poco de práctica, los

pensamientos flotarán como nubes pasajeras y su capacidad de dominar la conciencia disminuirá.

Según Suzuki, la meditación te ayuda a hacer cosas «con una mente sencilla y clara», sin «nociones ni sombras». Cuando realizan algo, la mayoría de las personas tienen dos o tres ideas rondando en la cabeza, lo cual deja «restos» de pensamientos que provocan confusión y de los que es difícil desprenderse. «Con el propósito de no dejar restos, al hacer algo tienes que hacerlo con todo tu cuerpo y con toda tu mente, debes concentrarte en lo que haces —escribe—. Deberías hacerlo completamente, lo mismo que una buena fogata.»

Me llevó años de práctica aquietar mi mente agitada y en el proceso descubrí que, cuanto más consciente era de lo que sucedía en mi interior, más conectado estaba con el mundo exterior. Me volví más paciente con los demás y más sereno cuando estaba sometido a presión, cualidades que me ayudaron enormemente cuando me convertí en entrenador.

Tres aspectos del zen han sido decisivos para mí como líder:

1. Renuncia al control

Suzuki escribe: «Si quieres conseguir la calma total en tu zazen, no debes preocuparte por las diversas imágenes que aparecen en tu mente. Deja que lleguen y que se vayan y de esta forma quedarán bajo control».

Suzuki añade que la mejor manera de controlar a las personas consiste en concederles mucho espacio, incitarlas a que sean revoltosas y observarlas. «Ignorarlas no es bueno, sino lo peor que podemos hacer... La segunda peor cosa que podemos hacer es intentar controlarlas. Lo mejor es observarlas, simplemente observarlas, sin tratar de controlarlas.»

Este consejo me resultó muy útil cuando más adelante tuve que tratar con Dennis Rodman.

2. Confía en el momento

La mayoría de las personas pasamos casi todo el tiempo atrapados en pensamientos sobre el pasado o el futuro, algo que puede resultar arriesgado si tu trabajo consiste en ganar partidos de baloncesto. El básquet se juega a un ritmo tan vertiginoso que es fácil cometer errores y obsesionarte con lo que acaba de ocurrir o con lo que podría suceder a continuación, actitud que te distrae de lo único que de verdad cuenta: este preciso instante.

La práctica del zen no solo contribuyó a volverme más agudamente consciente de lo que ocurría en el presente, sino que refrenó mi forma de experimentar el tiempo, pues disminuyó mi tendencia a apresurarme hacia el futuro o a ensimismarme en el pasado. Thich Nhat Hanh, maestro zen vietnamita, habla de «habitar felizmente el presente», ya que allí dispones de todo lo que necesitas. «La vida solo puede estar en el presente —escribe—. El pasado se ha ido, el futuro todavía no ha llegado y no podremos estar en contacto con la vida si no retornamos a nosotros mismos en el momento presente.»

3. Vive con compasión

Una faceta del budismo que me resultó muy convincente fueron las enseñanzas sobre la compasión. A Buda se lo conoce como *El Compasivo* y, según los estudiosos de la religión, sus enseñanzas morales presentan un gran parecido con las de Jesús, quien durante la Última Cena dijo a sus discípulos: «Este es mi mandamiento: que os améis los unos a los otros como yo os he amado. Nadie tiene mayor amor que este: dar uno la propia vida por sus amigos». De forma parecida, Buda dijo: «De la misma manera que una madre protege a su hijo aun a costa de su propia vida, cultiva un corazón infinito hacia todos los seres. Deja que tus pensamientos de amor infinito impregnen el mundo entero».

Desde la perspectiva budista, el mejor modo de cultivar

la compasión consiste en estar plenamente presente en el momento. Según Buda, «meditar es escuchar con el corazón receptivo». En su obra *Comienza donde estás: guía para vivir compasivamente*, la maestra budista Pema Chodron sostiene que la práctica de la meditación diluye los límites tradicionales entre el yo y los otros. «Lo que hagas por ti mismo (todo gesto de amabilidad, de delicadeza, de honradez y la voluntad de verte con claridad) afectará tu modo de experimentar el mundo —escribe—. Lo que hagas por ti mismo lo harás por los demás y lo que hagas por los demás lo harás por ti mismo.»

Posteriormente esa idea se convertiría en un elemento fundamental de mi labor como entrenador.

Mientras tanto, todavía tenía trabajo pendiente como jugador.

En la temporada 1971-72, Red Holzman, por entonces gerente general además de entrenador principal, llevó a cabo una serie de movimientos que transformaron a los Knicks. En primer lugar, cambió a Cazzie Russell por Jerry Lucas, de los San Francisco Warriors. Jerry era un pívot fuerte, activo, con un buen lanzamiento de siete metros que, además, era capaz de encargarse de pívots potentes como Dave Cowens y Kareem Abdul-Jabbar. Después, Red envió a Mike Riordan y a Dave Stallworth a Baltimore a cambio de Earl *la Perla* Monroe, probablemente el director de juego más creativo de aquella época. Red también reclutó a Dean *el Sueño* Meminger, un base veloz y de piernas largas de Marquette, que en defensa era terrorífico.

Con esa nueva incorporación de talentos nos transformamos en un equipo más polifacético de lo que jamás habíamos sido. Alcanzamos mayor dimensión y profundidad y una variedad de opciones para anotar más amplia que la que había tenido el equipo de la temporada 1969-70, así como una fusión perfecta de habilidades individuales y conciencia de equipo. A algunos nos inquietó que

Monroe intentase eclipsar a Frazier, pero Earl se adaptó al juego de Walt e incorporó una dimensión asombrosa y renovada al ataque. Con Lucas, el mago de los pases, como pívot, dejamos de ser un equipo potente y nos convertimos en un equipo de perímetro multifacético, anotando tanto lanzamientos en suspensión de cinco metros como bandejas y tiros cerca del aro. Red me convirtió en el principal apoyo de Dave DeBusschere y de Bill Bradley, función que me llenó de energía. Se trataba de baloncesto en su mejor versión y encajé como anillo al dedo.

En la temporada 1972-73, el único equipo que nos preocupaba era el de los Celtics, que había dominado la Conferencia Este con un balance de 68-14. En los cuatro años transcurridos desde la retirada de Bill Russell, el gerente general Red Auerbach había recreado el equipo de acuerdo con la tradición clásica de los Celtics: mediante la incorporación de un pívot fuerte y activo (Dave Cowens), un sagaz lanzador de triples (Jo Jo White) y uno de los mejores y más completos baloncestistas que han existido (John Havlicek).

Holzman no era un gran defensor de Auerbach porque apelaba a todos los trucos que podía a fin de colocar a su equipo en situación ventajosa. Auerbach era el maestro de los métodos dudosos, pero sin llegar a ser directamente ilícitos. Una de sus estratagemas características consistía en encender un cigarro cuando consideraba que su equipo ya había ganado, actitud que enfurecía a los adversarios, sobre todo si el marcador estaba muy reñido.

Auerbach se excedió en los *play-offs* de 1973, pero el tiro le salió finalmente por la culata. Nos enfrentamos a los Celtics en las finales de la Conferencia Este después de vencer a Baltimore por 4-1 en la primera ronda. Boston tenía la ventaja de ser local en la serie y Auerbach la aprovechó al máximo. Cada vez que jugábamos en Boston, Auerbach nos amargaba la vida. Nos asignaba vestuarios en los que las llaves de las taquillas no funcionaban, faltaban las toallas, hacía un calor insoportable y no podíamos abrir las ventanas. En cada partido de esa serie nos asignó un vestuario distinto y en el último, el del séptimo encuentro, nos metió en una portería, un cubículo sin taquillas y con el techo tan bajo que muchos tuvimos que agacharnos para cambiarnos. En lugar de desmoralizarnos, como sin duda deseaba Auerbach, la estratagema del vestuario nos enfureció tanto que nos crecimos todavía más.

Hasta entonces, nadie había derrotado a los Celtics en su cancha en el séptimo partido, pero estábamos muy seguros de nosotros porque, al principio de la serie, habíamos dominado a Boston con nuestro bloqueo de los jugadores ofensivos. La víspera del gran encuentro vimos una filmación del sexto partido y noté que Jo Jo White nos asfixiaba con sus bloqueos. Meminger, que cubría a Jo Jo, se puso a la defensiva y Holzman explotó: «Me importan un bledo los bloqueos. Encontrad el modo de esquivarlos y detened a ese tío. No os quejéis de los bloqueos, haced vuestro trabajo».

Al día siguiente, Dean pareció convertirse en un poseso. Desde el primer momento se acercó a Jo Jo y le cortó el paso, anulando eficazmente el plan de juego ofensivo de los Celtics. Poco después, Dean cobró vida en el otro lado de la cancha, rompió la barrera de los Celtics y en la segunda mitad encadenamos un parcial decisivo: 37-22. Boston ya no se recuperó y el marcador final fue de Knicks, 94- Celtics, 78.

Nunca había visto a Red Holzman tan feliz como aquella noche en el cubículo de Boston. Para él fue muy significativo derrotar a Auerbach en su propia salsa. Radiante de alegría, se acercó a mí y comentó con sonrisa irónica: «Phil, por si no lo sabes, en ocasiones la vida es un misterio y a veces no es tan fácil distinguir la diferencia entre el bien y el mal. Sin embargo, este es uno de esos momentos en los que el bien ha triunfado claramente sobre el mal».

La serie del campeonato contra los Lakers resultó decepcionante. Aunque en el primer partido nos sorprendieron, a partir de ahí pusimos fin a su racha y ganamos en cinco encuentros. Fue penosa la celebración realizada en Los Ángeles una vez terminado el partido: solo unos cuantos reporteros de pie a la espera de titulares. No me importó lo más mínimo. Por fin tenía un anillo que podía considerar mío.

La temporada siguiente, 1973-74, fue una de las mejores de mi carrera. Adopté la función de sexto hombre y obtuve un promedio de 11,1 puntos y 5,8 rebotes por partido. Por otro lado, el equipo estaba inmerso en una transformación que me preocupaba.

La característica distintiva de los Knicks del campeonato era el vínculo extraordinario entre los jugadores y la manera desinteresada en la que actuábamos como equipo. Dicho vínculo fue muy intenso durante nuestro avance hacia el primer campeonato, en 1970. En 1971, tras la llegada de Earl Monroe, Jerry Lucas y Dean Meminger, la química del equipo cambió y se estableció un nuevo lazo, de naturaleza más estrictamente profesional, pero no por ello menos eficaz. Fuera de la cancha no compartíamos mucho tiempo, pero en el parqué nos fundíamos magníficamente. El equipo estaba viviendo un cambio radical y en esa ocasión su efecto sería más disgregante.

En la temporada 1973-74 nos esforzamos por resistir, pero con Reed, Lucas y DeBusschere acosados por las lesiones, entramos cojeantes en las finales de la Conferencia Este contra los Celtics, después de haber sobrevivido a duras penas a la serie de siete partidos contra los Bullets. El momento decisivo se produjo durante el cuarto encuentro en el Madison Square Garden, con los Celtics 2-1 arriba en la serie, mientras el joven pívot de refuerzo John Gianelli y yo intentábamos compensar a nuestros mermados pívots. En esa ocasión no se produjo la aparición mágica de Willis Reed. Dave Cowens y John Havlicek, de los Celtics, supieron aprovechar nuestra falta de liderazgo en ataque y durante la segunda mitad nos remataron. Boston ganó 98-91.

Tres días después, los Celtics nos vencieron en Boston en su trayectoria de éxitos hacia otra lucha por el campeonato con los Milwaukee Bucks. Recuerdo haber estado en el aeropuerto Logan con los compañeros de equipo después de esa derrota y sentir que nuestra dinastía hasta entonces gloriosa se había extinguido. Lucas y DeBusschere ya habían anunciado su propósito de retirarse. Cuando comenzó la temporada siguiente, Reed y Barnett siguieron su camino y en el *draft* de expansión Nueva Orleans escogió a Meminger, que fue traspasado a Atlanta.

A partir de entonces, nada volvió a ser igual. Al año siguiente me incorporé al quinteto titular, sustituyendo a DeBusschere, y desempeñé mi papel bastante bien. Solo quedaban otros tres miembros (Walt Frazier, Bill Bradley y Earl Monroe) del equipo original y resultó difícil restaurar la clase de unidad que habíamos conseguido. La situación había cambiado y los nuevos jugadores que se incorporaron se mostraron más interesados en exhibir sus llamativas habilidades y entregarse a la gran vida de la NBA que en realizar el laborioso esfuerzo de generar un equipo cohesionado.

A lo largo de los dos años siguientes, añadimos a la lista varios jugadores talentosos, incluidos Spencer Haywood (All-Star de la NBA) y Bob McAdoo (tres veces máximo anotador de la NBA), pero ninguno se mostró lo suficientemente interesado en alcanzar la combinación tradicional de defensa intensa y generoso trabajo de equipo que había caracterizado a los Knicks.

Cada día la brecha entre generaciones se volvió más evidente. Acostumbrados a ser mimados en la universidad, los nuevos jugadores comenzaron a quejarse de que nadie lavaba sus uniformes y de que el preparador físico no hacía bien los vendajes. Los viejos Knicks estábamos habituados a hacernos responsables de nuestras cosas porque, por aquel entonces, no existía el encargado de la equipación y, por muy extraño que parezca, lavar nuestra ropa ejercía un efecto unificador en el equipo. Nos preguntamos si los nuevos asumirían la responsabilidad de lo que tenían que hacer en la pista, ya que ni siquiera estaban dispuestos a lavar sus uniformes.

No tardamos en averiguarlo. En un período extraordinariamente corto, los Knicks nos convertimos en un equipo de personalidad múltiple, capaz de conseguir ventajas de quince puntos y de desplomarnos al final debido a nuestra imposibilidad de organizar un ataque coordinado. Celebramos varias reuniones de equipo para analizar el problema, pero no logramos ponernos de acuerdo en el modo de salvar esa brecha. No funcionó nada de lo que Red puso en práctica con tal de fomentar el juego en equipo.

Por primera vez en nueve años, en 1976 los Knicks no se clasificaron para los *play-offs*. Un año después, Bradley se retiró y Frazier fue traspasado a los Cleveland Cavaliers. Red dimitió y fue sustituido por Willis Reed.

Supuse que la temporada 1977-78 sería la última para mí, pero una vez terminada, los Knicks llegaron a un acuerdo para enviarme a los New Jersey Nets. Al principio me mostré reticente, pero accedí cuando el entrenador Kevin Loughery me llamó para decirme que necesitaba mi ayuda con los jugadores más jóvenes. «Ya sé que estás al final de tu carrera, pero Nueva Jersey podría ser una buena transición entre jugar al baloncesto y entrenar.»

No me interesaba mucho convertirme en entrenador, pero reconozco que me intrigaba el atípico estilo de liderazgo de Loughery. Tras el campamento de entrenamiento, Loughery declaró que quería nombrarme entrenador asistente, pero antes de que ocurriese, Bob Elliott se lesionó y me activaron como jugador. De todas maneras, ese año tuve ocasión de trabajar con los pívots como entrenador asistente a tiempo parcial y de sustituir a Kevin como entrenador principal cuando los árbitros lo expulsaban de la pista, hecho que en esa temporada ocurrió catorce veces.

Loughery, que había ganado dos campeonatos de ABA, tenía un ojo excepcional para el baloncesto y era muy hábil a la hora de aprovechar las incompatibilidades. De él aprendí a traspasar los límites y salirme con la mía. Loughery fue el primer entrenador que conocí que hacía que sus jugadores atacasen a los que pasaban la pelota hacia el centro de la pista, jugada muy arriesgada que a menudo surtía efecto. También adoptó la estratagema de Hubie Brown, que consistía en atacar al que repartía el juego y convertirlo en parte habitual de la defensa, a pesar de que en un sentido estricto no era lícito. Una de sus mayores innovaciones tuvo que ver con el desarrollo de jugadas aisladas y poco convencionales por parte de nuestros mejores lanzadores. Dicha táctica no coincidía exactamente con el modelo de ataque de cinco hombres elaborado por Holzman, pero estaba totalmente en consonancia con los jugadores titulares de los Nets, en los que abundaban los buenos lanzadores, y allanó el terreno para las formas novedosas de creatividad que florecieron a lo largo de los años siguientes.

76 Nuestro jugador estrella era Bernard King, un alero explosivo y con un tiro superveloz que el año anterior, como *rookie*, había promediado 24,2 puntos y 9,5 rebotes por encuentro. Lamentablemente, también tenía problemas debido al abuso de sustancias prohibidas. Una noche de aquella temporada lo encontraron dormido al volante en una señal de stop y lo detuvieron por conducir en estado de embriaguez y por posesión de cocaína. Posteriormente retiraron los cargos. Ese incidente pudo con Loughery. Tenía fama de ser bueno a la hora de gestionar estrellas ególatras, pero sintió que no conseguía conectar con King y que estaba perdiendo el control del equipo. En consecuencia, amenazó con dimitir. Cuando el gerente general Charlie Theokas le pidió que propusiese un sustituto, Loughery mencionó mi nombre. Al enterarme me quedé muy sorprendido, pero me hizo bien saber que alguien del calibre de Kevin me consideraba capaz de abordar ese trabajo. Al final Loughery reculó. Varios meses después, los Nets traspasaron a King a los Utah Jazz, donde pasó la mayor parte de aquella temporada en rehabilitación.

A comienzos de la temporada 1979-80, Loughery me comunicó que me retiraba de los jugadores en activo y me ofreció trabajo como entrenador asistente a tiempo completo, aunque con un considerable recorte de salario. Era el momento que siempre había temido. Recuerdo que conducía el coche rumbo al centro de entrenamiento de los Nets en Piscataway, Nueva Jersey, y pensaba que nunca más volvería a experimentar el fragor de la batalla. Me dije que era posible que en el futuro tuviese algún gran momento pero, a menos que sufriera una crisis a vida o muerte, jamás experimentaría una experiencia como la que había vivido como jugador de la NBA.

Ser entrenador no era lo mismo o, al menos, así pensaba en aquel momento. Ganara o perdiese, siempre estaría apartado de la acción.

En las afueras de Piscataway descubrí que mantenía una conversación imaginaria con mi padre, fallecido pocos meses antes.

—Papá, ¿qué tengo que hacer? ¿El resto de mi vida será pura monotonía, un remedo de la acción?

Guardamos silencio unos segundos.

—¿Volverá a existir para mí algo tan significativo como jugar al baloncesto? ¿Dónde encontraré el nuevo objetivo de mi vida?

Encontrar la respuesta me llevaría varios años.

Capítulo cinco

Bailando con toros

No toques el saxofón, déjate tocar por él.
CHARLIE PARKER

78 **N**o era la primera vez que Jerry Krause me llamaba para trabajar con los Bulls. Tres años antes, cuando Stan Albeck era entrenador principal, Jerry me invitó a celebrar una entrevista para una vacante de entrenador asistente. Por aquel entonces yo entrenaba en Puerto Rico y me presenté en Chicago con barba y vestido como en el Caribe. Me cubría la cabeza con un sombrero de paja ecuatoriano, adornado con una pluma azul de papagayo, tocado muy de moda (y práctico) en las islas. Albeck me miró de arriba abajo y aplicó su derecho de veto. Dado que Jerry ya había rechazado al primer elegido de Stan como entrenador asistente, cabe la posibilidad de que se tratase de una represalia. Lo cierto es que no conseguí el trabajo.

La segunda vez Krause me aconsejó que me quitara la barba y me pusiese chaqueta deportiva y corbata. El nuevo entrenador principal era Doug Collins, contra el cual yo había jugado cuando él era el escolta estrella de los Philadelphia 76ers. Era un entrenador espabilado y activo a quien Krause había contratado en 1986 para sustituir a Albeck. Krause buscaba a alguien capaz de electrizar a los jugadores jóvenes de los Bulls y convertirlos en un equipo digno de ganar el campeonato, algo que Doug consiguió. Johnny Bach, que conocía a Collins de los tiempos del equipo olímpico de 1972, comentó que Doug le recordaba la célebre afirmación del entrenador Adolph Rupp en el sentido de que solo existen dos clases de místers: los que guían los equipos a la victoria y los que los conducen. Doug pertenecía, sin lugar a dudas, a la segunda categoría. Pese a no tener una gran formación como entrenador, poseía una energía ilimitada que utilizaba para acelerar a los jugadores en los grandes encuentros.

Doug y yo congeniamos desde el primer momento. De regreso al hotel, después de la cena con Jerry, Doug comentó que buscaba a alguien con un historial de campeonatos ganados a fin de inspirar a los jugadores. Dos días después, Jerry me ofreció el trabajo de entrenador asistente y me proporcionó otro consejo de estilismo: me dijo que la próxima vez que fuera a Chicago llevase conmigo los anillos de ganador del campeonato.

Los Bulls eran un equipo a punto de soltar amarras. En la alineación inicial todavía quedaban algunos agujeros: por ejemplo, el pívot Dave Corzine no era tan rápido ni tan hábil bajo los tableros y Brad Sellers, pívot de 2,13 metros, sufría problemas provocados por lesiones crónicas. Contaban con Charles Oakley, un poderoso ala-pívot; con John Paxson, sólido lanzador exterior, y con un par de prometedores aleros *rookies*, Scottie Pippen y Horace Grant, a los que Bach llamaba «los doberman» porque eran lo bastante veloces y agresivos como para ejercer una presión defensiva asfixiante.

Por descontado que la estrella era Michael Jordan, que el año anterior se había convertido en el jugador más trascendente de este deporte. No solo conquistó el título de máximo anotador, con un promedio de 37,1 puntos por partido, sino que puso a prueba los límites del rendimiento humano y creó movimientos asombrosos en el aire. El único baloncestista que yo conocía que fuera capaz de realizar saltos parecidos a los de Michael era Julius Erving, si bien el Dr. J carecía de la energía extraordinaria de Jordan. Una noche, Michael jugaba un gran partido y al día siguiente mostraba un rendimiento aún más impactante; al cabo de dos días se presentaba de nuevo y vuelta a empezar.

Los rivales principales de los Bulls eran los Detroit Pistons, un equipo tosco y animal cuyo orgulloso apodo era los Bad Boys. Dirigidos por el base Isiah Thomas, los Pistons siempre buscaban pelea y el equipo estaba lleno de matones, entre los cuales se incluían Bill Laimbeer, Rick Mahorn, Dennis Rodman y John Salley. A comienzos de mi primera temporada estalló una trifulca entre Mahorn y Charles Oakley, de los Bulls, que se convirtió en una melé. Doug Collins entró corriendo en la pista para calmar los ánimos y fue lanzado por encima de la mesa de anotadores. Johnny Bach se torció la muñeca intentando recuperar la paz. Posteriormente Thomas se jactó de que los Pistons eran «el último de los equipos de gladiadores».

Los Pistons formaban un sagaz equipo de veteranos con una gran habilidad a la hora de aprovechar las debilidades de sus adversarios. En el caso de los Bulls, eso suponía apelar a la intimidación física y a golpes bajos para que los jugadores más jóvenes y con menos experiencia se desgastaran emocionalmente. Esa táctica no funcionó con Jordan, que no se acobardaba fácilmente. A fin de frenarlo, el entrenador Chuck Daly desarrolló una estrategia denominada «las reglas de Jordan», destinadas a desgastar a Michael haciendo que varios jugadores chocasen con él cada vez que cogía la pelota. Michael era un deportista indescriptiblemente resiliente que a menudo lanzaba con dos o tres jugadores colgados de su cuerpo pero, al menos en principio, la estrategia de los Pistons resultó eficaz porque los Bulls no tenían muchas más opciones ofensivas.

Mi labor consistía en viajar por el país y examinar a los equipos con los que los Bulls se enfrentarían a lo largo de las semanas siguientes. Esa actividad me dio la oportunidad de ver la forma espectacular en la que la rivalidad entre los Lakers de Magic Johnson y los Celtics de Larry

Bird transformó la NBA. Pocos años antes, la liga había sufrido graves problemas debido al abuso de drogas y a los egos descontrolados. Por entonces volvía a encumbrarse gracias a las estrellas jóvenes y carismáticas y a que dos de las franquicias más celebradas de la historia de la liga jugaban un emocionante y novedoso tipo de baloncesto, volcado en el equipo, que resultaba muy divertido de ver.

Y, lo que fue más importante si cabe, ese trabajo me permitió asistir a la escuela para graduados en baloncesto, con la colaboración de dos de las mejores mentes de este deporte: Johnny Bach y Tex Winter. Yo acababa de pasar cinco años como entrenador principal de los Albany Patroons y había puesto a prueba toda clase de ideas sobre la forma de hacer más imparcial y cooperativo nuestro deporte, incluida la de pagar durante un año el mismo salario a todos los jugadores. En mi primera temporada como entrenador logramos ganar el campeonato y fue entonces cuando descubrí que tenía dotes para realizar ajustes durante los encuentros y sacar el máximo partido del talento de los integrantes del equipo. Al cabo de un tiempo me percaté de que mi mayor debilidad como entrenador radicaba en mi falta de preparación formal. No había asistido a la Universidad Hoops ni a los seminarios de verano en los que los entrenadores comparten los gajes del oficio. Trabajar con Johnny y con Tex suponía la posibilidad de ponerme al día. En el proceso me di cuenta de que algunas de las estrategias pasadas y olvidadas podían revitalizarse y adecuarse al deporte tal como se practica en el presente.

Bach era el maestro del baloncesto del estilo de la Costa Este, la versión agresiva y frontal que se practica al este del Misisipi. Se crio en Brooklyn y jugó al baloncesto y al béisbol en Fordham y en Brown antes de alistarse en la Marina y prestar servicios en el Pacífico durante la Segunda Guerra Mundial. Tras cortos períodos con los Boston Celtics y los New York Yankees, en 1950 Fordham lo convirtió en uno de los más jóvenes entrenadores principales del equipo de baloncesto de una universidad de renombre. A continuación, durante una década entrenó con

81

éxito al equipo de Penn State. Después pasó a la NBA como entrenador auxiliar y brevemente fue entrenador principal de los Golden State Warriors. En 1972, mientras era entrenador asistente del equipo olímpico de Estados Unidos, Johnny estableció una buena relación con Collins, que desempeñó un papel fundamental en la polémica final de Múnich. Doug marcó los dos tiros libres que habrían permitido que Estados Unidos ganase el partido si un miembro del COI no hubiera decidido, de forma inexplicable, hacer retroceder tres segundos el reloj después de que sonase el final del partido.

A diferencia de Tex, Johnny no se decantaba por un sistema de juego concreto. Era una enciclopedia ambulante de estrategias de baloncesto y se basaba en su ingenio rápido y en su memoria fotográfica para encontrar maneras creativas de ganar partidos. Cuando yo estaba en el despacho, con frecuencia Johnny se presentaba con libros ajados de genios del entrenamiento, textos de los que yo jamás había oído hablar, y con grabaciones en vídeo de equipos de la NBA que realizaban jugadas inventadas hacía varios años.

Cierta vez miraba un vídeo e intentaba descifrar qué clase de ataque practicaban los Milwaukee Bucks. Llamé a Johnny para que echase una ojeada a la filmación. La miró y afirmó: «Vaya, es el ataque del molinete de Garland Pinholster». Luego explicó que Pinholser había sido uno de los entrenadores más innovadores de la nación en las décadas de 1950 y 1960. Había sido entrenador del pequeño Oglethorpe College de Georgia y alcanzado el récord de 180-68 mediante el empleo del ataque del movimiento constante, que él mismo había inventado antes de perder el interés por el baloncesto y dedicarse al negocio de las tiendas de comestibles y a la política estatal.

Bach, que se centraba básicamente en la defensa, tenía debilidad por el empleo de las imágenes militares y pasaba fragmentos de viejas películas bélicas para preparar a los jugadores para la batalla. Uno de sus símbolos preferidos era el as de espadas que, según Johnny, los marines habían empleado en la Segunda Guerra Mundial para rendir honores a los compañeros caídos. Si Johnny dibujaba un as de espadas junto al nombre de un jugador contrario, eso significaba que los defensores de los Bulls tenían que «matarlo» cada vez que cogía la pelota.

Como las imágenes de guerra no me entusiasmaban tanto como a Johnny, durante las charlas empecé a utilizar vídeos musicales (y más adelante fragmentos de películas). Comencé por el himno nacional en la versión de Jimi Hendrix y más adelante pasé a las canciones de David Byrne y a *We Are the Champions*, de Freddie Mercury. Paulatinamente aprendí a utilizar los vídeos para transmitir mensajes sutiles. Durante una de las finales creé un vídeo con el himno *Once in a Lifetime*, de los Talking Heads, que trata de los riesgos de desaprovechar el momento presente.

Siempre he tenido la sensación de que entre el baloncesto y la música existe una conexión intensa. Se trata de un juego de naturaleza intrínsecamente rítmica y requiere la misma clase de comunicación no verbal y generosa que presentan los mejores grupos pequeños de jazz. En cierta ocasión, John Coltrane tocaba en la banda de Miles Davis cuando se lanzó a un solo interminablemente largo que enfureció a Miles.

—¿Qué coño pasa? —preguntó Miles a gritos.

—Hermano, mi instrumento no dejó de sonar. Ha seguido tocando —respondió Coltrane.

—En ese caso, suelta el puñetero instrumento.

Steve Lacy, que tocaba con Thelonius Monk, enumeró los consejos que Monk daba a los integrantes de su banda. Aquí tienes una selección de dichos consejos:

- El mero hecho de no ser batería no significa que no marques el ritmo.
- ¡Deja de tocar esas notas extrañas, esas chorradas, e interpreta la melodía!
- Ocúpate de que el batería suene bien.
- No toques la parte del piano, para eso estoy yo.

• No toques todas las notas (ni en todo momento); deja pasar algunas... Lo que no toques puede ser más importante que lo que interpretas.

• Si te bamboleas, apura el ritmo un poco más.

• Todo aquello que creas que no puede hacerse, alguien vendrá y lo hará. El genio es quien más se parece a sí mismo.

• Tienes que comprenderlo para entenderlo, ¿lo has captado?

Lo que más aprecio de la lista de Monk es su mensaje elemental sobre la importancia de la conciencia, la colaboración y la definición de roles claros, cuestiones que se aplican al baloncesto tanto como al jazz. Muy pronto descubrí que el mejor modo de lograr que los jugadores coordinen sus actos consiste en hacer que practiquen el deporte en un compás 4x4. La regla básica sostenía que el jugador con la pelota debía hacer algo con ella antes del tercer tiempo: pasarla, lanzar o comenzar a driblar. Si todos marcan el ritmo, es más fácil combinarse armónicamente, compás a compás.

84 La persona que lo comprendía mejor que nadie era Tex Winter, la otra gran mente del baloncesto que formaba parte del personal de los Bulls. Experto en el baloncesto libre de estilo occidental, Tex es mayormente conocido por su trabajo con la ofensiva triangular o triángulo ofensivo, que aprendió cuando jugaba a las órdenes del entrenador Sam Barry en la universidad de California del Sur. Aunque no inventó el triángulo ofensivo, Tex lo enriqueció con varias innovaciones decisivas, incluida la creación de una sucesión de pasos que conducían al movimiento coordinado de los jugadores. Tex también fue un maestro excepcional, que diseñó sus propios ejercicios para que los jugadores se volvieran competentes en las cuestiones básicas.

Tex tenía veintinueve años cuando dejó su magnífico trabajo en la universidad de Marquette y se convirtió en el entrenador más joven de una universidad de la primera división. Dos años después se hizo cargo del programa masculino de Kansas State, puso en práctica el triángulo ofensivo y transformó a los Wildcats en un equipo regular del torneo NCAA. A lo largo de aquel período, Jerry Krause, por entonces ojeador, pasó mucho tiempo en Manhattan (Kansas) aprendiendo estrategia baloncestística con Tex. En determinado momento, Jerry comentó a Tex que, si alguna vez se convertía en gerente general de una franquicia de la NBA, se apresuraría a contratarlo. Tex no dio la menor importancia a esas palabras. Años después entrenaba a la Universidad Estatal de Luisiana cuando en ESPN vio la noticia de que habían nombrado a Krause gerente general de los Bulls y dijo a su esposa Nancy que la próxima llamada telefónica sería de Jerry. Estaba en lo cierto.

Desde que empecé a entrenar en la CBA, he buscado un sistema ofensivo parecido al generoso movimiento del balón que solíamos emplear con los Knicks en el campeonato. Probé con el sistema flexible (ataque veloz y fluido, muy popular en Argentina y Europa), pero me resultó limitado. Me desagradó el modo en el que los jugadores se distanciaban entre sí y, si la situación lo exigía, era imposible interrumpir el ataque y hacer otra cosa. Por contraposición, el triángulo no solo requería un alto grado de generosidad, sino que era lo bastante flexible como para permitir a los jugadores una amplia creatividad individual, lo cual me parecía perfecto.

El nombre «ofensiva triangular» o «triángulo ofensivo» procede de una de sus características clave: el triángulo lateral formado por tres jugadores en el lado de la pista donde se encuentra la pelota. Prefiero pensar en el triángulo como «el tai chi de cinco hombres», ya que supone que la totalidad de los jugadores se mueven al unísono como respuesta a la forma en la que se sitúa la defensa. La idea no consiste en oponerse de frente a la defensa, sino en «leer» o interpretar lo que hace y reaccionar consecuentemente. Por ejemplo, si los defensores se apiñan en torno a Michael Jordan, a los cuatro jugadores restantes se les presentan diversas opciones. Basta con que sean agudamente conscientes de lo que ocurre y estén lo bastante coordinados para moverse como un todo a fin de aprovechar los huecos que la defensa ofrece. Es aquí donde interviene la música.

Si todos se mueven con armonía, detenerlos resulta prácticamente imposible. Uno de los principales conversos al triángulo ofensivo, aunque tardó en hacerlo, fue Kobe Bryant, que adoraba la imprevisibilidad del sistema. «Era difícil jugar contra nuestros equipos porque los adversarios no sabían cómo reaccionaríamos —afirma Kobe—. ¿Y por qué no lo sabían? Pues porque ni siquiera nosotros sabíamos lo que haríamos en determinado momento. Todos interpretábamos la situación y reaccionábamos en consecuencia. Formábamos una gran orquesta.»

Existen muchos errores conceptuales sobre el triángulo. Algunos críticos consideran que, para que funcione, necesitas jugadores de la talla de Michael y de Kobe. A decir verdad, lo contrario es precisamente lo cierto. El triángulo no se diseñó para las superestrellas, que encuentran modos de anotar cualquiera que sea el sistema empleado, sino para los restantes jugadores del equipo, que no son capaces de generar sus propios lanzamientos. También ofrece un papel decisivo a todos los jugadores durante el ataque, acaben o no anotando puntos.

Otro error sostiene que el triángulo ofensivo es demasiado complejo como para que la mayoría de los jugadores lo aprendan. De hecho, una vez que dominas los fundamentos, resulta más asequible que los ataques más complejos que hoy prevalecen. Lo principal que tienes que saber es cómo pasar el balón e interpretar adecuadamente a los defensores. En cierta época, casi todos los jugadores aprendían esas habilidades en la escuela secundaria o en la universidad, pero no podemos decir lo mismo de muchos atletas jóvenes que hoy se incorporan a la NBA. Por lo tanto, hemos tenido que dedicar mucho tiempo a enseñarles a jugar al baloncesto, partiendo de las habilidades más básicas, como driblar con control, el juego de pies y los pases.

Tex era un genio en estas técnicas. Había desarrollado

una serie de ejercicios para enseñar a los jugadores a ejecutar los movimientos fundamentales. Les enseñó a crear la cantidad adecuada de espacio entre todos cuando salían a la pista y a coordinar las jugadas según un conjunto de reglas básicas. En lo que a Tex se refiere, la genialidad correspondía a los detalles y daba igual que fueses Michael Jordan o el más humilde *rookie* del equipo: te machacaba hasta que lo hacías bien.

Tex, que adoraba las frases edificantes, decía cada año al equipo su refrán favorito acerca de la importancia de conocer los detalles:

Por la falta de un clavo se perdió la herradura.
Por la falta de una herradura se perdió el caballo.
Por la falta de un caballo se perdió el jinete.
Por la falta de un jinete se perdió el mensaje.
Por la falta de un mensaje se perdió la batalla.
Por la falta de una batalla se perdió el reino.
Y todo por la falta del clavo de una herradura.

87

Desde la perspectiva del liderazgo, algo que me gustaba del sistema de Tex era que despersonalizaba las críticas. Me dio la posibilidad de criticar el rendimiento de los atletas sin que pensasen que los atacaba personalmente. Los baloncestistas profesionales son muy sensibles a las críticas porque casi todo lo que hacen es juzgado un día sí y otro también por los entrenadores, los medios de comunicación y prácticamente cualquiera que tiene un televisor. La belleza del sistema (y se aplica a todo tipo de sistemas, no solo al triángulo) radica en que convierte a la totalidad del equipo en una organización de aprendizaje. Por muy talentosos o mediocres que fueran, todos, empezando por Michael Jordan, tenían algo que aprender. Cuando me metía duramente con alguien durante los entrenamientos, el jugador sabía que solo intentaba hacerle entender cómo funcionaba el triángulo ofensivo. No me cansaré de decir que el camino de la libertad es un sistema hermoso.

Otro aspecto que me gusta del sistema triangular es su fiabilidad, pues daba a los jugadores algo a lo que aferrarse cuando se veían sometidos a estrés. No necesitaban fingir que eran como Michael e inventar cada jugada que realizaban. Bastaba con que desempeñasen su papel en el sistema, sabedores de que inevitablemente los llevaría a conseguir buenas oportunidades de anotar.

El sistema triangular también proporcionó a los jugadores un propósito claro como grupo e instauró un elevado nivel de rendimiento para todos. Por si eso fuera poco, ayudó a los jugadores a convertirse en líderes a medida que se enseñaron mutuamente a dominar el sistema. Cuando ocurría, el grupo se fusionaba de tal manera que no generaba momentos de gloria individual, por muy emocionantes que estos fueran.

88   A Doug Collins el sistema no lo apasionaba tanto como a mí. En 1986, cuando se hizo cargo de los Bulls, intentó ponerlo en práctica, pero enseguida lo abandonó porque no se adaptaba bien a la defensa que intentaba organizar. Collins creía a pies juntillas en una de las reglas principales de Hank Iba: con fines defensivos, los bases deben estar de camino al centro de la pista cuando la pelota rebota o se lanza a un compañero. El desafío del triángulo ofensivo consiste en que, con frecuencia, requiere que los bases se desplacen a una de las esquinas para formar el triángulo con dos jugadores más. Eso dificulta el contraataque en carrera.

Doug se distanció del triángulo, pero no lo sustituyó por otro sistema. Se ocupó de que los jugadores aprendiesen entre cuarenta y cincuenta jugadas que variaban constantemente. A medida que el juego avanzaba y a partir de lo que veía en el parqué, ordenaba jugadas desde las bandas. Ese estilo de entrenamiento, bastante corriente en la NBA, se adecuaba a Doug, que poseía una excepcional visión del terreno de juego y se cargaba de energía cuando participaba activamente en el encuentro. El aspecto negativo consistía en que los jugadores se volvían demasiado dependientes de sus instrucciones minuto a minuto. También convertía a todos, salvo a Michael, en actores secundarios, ya que muchas jugadas estaban destinadas a sacar partido del genio anotador de Michael. Con demasiada frecuencia el ataque de los Bulls consistía en que cuatro jugadores crearan espacio para que M. J. obrase su magia y luego lo vieran ponerla en práctica. La prensa ya había empezado a referirse sarcásticamente a los Bulls como Jordan y los jordanaires.

Aquel primer año, durante el campamento de entrenamiento, le dije a Doug que, en mi opinión, Michael hacía demasiado por su cuenta y riesgo y que era necesario emular a Magic y a Bird en la forma en la que trabajaban con los compañeros para transformarlos en un equipo. Añadí que Red Holzman solía decir que «el verdadero sello de una estrella es el nivel hasta el cual mejora a sus compañeros de equipo».

—Phil, me parece estupendo —declaró Doug—. Díselo a Michael. ¿Por qué no vas y se lo dices ahora mismo? 89

Vacilé.

—Doug, solo llevo un mes aquí. Creo que no conozco lo suficiente a Michael como para transmitirle algo que me dijo Red.

Doug insistió en que explicase a Michael cuál era «el verdadero sello de una estrella».

Me dirigí a la sala de prensa, en la que Michael hablaba con los periodistas, y lo llevé a un aparte. Era la primera conversación de verdad que iba a mantener con Michael y me sentía un poco incómodo. Le expliqué que Doug pensaba que debía saber lo que Holzman opinaba sobre el hecho de ser una estrella y repetí la famosa frase de Red. Michael me observó unos segundos y, antes de retirarse, se limitó a decir: «Está bien, gracias».

No sé qué opinó Michael en aquel momento de mis palabras, si bien más tarde descubrí que era mucho más fácil de entrenar que otras estrellas porque sentía un profundo respeto por Dean Smith, su preparador universitario. También estaba muy interesado en hacer lo que hiciera falta con tal de conquistar su primer campeonato en la NBA.

Mientras fui entrenador asistente, solo en otra ocasión sostuve una conversación personal con M. J., durante una comida para abonados en Chicago. Mi hijo Ben, que estaba en la escuela primaria, era un gran seguidor de Jordan. Tenía varias fotos de Michael en su habitación y había dicho a uno de sus profesores que su sueño en esta vida era conocer a su ídolo. El año anterior, cuando todavía vivíamos en Woodstock, había llevado a Ben a Boston al partido de los Bulls contra los Celtics y, una vez terminado el encuentro, mi hijo había esperado mucho rato para conseguir el autógrafo de Michael. Cuando por fin salió del vestuario, M. J. pasó sin detenerse. Decidí que, puesto que ahora trabajaba con los Bulls, llevaría a Ben a la comida para abonados y le presentaría personalmente a Michael. Una vez allí, comenté con M. J. lo mucho que Ben había esperado en el Boston Garden. Michael sonrió y se mostró muy simpático con Ben, pero me sentí incómodo por haber puesto al astro en esa tesitura.

A partir de entonces me ocupé de no pedir favores especiales a M. J. Quería que nuestra relación fuese totalmente diáfana. No me apetecía que me manipulase. Más adelante, cuando asumí el cargo de entrenador principal, me ocupé de dar mucho espacio a Michael. Me encargué de crear a su alrededor un entorno protegido en el que se podía relacionar libremente con sus compañeros y ser como era sin intervenciones del exterior. Incluso entonces el clamor de los seguidores que intentaban conseguir lo que fuese de Michael Jordan resultaba abrumador. No podía ir a los restaurantes sin que lo persiguieran y el personal de la mayoría de los hoteles formaba fila a las puertas de su habitación para que firmase autógrafos. Una noche, después de un encuentro en Vancouver, literalmente tuvimos que arrancar a montones de fans de Jordan del autobús del equipo para poder salir del aparcamiento.

Scottie Pippen fue uno de los jugadores con los que

trabajé estrechamente en mi época de entrenador ayudante. Ambos nos incorporamos al equipo en el mismo año y dediqué mucho tiempo a enseñarle cómo elevarse y realizar regates. Scottie aprendió rápido y dedicó tiempo a asimilar cómo funcionaba el triángulo. En la universidad había sido base antes de convertirse en alero y poseía la percepción innata de cómo encajan las piezas en la pista. Scottie tenía los brazos largos y una magnífica visión de la cancha, lo cual lo convirtió en la persona perfecta para encabezar nuestro sistema defensivo.

Sin embargo, lo que más me impresionó de Scottie fue su florecimiento paulatino como líder; no lo hizo imitando a Michael, sino enseñando a sus compañeros a jugar en el marco del sistema y mostrando siempre una actitud comprensiva cuando los demás tenían problemas. Fue decisivo porque Michael no era demasiado accesible y muchos jugadores se sentían intimidados en su presencia. Scottie era alguien con quien podían hablar, alguien que los cuidaba cuando salían a la cancha. Como dice Steve Kerr: «Scottie era el nutridor y Michael, el ejecutor».

Los Bulls comenzaron a despegar durante mi primera temporada con el equipo, la de 1987-88. Ganamos cincuenta encuentros y acabamos empatados por el segundo puesto. Michael prosiguió con su ascenso imparable, ganó su segundo título como máximo anotador y obtuvo el primer galardón como jugador más valioso. El mejor indicio fue la victoria 3-2 sobre los Cleveland Cavaliers en la primera ronda de los *play-offs*. En las finales de conferencia, los Pistons arrollaron a los Bulls en cinco partidos y pusieron rumbo a las finales del campeonato contra Los Angeles Lakers.

Durante las vacaciones, Jerry Krause traspasó a Charles Oakley a los Knicks, a cambio de Bill Cartwright, decisión que enfureció a Michael, ya que consideraba que Oakley era su protector en la pista. Jordan se mofó de los «dedos resbaladizos» de Cartwright y lo apodó Bill Medicalizado debido a sus constantes problemas en los pies. A pesar de sus hombros menudos y su estructura estrecha, Bill era un defensor muy listo y sólido, capaz de cortarle el paso a Patrick Ewing y a otros pívots. En cierta ocasión realizamos unas prácticas en las que acabamos oponiendo el 1,98 metros de Michael contra los 2,16 metros de Cartwright en una pugna individual de voluntades. Michael estaba empeñado en hacer un mate a Cartwright y Bill estaba igualmente decidido a impedírselo. Por lo tanto, chocaron en el aire y todos contuvimos el aliento mientras Bill depositaba lentamente a Michael en el suelo. A partir de entonces, Michael cambió de actitud con Cartwright.

Cartwright no fue la única arma que el equipo necesitaba para pasar al siguiente nivel. Collins presionaba para que Krause encontrase un aguerrido base ordenador del juego y capaz de organizar el ataque como Isiah Thomas en Detroit. El equipo ya había pasado por varios bases (incluidos Sedale Threatt, Steve Colter y Rory Sparrow) en su búsqueda de alguien que satisficiera las expectativas de Jordan. El último candidato había sido Sam Vincent, que había llegado gracias a un traspaso con Seattle, pero no duró mucho. Por lo tanto, Doug decidió convertir a Jordan en base, situación que funcionó bastante bien a pesar de que redujo sus posibilidades de anotar y de que lo desgastó físicamente durante la temporada regular.

En determinado momento, Doug mantuvo una acalorada discusión con Tex a raíz del dilema del base. Tex apuntó que si Doug instauraba un sistema ofensivo, cualquiera que fuese, no necesariamente el triángulo, ya no tendría que depender tanto de un base para organizar el ataque. Para entonces, Doug se había hartado de la retahíla constante de críticas de Tex, de modo que decidió desterrarlo a las bandas y reducir su papel de entrenador.

Cuando se enteró de lo ocurrido, Krause comenzó a perder la confianza en la opinión de Collins. ¿Por qué razón alguien en su sano juicio enviaba a Tex Winter a Siberia? Dio la sensación de que los jugadores también perdían la fe en Doug. Cambiaba las jugadas con mucha frecuencia y a menudo las modificaba en medio de un partido, motivo por el cual los miembros del equipo comenzaron a referirse jocosamente a la ofensiva como «un ataque distinto cada día».

La crisis estalló durante un partido en Milwaukee, poco antes de las Navidades. Doug se peleó con los árbitros y fue expulsado hacia el final de la primera mitad. Dejó el equipo en mis manos y me entregó sus tarjetas con jugadas. Los Bulls perdían por una diferencia tan grande que decidí ordenar una presión por toda la pista y dejar que los jugadores organizasen libremente la ofensiva en vez de transmitir las jugadas de Doug. El equipo dio rápidamente la vuelta al partido y ganamos sin dificultades.

Solo más tarde me enteré de que hacia el final del partido el reportaje de la televisión de Chicago mostró a mi esposa June y a Krause con su esposa Thelma sentados en las gradas. A lo largo de los meses siguientes, tanto esa imagen como todo lo demás provocaron grandes tensiones entre Doug y yo.

Varias semanas después, me había trasladado a Miami para estudiar un partido cuando recibí una llamada de Krause en la que me comunicó que no quería que continuase alejado del equipo. Más tarde me enteré de que Doug y Michael habían tenido una discusión y Jerry quería que yo estuviese en condiciones de intervenir si en el equipo se producían más roces. Al cabo de poco tiempo, Jerry comenzó a tener más confianza en mí.

Al final, las aguas volvieron a su cauce y los Bulls avanzaron a trompicones el resto de la temporada; terminaron quintos en la conferencia y ganamos tres partidos menos que la temporada anterior. Sin embargo, la incorporación de Cartwright y la progresión de Pippen y de Grant permitieron que el equipo estuviera mucho mejor situado que antes para ir a por todas en los *play-offs*.

La primera ronda contra los Cavaliers se decidió a cinco encuentros. Michael rezumaba confianza cuando subió al autobús que nos llevaría al partido final en Cle-

93

veland. Encendió un cigarro y aseguró: «Tíos, no os preo-
cupéis. Vamos a ganar». Craig Ehlo, de Cleveland, estuvo
en un tris de hacerle comer esas palabras cuando a pocos
segundos del final del encuentro puso a los Cavaliers un
punto por delante. Michael reaccionó con dos tiros decisivos, dignos de un bailarín, y ganamos 100-101. Más tarde
Tex me dijo: «Me figuro que ahora se lo pensarán antes de
cambiar de entrenadores». No me quedó más remedio que
sonreír. No me importó, ya que íbamos rumbo a las finales de la Conferencia Este. Los Bulls habían recorrido un
largo camino desde el balance de 40-42 conseguido el año
anterior a mi incorporación al equipo.

A continuación nos enfrentamos con los Pistons y,
como de costumbre, fue un encuentro desagradable. Chicago ganó el primer partido en el Silverdome y a partir de
allí los Pistons vencieron a los Bulls con su defensa intimidatoria y ganaron la serie 4-2. Más adelante Krause me
comentó que en mitad de esa serie le comunicó al propietario Jerry Reinsdorf que el equipo necesitaba sustituir a
Collins por alguien capaz de ganar el campeonato.

Concluidos los partidos decisivos, asistí a la exhibición
de talentos de la NBA en Chicago, evento organizado por
la liga a fin de que los jugadores elegibles para el *draft*
mostrasen sus habilidades ante entrenadores y ojeadores.
Estaba allí cuando Dick McGuire, mi primer entrenador
con los Knicks, me preguntó si me interesaría sustituir a
Rick Pitino, preparador principal del mismo equipo, que
se marchaba a dirigir el equipo de la universidad de Ken-
tucky. Respondí afirmativamente y de pronto todo empezó a rodar.

Poco después, Reinsdorf me invitó a reunirme con él en
el aeropuerto O'Hare. Jerry siempre me había caído bien,
pues había crecido en Brooklyn y era muy forofo del generoso estilo de baloncesto de los Knicks. Se había enterado de mi interés por el trabajo en Nueva York y quiso saber si prefería entrenar a los Bulls o a los Knicks, en el
supuesto de que pudiera escoger. Respondí que tenía mucho cariño a los de Nueva York, pues había jugado en ese

equipo, aunque también pensaba que los Bulls estaban preparados para ganar numerosos campeonatos, mientras que los Knicks tendrían suerte si conquistaban uno. En pocas palabras, contesté que prefería quedarme con los Bulls.

Al cabo de algunas semanas, Krause me llamó a Montana y me pidió que buscase un teléfono seguro. Fui hasta el pueblo en moto y telefoneé desde una cabina. Me comunicó que Reinsdorf y él habían decidido un cambio de entrenador y me ofreció el puesto.

Yo estaba feliz, pero a los seguidores de Chicago no les gustó demasiado. Collins era bastante popular y en los últimos tres años había conducido al equipo a nuevas cumbres. Cuando los periodistas le preguntaron por qué había tomado una decisión tan arriesgada, Reinsdorf contestó: «Doug nos ha hecho recorrer un largo camino desde donde estábamos. No puede negarse que ha sido fructífero, pero ahora contamos con un hombre que, en nuestra opinión, puede permitirnos realizar el resto del camino».

La presión había comenzado.

95

Capítulo seis

El espíritu guerrero

Piensa a la ligera en ti mismo y profundamente acerca del mundo.
MIYAMOTO MUSASHI

Aquel verano estaba en Montana, sentado a orillas del lago Flathead, y pensaba en la temporada que nos aguardaba cuando me percaté de que había llegado la hora de la verdad para los Bulls. Los últimos seis años habíamos luchado por crear un equipo en torno a la figura de Michael Jordan. Ahora contábamos con los talentos precisos para ganar el campeonato, pero faltaba una pieza importante: los Bulls necesitaban convertirse en una tribu.

Para conseguirlo teníamos que superar a los Detroit Pistons y, en mi opinión, no podríamos vencerlos a menos que contásemos con una alineación totalmente nueva. Eran demasiado buenos luchando en el «estanque de los caimanes», como decía Johnny Bach. Cuando intentábamos jugar a su manera, nuestros hombres terminaban frustrados y enfadados, que era exactamente lo que los Pistons esperaban.

Por otro lado, nuestro equipo podía correr más que los Pistons, así como poner en práctica una defensa más eficaz. Quizá con la única excepción de Dennis Rodman, ningún miembro de los Pistons era lo bastante veloz como para seguir el ritmo de Michael, Scottie y Horace en el contraataque a toda velocidad. Gracias a la grandiosa presencia de Bill Cartwright bajo la canasta, nos habíamos convertido en uno de los mejores equipos defensivos de la liga. M. J. estaba muy orgulloso de haber ganado la temporada anterior el premio al mejor defensor del año y Scottie y Horace no tardarían en volverse defensores de primera categoría. Con el fin de aprovechar esas ventajas como equipo necesitábamos estar más conectados y adoptar una visión de la labor de equipo más amplia que el hecho de pasarle el balón a Michael y esperar a que anotase.

En mi época de entrenador asistente creé para los jugadores un vídeo con fragmentos de *El guerrero místico*, miniserie de televisión sobre la cultura sioux, basada en la novela éxito de ventas *Hanta Yo: las raíces de los indios*, de Ruth Beebe Hill. Los sioux me han fascinado desde que era crío: algunos vivieron en la pensión que mi abuelo regentaba cerca de una reserva de Montana. Mientras formé parte de los Knicks, un amigo sioux lakota de la universidad, Mike Her Many Horses (Mike Sus Muchos Caballos), me pidió que diera clases en varios seminarios que se organizaron en la reserva india de Pine Ridge, en Dakota del Sur. Pretendía ayudar a cicatrizar la herida creada en su comunidad a raíz del punto muerto que, en 1973, se había producido entre la policía y los activistas del movimiento a favor de los indios estadounidenses en el lugar de la matanza de Wounded Knee. En esos seminarios, que dicté con mis compañeros de equipo Bill Bradley y Willis Reed, descubrí que a los lakotas les encanta el baloncesto y que jugaban con un intenso espíritu de conexión que forma parte inseparable de su tradición tribal.

Uno de los elementos de la cultura lakota que despertó mi curiosidad se relaciona con su perspectiva del yo. Los guerreros lakotas tenían mucha más autonomía que sus equivalentes blancos, si bien la libertad entrañaba un alto grado de responsabilidad. George W. Linden, erudito en

97

aborígenes estadounidenses, apunta que el guerrero lakota era «miembro de una tribu y, como tal, nunca actuaba en contra, al margen de o como el todo sin tener motivos de peso». En el caso de los sioux, la libertad no consistía en estar ausente, sino que tenía que ver con estar presente, añade Linden. Significaba «libertad "para"; libertad para la consecución de relaciones más extensas».

Lo que quería resaltar mostrando a los jugadores el vídeo de *El guerrero místico* era que conectarse con algo que trasciende las metas individuales puede ser una fuente de enorme poder. En términos generales, el héroe de la miniserie se basa en Caballo Loco, quien, tras experimentar una poderosa visión, se dirige a la batalla para salvar a su tribu. En la charla posterior al pase del vídeo los jugadores parecieron convencidos de la posibilidad de vincularse como tribu y cuando entramos en la nueva temporada pensé que podría reforzar esa perspectiva.

Como ya he mencionado en el primer capítulo, los consultores de gestión Dave Logan, John King y Halee Fischer-Wright describen los cinco estadios del desarrollo tribal en su obra *Tribal Leadership*. En mi primer año como entrenador principal, mi objetivo consistió en intentar que los Bulls dejaran de ser un equipo del estadio 3, equipo de guerreros solitarios empeñados en su éxito individual («Soy genial y tú no») y se transformasen en un equipo del estadio 4, en el cual la dedicación al nosotros supera la importancia del yo («Somos geniales y tú no»).

Conseguir esa transición requería algo más que aumentar, simplemente, la presión. Quería crear en los Bulls la cultura de la generosidad y de la conciencia plena. Para conseguirlo no bastaba con una o dos técnicas motivacionales innovadoras. Necesitaba desarrollar un programa multidimensional que incluyese el triángulo ofensivo y que incorporara las lecciones que a lo largo de los años había aprendido sobre la vinculación entre personas y el despertar del espíritu.

Mi primer paso consistió en hablar con Michael.

98

Y

Sabía que Michael no era muy aficionado al triángulo. Lo denominaba, irónicamente, «la ofensiva de la igualdad de oportunidades», dirigida a una generación de jugadores que carecían de su capacidad creativa individual. Al mismo tiempo, también sabía que Michael anhelaba formar parte de un equipo más integrado y multidimensional de lo que lo eran los Bulls en aquel momento.

No sería una conversación fácil. Básicamente, pensaba decirle a Michael, quien la temporada anterior había conquistado su tercer título consecutivo como máximo anotador con una media de 32,5 puntos por partido, que redujese la cantidad de tiros que realizaba para que otros jugadores pudiesen involucrarse más en el ataque. Sabía que para él representaría un desafío: era el segundo baloncestista de la historia que en el mismo año ganaba el título de máximo anotador y el galardón como jugador más valioso de la liga; el primero había sido Kareem Abdul-Jabbar en 1971.

Le expliqué que quería poner en práctica el triángulo y, por consiguiente, probablemente no estaría en condiciones de ganar el título de máximo anotador.

—Tendrás que compartir el estrellato con tus compañeros de equipo porque, en caso contrario, no podrán crecer.

La reacción de Michael fue sorprendentemente pragmática. Su mayor preocupación radicaba en que no confiaba demasiado en sus compañeros, sobre todo en Cartwright, que tenía dificultades para coger pases, y en Horace, que no era tan hábil a la hora de pensar con los pies.

—Lo importante es permitir que todos toquen el balón para que no se sientan espectadores. Un solo hombre no puede vencer a un buen equipo defensivo. Hay que hacer un esfuerzo grupal.

—De acuerdo. Supongo que podré promediar treinta y dos puntos, lo que significa ocho puntos por cuarto —repuso Michael—. Nadie más lo hará.

—Así planteado, hasta es posible que ganes el título —reconocí—. ¿Qué tal si anotas la mayor parte de esos puntos hacia el final del partido?

Michael accedió a poner a prueba mi plan. Más adelante me enteré de que, poco después de mantener esa conversación, había dicho al reportero Sam Smith: «Le concedo dos partidos». Cuando comprendió que yo no estaba dispuesto a cejar en el empeño, Michael se encargó de aprender el sistema y de encontrar la manera de aprovecharlo a su favor, que era exactamente lo que yo pretendía que hiciese.

Fue divertido ver cómo Tex y Michael discutían sobre el sistema del triángulo ofensivo. Aunque admiraba las aptitudes de Jordan, Tex era purista con respecto al triángulo y no se privó de manifestar su opinión cuando el jugador se apartó del guion. Michael tampoco se cortó a la hora de crear variaciones del maravilloso mecanismo de Tex. En su opinión, el sistema era, en el mejor de los casos, un ataque sobre tres cuartos de pista. A partir de allí, el equipo tenía que improvisar y aplicar su «poder de pensamiento» para ganar los encuentros.

Fue todo un choque de visiones. Tex opinaba que, por muy talentoso que fuese, era una temeridad que un equipo dependiera tanto de un solo jugador y Michael sostuvo que su creatividad abría nuevas y emocionantes posibilidades para nuestro deporte.

—En la palabra «equipo» ('team') el «yo» ('i') no existe —solía decir Tex.

—Pero figura en la palabra «ganar» ('win') —replicaba Michael sonriendo.

En lo que a mí se refiere, ambos tenían razón..., al menos hasta cierto punto. No creo que el triángulo fuera la única solución para los Bulls. En realidad, yo buscaba un camino intermedio entre la pureza de Tex y la creatividad de Michael. Llevó tiempo pero, en cuanto los jugadores dominaron las cuestiones básicas, añadimos diversas variaciones que permitieron que el equipo pusiese en práctica determinadas jugadas a fin de evitar la intensa presión defensiva. Nada más ocurrir, el juego de los Bulls se desplegó realmente.

Otro cambio que introduje para que los Bulls estuviesen menos centrados en Jordan consistió en modificar la escala de mandos del equipo. Michael tenía una poderosa presencia en la pista y un estilo de liderazgo distinto al de Larry Bird y Magic Johnson, capaces de electrizar a un equipo gracias a sus personalidades magnéticas. Como apuntó Mark Heisler, columnista de *Los Angeles Times*, Jordan no era «un líder natural, sino un hacedor natural». Conducía el equipo con su mera fuerza de voluntad. Era como si dijese: «Tíos, aquí estoy y patearé unos cuantos traseros. ¿Me acompañaréis?».

Michael también exigía a sus compañeros de equipo el mismo nivel de rendimiento que esperaba de sí mismo. «Michael era un compañero de equipo exigente —reconoce Paxson—. Si estabas en la cancha, tenías que hacer tu trabajo y, además, hacerlo bien. No soportaba que alguien no se preocupase tanto como él.»

Llegué a la conclusión de que en el equipo necesitábamos otro líder para equilibrar el perfeccionismo de Michael, de modo que nombré cocapitán a Bill Cartwright. Pese a su forma suave de hablar, cuando se lo proponía Bill podía ser muy enérgico y no le daba miedo enfrentarse a Michael, actitud que este respetaba. «Bill era un líder tranquilo y callado. No hablaba mucho, pero cuando tomaba la palabra todos lo escuchaban —asegura Michael—. Me hacía frente si pensaba que me había equivocado, lo cual estaba bien. Teníamos esa clase de trato. Nos desafiábamos mutuamente.»

Los jugadores llamaban Profe a Cartwright porque llevaba a otros pívots a la escuela cuando pretendían esquivarlo en la zona bajo la línea de tiros libres. «Bill era la roca de nuestro equipo —apostilla Paxson—. No retrocedía ante nadie…, y en aquellos tiempos el juego era mucho más físico. Parecía nuestro hermano mayor. Si alguien se metía contigo, se encargaba de hacerte saber que estaba allí para cuidarte.»

A los treinta y dos años, Bill era el jugador de más edad del equipo. Supo intuitivamente qué intentábamos hacer con los Bulls y tuvo la capacidad de transmitírselo a sus compañeros mucho mejor que yo. Uno de mis fallos consiste en que a veces empleo generalizaciones demasiado amplias y afortunadamente Bill devolvía la conversación al mundo real.

El baloncesto es un gran misterio. Puedes hacerlo todo bien, contar con la mezcla perfecta de talentos y con el mejor sistema ofensivo del mundo, desarrollar una estrategia defensiva a prueba de lo que haga falta y preparar a los jugadores para todas las eventualidades posibles, pero si los jugadores carecen del sentimiento de unidad como grupo, tus esfuerzos son en vano. Además, el vínculo que une a un equipo puede ser muy frágil y muy esquivo.

La unidad no es algo que funciona pulsando un interruptor. Has de crear el entorno adecuado para que prospere y nutrirla cuidadosamente día tras día. Concluí que los Bulls necesitaban un santuario en el que vincularse como equipo y quedar protegidos de las distracciones del mundo exterior. Prohibí a los jugadores que llevasen a amigos y familiares a las instalaciones en las que entrenábamos, salvo en ocasiones excepcionales. También limité la asistencia de los medios de comunicación a los entrenamientos. Pretendía que durante las prácticas los jugadores sintiesen que podían comportarse espontáneamente, sin tener que preocuparse por si decían o hacían algo que al día siguiente la prensa publicaría.

A medida que la temporada avanzaba, presenté lentamente al equipo algunas de las costumbres tribales de los lakotas. Varias eran muy sutiles. Al inicio de cada entrenamiento, el equipo básico (jugadores, entrenadores y el personal de las prácticas) se reunía en círculo en el centro de la pista y analizaba los objetivos del día. Terminábamos el entrenamiento de la misma manera.

Los guerreros lakotas siempre se congregaban en formaciones circulares porque, para ellos, el círculo es el símbolo fundamental de la armonía del universo. Tal como refirió Alce Negro, el célebre hombre sabio lakota:

> Todo lo que el poder del mundo hace lo realiza en círculo. El cielo es redondo, he oído que la tierra es redonda como una bola y que las estrellas también lo son... El sol sale y se pone trazando un círculo. La luna hace lo propio, y ambos son redondos. Hasta las estaciones forman un gran círculo al cambiar y siempre regresan al punto de partida. La vida del hombre es un círculo de la infancia a la infancia y lo mismo sucede con todo aquello en lo que el poder se mueve.

Para los lakotas todo es sagrado, el enemigo incluido, ya que creen en la interconexión fundamental de la totalidad de la existencia. Les interesaba mucho más llevar a cabo acciones de valentía, como «contar golpes» (tocar al adversario con una vara), participar en incursiones para robar caballos o rescatar a un compañero guerrero al que habían capturado. Entrar en el campo de batalla era una experiencia gozosa, como jugar, si bien los riesgos eran mucho más elevados.

Otra práctica lakota que adopté consistió en tocar el tambor cuando quería que los jugadores se congregaran en la sala tribal para celebrar una reunión. La sala tribal (léase sala de vídeos) estaba decorada con varios tótems indios que me habían regalado a lo largo de los años: un collar de zarpas de oso (para alcanzar el poder y la sabiduría), la pluma central de una lechuza (para el equilibrio y la armonía), un cuadro que ilustraba la historia de la marcha de Caballo Loco y fotos de un búfalo blanco recién nacido, símbolo de prosperidad y buena fortuna. A veces, cuando el equipo perdía un partido muy asimétrico, me encargaba de encender un manojo de salvia seca, otra tradición lakota, y lo agitaba en el aire para purificar el vestuario. La primera vez que lo hice los jugadores se lo pasaron en grande: «Phil, ¿qué clase de hierba estás fumando?».

El equipo de entrenadores también desempeñó un papel decisivo a la hora de conseguir que los jugadores modificasen la conciencia. En mis tiempos de entrenador asistente, Tex, Johnny y yo nos sentábamos y hablábamos horas enteras sobre la historia de nuestro deporte y la manera correcta de jugarlo. Aunque no estábamos de acuerdo en todo, desarrollamos un alto grado de confianza y el compromiso de dar forma a la clase de trabajo en equipo que queríamos que los jugadores practicasen.

No es necesario aclarar que la profesión de entrenador atrae a un montón de frikis controladores que sin cesar recuerdan a todo el mundo que son el macho alfa del vestuario. Reconozco que yo mismo lo he hecho. A lo largo de los años he aprendido que el enfoque más eficaz consiste en delegar tanta autoridad como sea posible y fomentar las habilidades de liderazgo de todos los demás. Cuando lo consigo, no solo se acrecienta la unidad del equipo y se da pie a que los demás también crezcan, sino que, por muy paradójico que parezca, mi papel como líder también se refuerza.

Algunos entrenadores limitan la entrada de personal porque quieren llevar la voz cantante en el vestuario. Fomenté que todos participasen en la discusión, tanto entrenadores como jugadores, a fin de estimular la creatividad y sentar las bases de la inclusión. Esto es enormemente importante en el caso de los atletas que no juegan muchos minutos. Mi poema preferido sobre el poder de la inclusión es *Más astuto*, de Edwin Markham:

> Trazó el círculo que me excluyó…
> hereje, rebelde, algo que transgredir.
> Pero el amor y yo tuvimos chispa y ganamos:
> ¡Trazamos un círculo que lo incluyó!

Cuando contrato entrenadores, mi estrategia consiste en rodearme de las personas más fuertes y mejor informadas que encuentro y concederles mucho espacio con el propósito de que se expresen. Poco después de que me nombrasen entrenador principal, recabé los servicios de Jim Cleamons, uno de mis antiguos compañeros de equipo en los Knicks, para completar la lista. Era uno de los bases más capacitados que conozco y sabía que ayudaría a nutrir a nuestros jóvenes talentos. Lo que más me llevó a reclamarlo fue que había preparado al equipo de la Universidad Estatal de Ohio a las órdenes del entrenador Fred Taylor, uno de los mejores especialistas en el sistema del triángulo ofensivo en la historia del baloncesto. Tex y Johnny estaban deseosos de picotear en el cerebro de Jim.

Cada entrenador asistente desempeñaba un papel definido. Tex se hizo cargo de enseñar habilidades ofensivas a todos los jugadores, así como los elementos básicos del sistema triangular. Johnny supervisó la defensa y se especializó en acelerar al máximo a los baloncestistas antes del encuentro con cada nuevo adversario. Jim trabajó individualmente con los jugadores que necesitaban más preparación.

Cada mañana el personal de entrenamiento y yo nos reuníamos para desayunar y evaluábamos los puntos sutiles del plan de prácticas, así como los últimos informes de los ojeadores. Eso nos permitió compartir información y cerciorarnos de que estábamos en la misma sintonía en lo que se refiere a la estrategia cotidiana. Cada entrenador disponía de un alto grado de autonomía, si bien cuando hablábamos con los jugadores empleábamos una sola voz.

El primer año el equipo arrancó lentamente. La mayoría de los jugadores desconfiaba del sistema. «Fue frustrante —reconoce Scottie—. Nadie tenía una percepción positiva de los demás. Después, en los partidos, nos distanciábamos de la ofensiva porque no creíamos en su funcionamiento.» En la segunda mitad de la temporada, el equipo comenzó a sentirse más cómodo y tuvimos una racha de 27-8. La mayoría de los adversarios ya no sabían cómo bloquear a Michael ahora que se movía más sin la pelota. No podían cortarle el paso entre dos o tres, como sucedía cuando tenía la posesión del balón, lo que creó un montón de oportunidades inesperadas para otros jugadores.

Terminamos en el segundo puesto de nuestra división con un palmarés 55-27 y pasamos como un suspiro por las primeras dos series de los *play-offs*, contra Milwaukee y Filadelfia. Nuestro siguiente adversario, Detroit, no fue tan condescendiente. A pesar de que en la temporada regular habíamos derrotado a los Pistons, el recuerdo del maltrato que habíamos sufrido durante los *play-offs* anteriores aún acosaba a algunos jugadores, sobre todo a Scottie, que tuvo que dejar el sexto partido debido a una conmoción cerebral, después de ser golpeado por detrás por el pívot Bill Laimbeer. Scottie también tuvo que hacer frente a una dolorosa cuestión personal. Se había perdido casi toda la serie con Filadelfia para asistir al funeral de su padre y le costó soportar la tensión de estar de duelo en público.

Fue una serie brutal y así llegamos al séptimo encuentro, que se celebró en el nuevo pabellón de los Pistons en Auburn Hills, Michigan. Pusimos mucho empeño. En el partido anterior, Paxson se había torcido un tobillo y Scottie sufría una migraña tan intensa que su visión se tornó tan borrosa que dejó de distinguir los colores de las camisetas. A pesar de todo, ambos intentaron jugar, pero el equipo se vino abajo durante un bochornoso segundo cuarto y ya no nos recuperamos. Perdimos por diecinueve puntos que nos parecieron cien.

Acabado el encuentro, Jerry Krause hizo acto de presencia en el vestuario y soltó una perorata, lo cual fue bastante insólito. Michael estaba tan furioso que se echó a llorar en el fondo del autobús del equipo. Más adelante explicó: «En ese momento tomé la decisión de que jamás volvería a suceder algo así».

Mi reacción fue más moderada. Reconozco que fue un fracaso difícil de asimilar, uno de los peores encuentros que he tenido que dirigir. En cuanto las aguas volvieron a su cauce, me percaté de que el dolor de una derrota humillante había electrizado como nunca antes al equipo: los Bulls comenzaban a transformarse en una tribu.

107

Capítulo siete

Oír lo nunca oído

Por encima de todo, contempla el mundo entero con ojos brillantes,
ya que los secretos más grandes siempre se ocultan
en los lugares más inverosímiles.
Quienes no creen en la magia jamás la encuentran.
ROALD DAHL

*E*n la entrada de mi casa de California del Sur cuelga un cuadro, parecido a un tótem, del núcleo de jugadores que conquistaron los tres primeros campeonatos de los Bulls. Se trata de una serie de retratos apilados verticalmente: arriba de todo está Michael Jordan, seguido de los restantes ordenadores del juego, y más abajo los suplentes. Con el elegante borde rojo y la paleta de colores suaves, más que una colección de imágenes el cuadro parece un objeto sagrado. Me gusta que el artista Tim Anderson no hiciera distinciones entre las estrellas y el resto de los atletas, salvo en el orden en el que aparecen. Todos los retratos tienen el mismo tamaño y cada uno muestra la misma actitud serena. En mi opinión, ese cuadro es un homenaje al concepto de equipo.

Después de la desgarradora derrota contra Detroit en los *play-offs*, aún nos quedaba un largo camino por recorrer antes de alcanzar ese ideal, pero era indudable que avanzábamos en la dirección correcta. Los jugadores habían comenzado a aceptar el sistema y detecté indicios de que se estaban convirtiendo en un equipo más generoso del estadio 4.

Durante el verano dediqué una buena cantidad de tiempo a reflexionar sobre lo que necesitábamos para acelerar el proceso. En primer lugar, teníamos que prepararnos para la agotadora temporada de ochenta y dos partidos como si corriésemos un maratón en vez de una sucesión de sprints. Para desbancar a los Pistons teníamos que asegurarnos la ventaja de jugar en casa y dar el máximo en el momento oportuno, tanto física como psicológicamente. En segundo lugar, necesitábamos emplear con más eficacia nuestra defensa zigzagueante y de alta presión, sobre todo en los partidos decisivos, en especial cuando la defensa representa la diferencia entre el triunfo y la derrota. En tercer lugar, era importante cerciorarnos de que cada partido resultaba significativo en función de lo que intentábamos conseguir como equipo. A menudo recordé a los jugadores que había que centrarse en el recorrido más que en el encuentro final porque, si focalizas toda tu atención en el futuro, el presente pasa de largo.

Lo más importante era conseguir que los jugadores alcanzasen una profunda inteligencia grupal a fin de trabajar juntos de forma más armoniosa. En *El segundo libro de la selva*, de Rudyard Kipling, hay una sección que sintetiza la clase de dinámica de grupo que quería que los jugadores creasen. Durante la temporada 1990-91 se convirtió en la consigna del equipo:

Esta es la ley de la selva, tan antigua y verdadera como el cielo;
que el lobo que la respete prospere
y que el lobo que la transgreda muera.
Al igual que la enredadera que rodea el tronco del árbol,
la ley va para aquí y para allá...
Porque la fuerza de la manada está en el lobo
y la fuerza del lobo está en la manada.

Cuando comencé a jugar con los Knicks, estuve un par de veranos como estudiante graduado en psicología en la universidad de Dakota del Norte. En ese período, estudié la obra del psicólogo Carl Rogers, cuyas ideas innovadoras sobre el poder personal han ejercido una poderosa influencia en mi perspectiva del liderazgo. Rogers, uno de los fundadores de la psicología humanística, fue un psicólogo clínico renovador que, tras años de experimentar, desarrolló varias técnicas eficaces para alimentar lo que denominó «el yo real» en lugar del yo idealizado en el que pensamos que tendríamos que convertirnos. Estaba persuadido de que la clave radicaba en que el terapeuta crease con el cliente una relación que no se centra en resolver el problema, sino en fomentar el crecimiento personal.

Según Rogers, para que esto suceda el terapeuta tiene que ser lo más honrado y auténtico posible y considerar al cliente una persona de valía incondicional, sea cual sea su condición. En su obra más influyente, *El proceso de convertirse en persona*, escribe que la paradoja «consiste en que, cuanto más dispuesto estoy simplemente a ser yo mismo con toda la complejidad de la vida y cuanto más dispuesto estoy a comprender y a aceptar las realidades de mí mismo y del otro, más parecen estimularse los cambios».

En opinión de Rogers, es casi imposible que alguien cambie a menos que acepte totalmente quién es. Tampoco desarrollará relaciones fructuosas con otros a no ser que descubra el sentido de su propia experiencia. Afirma: «Cada persona es una isla en sí misma, en un sentido muy real, y solo podrá construir puentes hacia otras islas si, ante todo, está dispuesta a ser ella misma y se permite ser ella misma».

No pretendo ser terapeuta, pero el proceso que Rogers describe no se diferencia mucho de lo que he intentado hacer como entrenador. En vez de meter por la fuerza a cada persona en roles predeterminados, siempre he intentado fomentar un entorno en el que los jugadores prosperen como individuos y se expresen creativamente en el marco de la estructura del equipo. Nunca me interesó convertirme en el mejor amigo de los jugadores y, de hecho, me parece importante guardar ciertas distancias. De todas maneras, intenté desarrollar con cada uno una relación sincera, cuidadosa y basada en el respeto mutuo, la compasión y la confianza.

La clave está en la transparencia. Lo único que los jugadores no soportan es un entrenador que no sea sincero e íntegro con ellos. En mi primer año como entrenador de los Bulls, B. J. Armstrong presionó para sustituir a John Paxson como base titular. B. J. insistió en que era mejor ordenador del juego que Paxson y que lo superaba en el control del balón. Sin embargo, se había mostrado reacio a adoptar el triángulo ofensivo porque pensaba que entorpecería sus posibilidades de realizar las elegantes jugadas individuales que lo caracterizaban. Le respondí que agradecía su entusiasmo, pero que prefería que compartiese minutos con Paxson debido a que John trabajaba mejor con los titulares y a él lo necesitábamos para dinamizar a los suplentes. Además, el equipo fluía mejor si John formaba parte de la alineación. Mi decisión no le hizo la menor gracia, pero captó el mensaje. Años más tarde, después de demostrar que podía organizar el ataque y jugar de forma cooperativa, lo nombramos titular del equipo.

Una de las labores más difíciles de los entrenadores consiste en evitar que los jugadores que no son estrellas afecten la química del equipo. Casey Stengel, gerente de los New York Yankees, decía: «El secreto de la gerencia consiste en mantener a los tíos que te detestan lejos de los que aún no han tomado una decisión». En baloncesto, los que te odian suelen ser los que no juegan tantos minutos como suponen que merecen. Dado que he sido suplente, sé lo irritante que puede ser morirte de aburrimiento en el banquillo en medio de un encuentro decisivo.

Mi estrategia consistió en mantener a los reservas tan involucrados como fuera posible en el desarrollo del juego. Tex decía que, si el triángulo ofensivo funcionaba

111

bien, el equipo debía jugar como si se tratase de «los cinco dedos de una mano». Por lo tanto, cuando entraban en el terreno de juego, los suplentes debían fundirse como una sola pieza con los jugadores que ya estaban en la pista. En los primeros años empleé una rotación de diez jugadores (cinco titulares y cinco reservas) a fin de que los segundos pasasen suficiente tiempo en la cancha como para sincronizar con el resto del equipo. Entrada la temporada, reducía la rotación a siete u ocho atletas, aunque intentaba incorporar a los restantes reservas siempre que podía. En ocasiones los jugadores que no son estrellas ejercen una influencia sorprendente. Valga como ejemplo Cliff Levingston, ala-pívot suplente que jugó limitados minutos durante la temporada 1990-91, pero floreció en los *playoffs* porque estuvo perfectamente a la altura del ataque de los de Detroit.

No soy de abrazar ni acostumbro a repartir fácilmente alabanzas. De hecho, algunas personas me consideran distante y enigmático. Mi estilo consiste en mostrar aprecio con gestos sutiles: una señal de reconocimiento con la cabeza aquí y un apretón en el brazo allá. Lo aprendí de Dick McGuire, mi primer entrenador en los Knicks, quien después de los partidos solía acercarse a mi taquilla y me aseguraba en voz baja que me tenía en cuenta y que en el próximo encuentro intentaría concederme más minutos. Como entrenador, he intentado transmitir a cada jugador que me preocupo por él como persona, no solo como factótum del baloncesto.

El gran regalo que me hizo mi padre consistió en enseñarme a ser sinceramente compasivo al tiempo que me ganaba el respeto de los demás. Papá era un hombre alto, majestuoso, de porte distinguido, sonrisa cálida y mirada tierna que lo llevaba a parecer confiable, cuidadoso y un poco misterioso. Se semejaba a los retratos que he visto de George Washington, un hombre de hablar suave, modesto y que controlaba totalmente las situaciones. De pequeño, a menudo me situaba junto a mi padre y despedía a los miembros de la iglesia cuando se retiraban del servicio.

Había quienes decían que me parecía a él en la dignidad de mi postura corporal. No tengo duda de que, como entrenador, me he beneficiado de mi estructura considerable y de mi voz grave y resonante. Cuando hablo con los jugadores, no necesito levantar la cabeza para mirarlos: podemos hablar cara a cara.

Papá era pastor en el verdadero sentido de la palabra, uno de los pocos cristianos sinceros que he conocido. Se regía por un sencillo conjunto de reglas dictadas por la Biblia y evitaba los pleitos y la animosidad en general porque entraban en conflicto con sus ideales cristianos. Mientras que en sus sermones mi madre clamaba contra el fuego y el azufre, papá se centraba, sobre todo, en la benevolencia y en tener un corazón generoso. Se preocupaba hondamente por sus feligreses y cada mañana, después del desayuno, rezaba por cada uno de ellos en su estudio. Los miembros de la iglesia se sentían protegidos y tranquilos, lo que contribuía a cohesionar la comunidad. Esta es una lección que jamás he olvidado.

113

Por regla general, los baloncestistas profesionales no son explícitos cuando se trata de sus anhelos más profundos. Prefieren comunicarse de forma no verbal o hacer bromas en lugar de revelar vulnerabilidades, sobre todo cuando hablan con su entrenador. Por consiguiente, en ocasiones resulta dificultoso averiguar qué hace vibrar a cada jugador.

Yo siempre buscaba formas nuevas de meterme en la cabeza de los jugadores. Cuando empecé a entrenar a los Bulls, les pedí que creasen lo que me gustaba describir como escudo personal, un sencillo perfil basado en preguntas del cariz de «¿cuál es tu máxima aspiración?», «¿quién ha influido más en ti?» y «¿qué es eso que la gente no sabe de ti?». Después les pedí que rellenasen un cuestionario más formal y emplée sus respuestas para tantearlos con más profundidad durante nuestras reuniones interpersonales a mitad de temporada.

Mi herramienta psicológica favorita era la que June denominaba el «ojo de buey social», que crea la imagen de cómo se ven las personas a sí mismas en relación con el grupo. En uno de nuestros largos viajes repartía entre los jugadores una hoja de papel con un ojo de buey de tres anillos, en el que el central representaba la estructura social del equipo. A continuación les pedía que se situasen en algún punto del ojo de buey de acuerdo con lo mucho o lo poco que se sentían conectados con el equipo. No es sorprendente que los titulares se situaran habitualmente cerca del ojo, mientas que los reservas se esparcían por el segundo y tercer anillos. En cierta ocasión el pívot suplente Stacey King, jugador que hablaba muy rápido, vestía con elegancia y hacía reír a todo el mundo, se dibujó bastante lejos del tercer anillo. Cuando le pedí que se explicase, respondió: «Entrenador, porque nunca tengo minutos de juego». No era cierto, pero era lo que sentía. De cara a la galería, Stacey parecía seguro de sí mismo e integrado, pero interiormente se sentía como un forastero que lucha por conquistar el reconocimiento. Creo que nunca supe cómo curar esa herida.

114

Mi intención consistía en conceder a los jugadores la libertad de averiguar cómo encajaban en el sistema en lugar de dictar desde lo alto qué quería que hiciesen. Algunos atletas se sintieron incómodos porque nunca les habían concedido esa clase de autonomía. Otros se mostraron totalmente liberados.

Al inicio de la temporada 1990-1991 decidí dejar tranquilo a Michael. Yo sabía que necesitaba tiempo para desentrañar cómo funcionar dentro del sistema triangular de una forma que para él tuviese sentido. Una vez terminada la temporada anterior, Michael había decidido que necesitaba fortalecer su musculatura para hacer frente a los golpes que le propinaban los Pistons y otros equipos. Contrató a Tim Grover, especialista en entrenamiento físico, que lo sometió a una agotadora serie de ejercicios con el propósito de aumentar su resistencia y fortalecer su torso y la parte inferior de su cuerpo. Como de costumbre,

Michael fue sumamente disciplinado a la hora de realizar los ejercicios y se presentó en el campamento de entrenamiento mucho más vigoroso y fuerte, sobre todo en la zona de los hombros y los brazos.

Michael adoraba los desafíos. Por lo tanto, lo reté a que imaginase una nueva forma de vincularse con sus compañeros de equipo. Esperaba que los compañeros rindiesen a su mismo nivel, pero en la liga solo había un puñado de jugadores capaces de estar a su altura. Lo alenté a que echara un vistazo a su papel en el equipo e intentase buscar maneras de servir de catalizador para que todos jugasen al unísono. No le ordené lo que tenía que hacer, sino que me limité a pedirle que pensase en el problema desde otra perspectiva, básicamente haciendo preguntas acerca del impacto que tal o cual estrategia podía tener en el equipo. «¿Qué pensarían Scottie u Horace si hicieras esto?», le preguntaba. Lo trataba como a un igual y paulatinamente Michael comenzó a cambiar de manera de pensar. Si le permitía resolver el problema por su cuenta, estaba más dispuesto a aceptar la solución y a no repetir en el futuro la misma conducta contraproducente.

Al recordar aquella época Michael dice que ese enfoque le gustó porque «me permitió ser la persona que necesitaba ser». A veces yo le decía que tenía que ser agresivo y fijar el tono del equipo, mientras que otras le planteaba: «¿Por qué no intentas que Scottie haga esto para que los defensores lo persigan y tú puedas atacar?». Por regla general, intenté conceder a Michael el espacio necesario para que encontrase el modo de integrar sus ambiciones personales y las del equipo. «Phil sabía que para mí era importante ganar el título de máximo anotador, pero yo quería hacerlo de una manera que no afectase al funcionamiento del equipo», reconoce Michael ahora.

De vez en cuando Michael y yo teníamos una discusión, habitualmente cuando criticaba una de sus jugadas dictadas por el ego. Sin embargo, nuestros roces jamás se convirtieron en disputas graves. «Recuperar la tranquilidad me llevaba cierto tiempo —reconoce Michael—. Tal vez tenía que mirarme al espejo e intentar comprender qué era exactamente lo que Phil decía. Me figuro que él hacía lo mismo. Cada vez que topábamos nuestro respeto mutuo iba en aumento.» Estoy totalmente de acuerdo.

Otro jugador que aquella temporada dio un salto significativo fue Scottie Pippen. Evidentemente, estaba acostumbrado a los pasos de gigante. El menor de doce hermanos, Scottie, se crio en Hamburg, Arkansas. Su familia no tenía mucho dinero, en parte porque su padre había quedado incapacitado a causa de un accidente cerebrovascular que sufrió cuando trabajaba en una fábrica de papel. Scottie era el niño bonito de la familia. Aunque no recibió ofertas de becas, se inscribió en la universidad de Arkansas Central y estudió realizando trabajos diversos y actuando como gerente del equipo deportivo universitario. Su debut como jugador no becado del equipo de estudiantes de primer año no fue espectacular: promedió 4,3 puntos y 2,9 rebotes por encuentro. A lo largo del año siguiente creció diez centímetros, alcanzó el metro noventa y cinco y, tras jugar con ahínco todo el verano, regresó a la universidad en mucha mejor forma que cualquiera de sus compañeros de equipo. «Siempre fui un buen manejador del balón —reconoce Scottie—. Eso significó una gran ventaja cuando crecí porque había que ser pívot para ocuparse de mí. Además, en la liga no había tíos tan grandes.»

Scottie, que cuando se graduó ya medía dos metros, alcanzó una media de 26,3 puntos y 10 rebotes por partido y en el último año de universidad fue nombrado, por consenso, All-American. Jerry Krause, que lo había visto jugar hacía mucho, realizó unos pocos pero hábiles cambios a fin de escogerlo en el quinto lugar de la ronda del *draft* de 1987. Scottie estaba muy aferrado a su posición tradicional de alero y tuvo dificultades para encajar en esa función porque no era un gran lanzador exterior. Sin embargo, poseía la rara habilidad de coger un rebote, sortear el trasiego de jugadores y llegar a la otra punta de la pista para atacar la canasta. En la práctica, proteger a Michael convirtió a Scottie en un magnífico defensor.

Cuando comencé a trabajar con él, lo que más me impresionó fue su capacidad de interpretar lo que ocurría en la cancha y reaccionar de manera consecuente. En la escuela secundaria había sido base y todavía tenía la mentalidad de compartir la pelota. Michael siempre intentaba anotar, mientras que Scottie parecía más interesado en cerciorarse de que la ofensiva en conjunto llegaba a buen fin. En ese aspecto, era más parecido a Magic Johnson que a Michael Jordan.

Durante mi segundo año como entrenador principal, me inventé una nueva posición para Scottie, la de «base-alero», y me encargué de que compartiese con los bases el trabajo de subir la pelota, experimento que dio mucho mejor resultado del esperado. Esta transformación abrió una faceta de Scottie que jamás se había explotado y lo convirtió en un magnífico jugador multidimensional, con capacidad para abrir juego al vuelo. Como él mismo dice, ese cambio «me convirtió en el jugador que quería ser en la NBA».

Scottie terminó segundo del equipo con 17,8 puntos, 7,3 rebotes y 2,5 robos de balón en la temporada 1990-1991; al año siguiente fue nominado como miembro del mejor quinteto defensivo de la NBA. El efecto que ejerció en el equipo fue poderoso. Convertir a Scottie en base le hizo tener la pelota tanto como Michael y permitió que M. J. se desplazase a los laterales de la línea de tres puntos y desempeñara diversos papeles ofensivos, incluido el liderazgo del ataque en transición. Ese cambio también creó posibilidades para otros jugadores, ya que Scottie era más ecuánime que Michael en su forma de distribuir el balón. De repente se puso en marcha una dinámica de grupo novedosa y más colaboradora.

Por aquel entonces, la mayoría de los entrenadores suscribían la teoría del entrenamiento mental postulada por Knute Rockne. Antes de los partidos intentaban acelerar con palabras de ánimo a sus jugadores. Ese enfoque

117

funciona si eres *linebacker*. Cuando jugué con los Knicks descubrí que, cada vez que estaba demasiado excitado mentalmente, esa actitud ejercía un efecto negativo en mi capacidad de permanecer centrado si me veía sometido a presión. Por eso hice lo contrario. En lugar de acelerar a los jugadores, desarrollé diversas estrategias para ayudarlos a serenar sus mentes y fortalecer la conciencia a fin de que entrasen en el campo de batalla seguros de sí mismos y con poder.

Lo primero que hice con los Bulls consistió en enseñar a los jugadores una versión reducida de la meditación plena, basada en las prácticas zen que yo llevaba años realizando. No lo convertí en una cuestión de principios. Durante los entrenamientos, permanecíamos sentados alrededor de diez minutos, por regla general antes de una sesión de pase de vídeos. Algunos jugadores lo consideraban extraño y otros aprovechaban ese rato para echar una cabezadita. Accedieron porque sabían que la meditación era un elemento importante en mi vida. En mi opinión, conseguir que los jugadores estuvieran tranquilos y juntos durante diez minutos fue un buen punto de partida. Algunos jugadores, en especial B. J. Armstrong, se interesaron seriamente por la meditación y siguieron estudiando por su cuenta.

No pretendía convertir a los Bulls en monjes budistas, sino que me interesaba lograr que adoptasen un enfoque más pleno de nuestro deporte y de las relaciones que tenían entre ellos. En el fondo, la plenitud consiste en estar presente en el momento al máximo posible, sin dejarse arrastrar por pensamientos del pasado o del futuro. Según el maestro zen Suzuki, cuando hacemos algo «con la mente simple y clara..., nuestra actividad es fuerte y directa. Cuando hacemos algo con la mente embrollada con otras cosas, personas o la sociedad, nuestra actividad se torna muy compleja».

Como en una ocasión señaló el escritor John McPhee, para triunfar en el baloncesto es necesario tener una percepción muy sutil del lugar donde estás y de lo que ocurre a tu alrededor en cualquier momento dado. Pocos son los jugadores que nacen con esta capacidad (Michael, Scottie y Bill Bradley, por mencionar unos pocos) y casi todos tienen que adquirirla. Tras practicar la meditación durante años descubrí que, cuando te involucras plenamente en el momento, empiezas a desarrollar una conciencia mucho más profunda de lo que ocurre justo aquí y ahora. Y, en última instancia, esa conciencia conduce a una mayor sensación de unidad, que es la esencia del trabajo en equipo.

En cierta ocasión John Paxson me envió un artículo de la Harvard Business Review porque, según dijo, había hecho que se acordara de mí. Titulado «Parábolas de liderazgo» y firmado por W. Chan Kim y Renée A. Mauborgne, el artículo se componía de una serie de antiguas parábolas que se centraban en lo que los autores denominaron «el espacio nunca visto del liderazgo». La historia que llamó la atención de Paxson fue la de un joven príncipe a quien su padre envía a estudiar con un gran maestro chino la forma de convertirse en un buen gobernante.

La primera tarea que el maestro le encargó consistió en pasar un año a solas en el bosque. Cuando el príncipe regresó, el maestro le pidió que describiera lo que había oído y el joven repuso: «Oí el canto de los cuclillos, el frufrú de las hojas, el aleteo de los colibríes, el chirrido de los grillos, el soplido de la hierba, el zumbido de las abejas y el susurro y el grito del viento».

Cuando el príncipe terminó de hablar, el maestro le aconsejó que regresara al bosque y estuviese atento a otros sonidos que pudiera percibir. Por lo tanto, el príncipe regresó a la arboleda y allí estuvo varios días con sus noches, preguntándose a qué se refería el maestro. Una mañana comenzó a detectar tenues sonidos que jamás había percibido.

A su regreso, el príncipe comunicó al maestro: «Cuando presté más atención, oí lo nunca oído: el sonido de las flores cuando se abren, el sonido del sol calentando la tierra y el sonido de la hierba libando el rocío matinal». El maestro asintió.

«Oír lo nunca oído es una disciplina necesaria para convertirse en buen gobernante —aseguró el maestro—. Solo cuando aprende a prestar atención a los corazones de las personas, a oír los sentimientos que no comunican con la palabra, los dolores sin expresar y las quejas no habladas, el gobernante puede albergar la esperanza de inspirar confianza al pueblo, comprender si algo está mal y satisfacer las necesidades verdaderas de los ciudadanos.»

Oír lo nunca oído... Se trata de una aptitud que todos los miembros del grupo necesitan, no solo el líder. En el caso del baloncesto, los estadísticos cuentan las asistencias que realizan los jugadores o los pases que conducen a anotar puntos; por mi parte, siempre me ha interesado más que los jugadores se centren en el pase que conduce al pase que conduce a los puntos. El desarrollo de esa clase de conciencia requiere tiempo pero, una vez que la consigues, lo invisible se torna visible y el partido se despliega ante tus ojos como si fuera un relato.

120   Con el propósito de reforzar la conciencia, me gustaba tener a los jugadores pendientes de lo que sucedería a continuación. Durante un entrenamiento estaban tan apáticos que decidí apagar las luces y hacer que jugasen a oscuras..., tarea nada fácil cuando intentas coger un pase estratosférico de Michael Jordan. En otra ocasión, tras una derrota bochornosa, decidí que realizaran las prácticas en el más absoluto de los silencios. Algunos entrenadores pensaron que estaba loco, pero a mí me importaba que los jugadores despertasen, aunque solo fuera un instante, para ver lo nunca visto y oír lo nunca oído.

Prepararse para los *play-offs* es como hacerlo para ir al dentista. Sabes que la visita no será tan mala como supones, pero no puedes dejar de obsesionarte. Todo tu ser se dirige hacia ese hecho. Con frecuencia la ansiedad se apodera de mí en plena noche y me quedo en la cama pensando y repensando nuestra estrategia para el siguiente partido. A veces, por muy de madrugada que sea, apelo a la meditación para desencallar mi mente y aliviarme tras la andanada de conjeturas. He descubierto que la forma más eficaz de hacer frente a la ansiedad consiste en estar seguro de que te encuentras lo más preparado que puedes para lo que está por venir. Mi hermano Joe suele decir que la fe es una de las dos cosas que suelen ayudar a plantar cara al miedo. La otra es el amor. Joe asegura que has de tener fe en que has hecho todo lo posible para estar seguro de que las cosas se resolverán…, sin tener en cuenta el resultado final.

Hay una anécdota que me encanta sobre la manera en la que Napoleón Bonaparte elegía a sus generales. Se dice que, tras la muerte de uno de sus grandes militares, Napoleón encomendó a uno de los oficiales del Estado Mayor que encontrase sustituto. Varias semanas después, el oficial regresó y describió al hombre que, en su opinión, era el candidato perfecto en virtud de su conocimiento de las tácticas militares y de su brillantez como gestor. Cuando el oficial terminó de hablar Napoleón lo miró y comentó: «Todo eso está muy bien pero ¿tiene suerte?».

Tex Winter me llamaba «el entrenador más afortunado del mundo». No creo que la suerte tenga mucho que ver. Es verdad que un jugador puede sufrir una lesión y que el equipo puede verse abocado a una calamidad, pero estoy convencido de que si has tenido en cuenta todos los detalles, son las leyes de causa y efecto, más que la suerte, las que determinan el resultado. Está claro que, en un partido de baloncesto, son muchas las cosas que es imposible controlar. Precisamente por ese motivo la mayor parte del tiempo nos centrábamos en lo que sí podíamos controlar: el movimiento de pies adecuado, el espacio apropiado en pista, el modo adecuado de mover la pelota. Cuando juegas como hay que hacerlo, para los jugadores el partido tiene sentido y ganar es un resultado posible.

Existe otra clase de fe que es más importante si cabe: la fe en que, a cierto nivel que supera la comprensión, todos estamos conectados. Por eso hago que los jugadores se reúnan solos y en silencio. El hecho de que un grupo per-

121

manezca junto, en silencio y sin distracciones permite que
sus miembros resuenen mutuamente de formas profundas. Como aseguró Friedrich Nietzsche: «Los hilos invisi-
bles son los vínculos más fuertes».

A lo largo de mi carrera, en varias ocasiones he visto
cómo se formaban esos vínculos. El profundo sentimiento
de conexión que se genera cuando los jugadores actúan de
común acuerdo es una fuerza enorme que puede anular el
miedo a perder. Esa fue la lección que los Bulls estaban a
punto de aprender.

Mediada la temporada 1990-91, las piezas comenzaron
a encajar en su sitio. Cuando los jugadores se sintieron
más cómodos con la ofensiva triangular, Tex comenzó a
hacer que se centrasen en una serie de acciones críticas
que denominábamos «automatismos», acciones que podíamos poner en práctica si el equipo contrario sobrecar-
gaba la defensa en una zona de la pista. El punto crítico
era el que Tex describía como «el momento de la verdad»,
durante el cual el jugador que desplazaba el balón por la
pista se topaba con los defensores. Si la defensa focalizaba
mucha presión en él y en ese punto, el jugador podía realizar una jugada automática a fin de dirigir la acción a otro
sector de la cancha y crear nuevas posibilidades de anotar.
Uno de los automatismos preferidos por el equipo era el
que denominábamos «el cerdito ciego», o puerta atrás con
pase desde poste alto, acción mediante la cual los jugadores de la línea delantera se acercaban para aliviar la presión sobre el base mientras el ala-pívot del lado débil (es
decir el cerdito), se liberaba, cogía el pase y rompía la defensa. El cerdito ciego fue una jugada decisiva no solo para
los Bulls sino, más adelante, para los Lakers, ya que liberó
a un lanzador del bloqueo doble en el lado débil y situó a
dos de nuestros mejores jugadores en posición de anotar.

Los jugadores estaban entusiasmados. El cerdito ciego
y otros automatismos les permitieron adaptarse de forma
coordinada a lo que la defensa hacía, sin necesidad de es-

perar que yo les dictase las jugadas desde las bandas. «Se convirtió en nuestra arma principal —recuerda Scottie—. Nos sentíamos muy bien cuando salíamos a la cancha y poníamos la pelota en juego. Echábamos a correr hacia determinados sitios porque allí nos sentíamos cómodos. Todos estábamos contentos. Michael recibía cada vez más balones. Teníamos más equilibrio a la hora de recuperar las transiciones. Comenzamos a convertirnos en un mejor equipo defensivo y finalmente se volvió un hábito para nosotros.»

Los automatismos también enseñaron a los jugadores a aprovechar la defensa alejándose de la presión en vez de atacarla directamente. Sería importante cuando el equipo tuviese que hacer frente a equipos más fuertes y físicos, como los Pistons. Con el propósito de derrotar a Detroit, teníamos que volvernos resilientes y no retroceder. Jamás conseguiríamos vencerlos si cada vez que salíamos a la pista el partido se convertía en un combate de lucha libre.

Poco antes de la pausa del All-Star, los Bulls tuvieron una racha de 18-1, incluido un subidón de moral cuando ganamos en Auburn Hills a los Pistons 95-93. Pese a que Isiah Thomas tuvo que retirarse del encuentro a causa de una lesión de muñeca, ese partido fue decisivo en cuanto al modo en el que nos veíamos como equipo. A partir de ese momento, los Bad Boys de Detroit dejaron de parecernos tan «malos».

Terminamos la temporada encabezando la liga con un palmarés 61-21, lo que nos concedió la ventaja de pista en los *play-offs*. Arrasamos a los Knicks 3-0 y ganamos los dos primeros encuentros de la serie contra Filadelfia, pero topamos con problemas en el tercer partido. Jordan se presentó con una tendinitis en la rodilla (que probablemente sufrió jugando al golf) y los corpulentos ala-pívots y pívots de los 76ers, es decir, Armen Gilliam, Charles Barkley y Rick Mahorn, comenzaron a presionar a Horace Grant y a desmontar su juego.

Horace era un ala-pívot de 2,08 metros, con una excepcional velocidad de pies y gran intuición para los rebotes. Johnny Bach lo llamaba *el Intrépido* por su habilidad para atrapar a los que controlaban rápidamente el balón y para hacer funcionar la defensa de presión. Criado en la Georgia rural, Horace se había vinculado con Scottie desde el primer momento y en cierta ocasión había asegurado a los periodistas que es «como mi hermano gemelo». Sin embargo, durante la temporada 1990-91 se habían distanciado a medida que Scottie gravitaba hacia Michael. Simultáneamente Horace, que hacía denodados esfuerzos por salvar su matrimonio, había buscado consuelo en la religión.

El año anterior Johnny había propuesto que emplease a Horace como «víctima propiciatoria» con el fin de motivar al equipo. Se trata de una práctica bastante habitual en los equipos profesionales. A decir verdad, durante un corto período yo interpreté ese papel cuando jugué con los Knicks. El objetivo consiste en designar al jugador que recibirá la mayor parte de las críticas como modo de motivar al resto para que se vinculen. No estaba totalmente convencido de esa clase de entrenamiento a la vieja usanza, pero me mostré dispuesto a intentarlo. Sabía que los jugadores apreciaban a Horace y que le prestarían todo su apoyo si yo presionaba demasiado. Johnny, que mantenía una excelente amistad con Horace, me aseguró que era lo bastante duro como para soportar la presión.

Explicamos la idea a Horace y, al principio, accedió. Desde niño soñaba con ser marine, de modo que la disciplina severa lo atraía. Con el paso del tiempo las críticas lo irritaron y la crisis estalló en el tercer cuarto del tercer partido contra los 76ers.

Durante todo el partido Gilliam había golpeado a Horace en la espalda y lo había descolocado, pero los árbitros permitieron que se saliese con la suya. Cuando al final Horace respondió por pura frustración, los árbitros se dieron cuenta y pitaron falta.

Me puse furioso. Saqué a Horace del partido y empecé a chillarle por permitir que los 76ers lo tratasen mal. Horace replicó a gritos: «Estoy harto de ser tu víctima propiciatoria». Tras esas palabras comenzó a insultarme, algo insólito en él.

No es necesario añadir que perdimos aquel partido. Reconozco que yo no estaba en mi mejor momento. De todos modos, aprendí una lección fundamental: lo importante que es relacionarse con cada jugador como individuo, con respeto y compasión, al margen de la presión que yo pueda experimentar. Cuando la situación se calmó me reuní con Horace y le dije que teníamos que empezar de nuevo. Añadí que, a partir de ese momento, me centraría en hacerle críticas constructivas y que esperaba que, a su vez, me proporcionase información sobre todo aquello que pudiera perturbarlo.

Antes del partido siguiente me reuní a desayunar con el equipo para analizar lo ocurrido. Afirmé que habíamos roto el círculo tribal y que necesitábamos reconstruirlo. Al final de la reunión pedí a Horace que leyese al equipo un pasaje de los Salmos.

Aquel día Horace jugó como un poseso. Irrumpió en la pista, de buen principio aprovechó varios rebotes decisivos y anotó veintidós puntos. Ganamos 101-85 y, lo que es más importante, Horace se enfrentó a Gilliam y a otros pívots sin descentrarse. Fue una buena señal. Los 76ers parecían cansados y descompuestos y dos días más tarde, en el quinto y decisivo partido, los vencimos. La próxima parada era Detroit.

Durante los *play-offs* de 1990 había pasado al equipo un vídeo con escenas de *El mago de Oz*. El objetivo consistía en mostrar lo intimidados que se sentían los jugadores por las tácticas violentas de los Pistons. Había una imagen de B. J. Armstong dirigiéndose a la canasta y recibiendo puñetazos de la línea defensiva de los de Detroit, seguida de un fragmento en el que Dorothy dice: «Ya no estamos en Kansas, Toto». En otra secuencia, Joe Dumars pegaba a Jordan en un regate mientras el Hombre de Hojalata se lamentaba porque no tenía corazón. En otra, Isiah Thomas bailaba con Paxson, Horace y Cartwright mientras el León Cobarde se quejaba de no

125

tener valor. Aunque al principio rieron, los jugadores se pusieron serios en cuanto comprendieron el mensaje que intentaba transmitirles.

En ese momento no fue necesario pasar fragmentos de películas. Me limité a reunir una serie de imágenes para las oficinas centrales de la NBA, en las que aparecían varios de los ejemplos más indignantes de golpes bajos de los Pistons a los Bulls. No sé qué impacto causó esa filmación en los responsables, pero al menos puso de manifiesto que no nos quedaríamos de brazos cruzados.

No tuvo la menor importancia. La alineación de los Pistons en la temporada 1990-91 ya no era tan intimidatoria, sobre todo desde que se quedaron sin Rick Mahorn, el ala-pívot machacador. Además, nuestro equipo estaba mucho más seguro de sí mismo y equilibrado que el año anterior. Aconsejé a los jugadores que fuesen los primeros en atacar, en lugar de esperar a que los Pistons presionasen desde el principio, y que no se dejaran enredar por la sarta de insultos de los de Detroit. Me agradó el comportamiento de Scottie durante el primer partido. Cuando Mark Aguirre, la última incorporación de los Bad Boys, amagó con liarla, Scottie se limitó a reír.

Aquel día Jordan no jugó, pero intervino la segunda unidad y en el cuarto cuarto se colocó con 9 puntos por delante, ventaja que marcó la diferencia. Una vez terminado el partido y con un gesto que sorprendió a todos, Jordan agradeció a sus compañeros que lo hubiesen llevado hasta la victoria. En ese momento sentí que nuestros esfuerzos por transformar la actitud del equipo comenzaban a dar frutos. Días después, Scottie comentó a Sam Smith, periodista del *Chicago Tribune*, que había percibido ciertos cambios en Michael. «Se nota que M. J. tiene más confianza en todos nosotros. Tengo que reconocer que la ha desarrollado durante los *play-offs*. Juega a la pelota en equipo y por primera vez puedo decir que no salta a la pista solo para anotar. Parece tener la sensación…; bueno, en realidad, parece que todos tenemos la sensación de que podemos ayudarnos si jugamos unidos.»

En el segundo partido encargamos a Scottie que subiese el balón y pasamos a Paxson al ala. Ese cambio creó a los Pistons dificultades complicadas de solventar, problemas que jamás resolvieron. También realizamos varios cambios defensivos que funcionaron bien: asignamos Pippen a Laimbeer, el pívot de los Pistons, y a Cartwright al alero Aguirre. Nuestra defensa estaba tan conectada que nada de lo que los Pistons intentaron dio resultado. En el cuarto encuentro se enfrentaron en casa con un equipo que lo había ganado todo y, como no pudieron frenarnos, el partido se volvió sucio. Laimbeer atacó a Paxson y Rodman arrojó a Scottie a las gradas con un golpe que podría haber acabado con su carrera deportiva. El peor momento tuvo lugar al final del partido, cuando los Pistons, encabezados por Isiah Thomas, se retiraron de la pista sin estrecharnos la mano... Un insulto no solo a los Bulls, sino al baloncesto propiamente dicho, que aún hoy sigue afectándome.

Nuestro siguiente adversario fue Los Angeles Lakers, franquicia legendaria que la década anterior había dominado la NBA y que seguía siendo un equipo poderoso, encabezado por Magic Johnson y con jugadores de la talla de James Worthy, Sam Perkins, Byron Scott y Vlade Divac. Esa serie se convertiría en la prueba definitiva para Michael, que siempre se había comparado con Johnson. Magic no solo tenía los anillos (cinco) y los premios al jugador más valioso (tres), sino impresionantes dotes de liderazgo. En su año como *rookie* se había incorporado a un equipo dominado por integrantes del All-Star, incluido Kareem Abdul-Jabbar, y lo había conducido magistralmente hasta el campeonato. Michael estaba en su séptimo año de la NBA y todavía no había conquistado su primer anillo.

Comenzamos despacio y perdimos el primer partido en Chicago. En mitad del encuentro detecté una debilidad que no había visto en los vídeos: cada vez que Magic no jugaba, sus compañeros de equipo eran incapaces de llevar la delantera a nuestra segunda unidad. Magic pa-

127

recía cansado tras la agotadora batalla contra Portland en las finales de la Conferencia Oeste y quedó claro que, cuando descansaba, los Lakers eran mucho más débiles que cuando Michael estaba en el banquillo. Se trataba de algo que podíamos aprovechar.

Nuestro plan de juego consistió en alinear a Scottie con Magic.

Durante el segundo encuentro, Michael no tardó en cargarse de faltas, por lo que cambiar la posición de Scottie demostró ser un buen plan; ese ajuste desestabilizó a los defensores de los Lakers y ganamos fácilmente 107-86. Después del partido monté un vídeo para Michael a fin de que viese que Magic se apartaba con frecuencia de Paxson, su hombre, para ayudar a otros jugadores en la defensa. Magic estaba convencido de que Michael no soltaría el balón. Paxson era un gran anotador y, en situaciones complicadas, Michael confiaba en él más que en el resto de sus compañeros. En la serie contra Los Angeles, Michael había vuelto a su vieja costumbre de intentar ganar los partidos por su cuenta y riesgo. A pesar de que vencimos en el segundo encuentro, esa actitud nos afectó negativamente.

En los tres partidos siguientes la acción se trasladó a Los Ángeles. Durante el tercer encuentro, Michael empató el marcador cuando faltaban 3,4 segundos al llevar la pelota hasta la línea de tiros libres y lograr un veloz lanzamiento en suspensión. Nos reagrupamos y en la prórroga ganamos por 104-96. Dos días más tarde, nuestra defensa dominó totalmente a los Lakers en el cuarto encuentro y los llevó a su anotación más baja (82 puntos), desde la instauración del reloj de tiro, por lo que teníamos una ventaja de 3-1 en la serie. Magic lo describió como «una paliza de las de antes».

Durante el quinto encuentro llevamos la voz cantante casi todo el tiempo, si bien mediado el cuarto cuarto los Lakers contraatacaron y se pusieron por delante. Lo que vi no me gustó nada. A pesar de nuestras recomendaciones, Michael seguía dejando a Paxson en el limbo. Por eso pedí tiempo muerto y reuní al equipo.

—M. J., ¿quién está desmarcado? —pregunté y miré a Michael directamente a los ojos. Como no respondió, insistí—: ¿Quién está libre?

—Paxson —repuso.

—De acuerdo. Búscalo.

Después de ese diálogo, el encuentro cambió. Michael y los demás comenzaron a enviarle el balón a Paxson, que reaccionó encestando cuatro veces seguidas. Los Lakers estaban a dos puntos cuando quedaba poco más de un minuto. Percibí algo distinto en Michael cuando subió el balón por la pista. Supuse que se dirigiría hacia la canasta, como solía hacer en esas situaciones, pero engañó a la defensa y la atrajo hacia donde estaba al tiempo que intentaba crear una oportunidad para..., pues sí, ni más ni menos que para Paxson. Fue un final increíble. John marcó una canasta de dos puntos y ganamos 108-101.

Para mí fue un momento muy intenso. Dieciocho años antes había ganado mi primer anillo en ese mismo estadio, el Forum de Los Ángeles. Ahora había conquistado el primero como entrenador y lo mejor era que lo habíamos conseguido jugando al baloncesto de la misma manera en que lo había hecho mi equipo de los Knicks: de la manera adecuada.

Capítulo ocho

Cuestión de carácter

La manera en la que haces algo
es la misma en la que lo haces todo.
TOM WAITS

Solemos pensar que la segunda vez será más fácil, pero las cosas no funcionan así. En cuanto terminan los aplausos comienza la danza de los egos heridos. John Wooden, exentrenador principal del equipo de UCLA, solía decir que «ganar requiere talento y repetir exige carácter». No entendí realmente a qué se refería hasta que fuimos a por el segundo anillo. De repente, la atención de los medios se volcó en nuestra dirección y todos los relacionados con los Bulls que no se apellidaban Jordan empezaron a competir para conseguir más atención. Como sintetizó Michael: «El éxito vuelve a convertir el nosotros en yo».

El primer atisbo que tuve de lo que ocurría se produjo cuando Horace arremetió contra Michael en los medios por haberse saltado las celebraciones del campeonato en la Casa Blanca. La asistencia no era obligatoria y, antes del evento, Michael informó a Horace de que no pensaba asistir. En su momento Horace no planteó problemas, pero a nuestro regreso de Washington comentó con los periodistas que le había molestado que Jordan no acudiese. Aunque se sintió traicionado por Horace, Michael optó por no responder a esos comentarios. Supuse que la prensa había embaucado a Horace para que dijera algo que no creía, razón por la cual no lo multé. De todas maneras, le advertí que en el futuro tuviera cuidado antes de comentar con los medios de comunicación cuestiones que podían causar conflictos en el equipo.

Horace no era el único jugador que envidiaba la fama de Michael, aunque sí se trataba del más explícito. Le costó bastante asimilar que yo no controlase la popularidad de Michael, la cual trascendía a los Bulls y a nuestro deporte propiamente dicho.

En cuanto se calmó el revuelo por la ausencia de Michael en la celebración en la Casa Blanca estalló otra polémica que ejerció un efecto más duradero en el equipo. Tuvo que ver con la publicación del éxito de ventas de Sam Smith, *The Jordan Rules*, relato de la temporada del campeonato 1990-91, que intentó desmitificar a Michael y ofrecer una visión privilegiada del mundo secreto de los Chicago Bulls. Smith, reportero avispado y laborioso que me caía bastante bien, basó su texto en la cobertura que hizo de los Bulls para el *Chicago Tribune*. En algunas anécdotas presentó a Michael y a Jerry Krause desde una perspectiva poco favorecedora.

El libro no gustó a Michael, pero tampoco le dio importancia, porque sin duda supuso que no afectaría gravemente su imagen pública. Krause, por su parte, no se mostró tan indiferente. Poco después de la aparición del libro, durante un viaje, una noche me pidió que fuese a su habitación y se puso a despotricar contra Smith. Dijo que en el texto había encontrado «ciento setenta y seis mentiras» y, con el propósito de demostrarlo, sacó su ejemplar lleno de anotaciones. En cuanto intentó señalar cada mentira página tras página, lo interrumpí y aconsejé: «Jerry, es mejor que lo olvides».

No pudo. Jerry desconfiaba de la prensa desde que, en 1973, se vio involucrado en una disputa periodística que lo llevó a perder su cargo ejecutivo en los Bulls solo tres

131

meses después de haber conseguido el puesto. Estaba en plenas negociaciones para contratar a un nuevo entrenador principal cuando los reporteros informaron de que había ofrecido el cargo a Ray Meyer, preparador de De-Paul. Aunque Jerry lo negó, el tema no quedó ahí. Decepcionado por la forma en la que Jerry manejó la situación, Arthur Wirtz, presidente de los Bulls, le hizo marcharse.

A medida que pasaban las semanas, Jerry se obsesionó con el intento de averiguar quién había sido la principal fuente de información de Sam. Como es evidente, existían decenas de fuentes. Sam hablaba habitualmente con casi todas las personas vinculadas con el equipo, incluido el propietario Jerry Reinsdorf. Organicé una reunión con Krause y Sam para que tratasen de aclarar la cuestión, pero no sirvió de nada. Al final Jerry llegó a la conclusión de que el entrenador asistente Johnny Bach era el principal culpable. Me pareció absurdo, pero la sospecha persistió y años después tuvo que ver con el despido de Johnny.

Fue mi primera grieta en la relación con Jerry, que hasta entonces había sido sumamente productiva. Le estaba agradecido porque había creído en mí y me había dado la oportunidad de entrenar a los Bulls. También admiraba su modo de construir el equipo y el reclutamiento de los talentos adecuados para complementar a Jordan, a pesar de que a menudo tuvo que aguantar muchas quejas de Michael y de otros debido a las decisiones que tomó. Me gustó trabajar con Jerry en la creación de la primera encarnación del equipo de campeones de los Bulls y en su reconstrucción posterior, después de que Michael retornase de su dedicación temporal al béisbol. Algo que me gustaba de Jerry era que, antes de tomar decisiones clave, buscaba muchas perspectivas distintas por parte de entrenadores, de jugadores y del equipo de ojeadores. También atribuía gran importancia a encontrar atletas con un elevado grado de carácter y era implacable cuando se trataba de ahondar en el historial de un recluta potencial a fin de averiguar de qué madera estaba hecho.

En mis inicios como preparador principal, el primer día del campamento de entrenamiento Jerry saludaba a los jugadores y les refería la misma historia, que tenía que ver con el modo en que concebía nuestra relación. Decía que era hijo único y que de pequeño había intentado oponer a sus padres, moviéndose entre uno y otro hasta que conseguía lo que quería. Cierto día su padre se percató de lo que ocurría y le dijo: «Jerry, escúchame bien, no vuelvas a interponerte entre tu madre y yo; al fin y al cabo, tenemos que dormir juntos». Cuando contaba esa anécdota, yo ponía los ojos en blanco y decía algo como «Lo siento, Jerry, no hay nada que hacer», y reíamos.

Obviamente, mi visión de la forma en que debíamos trabajar juntos era distinta. Quería apoyar a Jerry y dediqué mucho tiempo a mediar entre él y los jugadores. Por otro lado, no estaba dispuesto a hacer nada que pusiese en peligro el vínculo de confianza que yo había desarrollado con el equipo.

Casi todos los jugadores estaban resentidos con Jerry por una u otra razón. Empecemos por Michael. Durante su segundo año en los Bulls, Michael se rompió el pie izquierdo y tuvo que permanecer en el banquillo casi toda la temporada. En determinado momento, insistió en que estaba totalmente recuperado, pero Jerry se negó a permitirle jugar hasta que los médicos le dieron el alta definitiva. Cuando Michael protestó, Jerry le respondió que los directivos habían tomado esa decisión porque el jugador era de su propiedad, metedura de pata lamentable que indispuso a Michael y que a partir de entonces empañó su relación con Krause.

Otros jugadores también tenían sus más y sus menos con Jerry. No les gustaba que, para quedar bien, exagerase sus logros como ojeador. Se molestaron cuando se obsesionó con reclutar a Toni Kukoc, un prometedor alero croata que, según las previsiones de Jerry, sería el próximo Magic Johnson, a pesar de que Toni jamás había jugado un partido de la NBA. Scottie y Michael consideraron que los coqueteos de Jerry con Toni, que posteriormente firmó con los Bulls, eran un insulto a sus propios jugadores y se desvivieron por aplastar a Kukoc y al equipo nacional croata en los Juegos Olímpicos de 1992.

Más que por cualquier otra cosa, los jugadores estaban hartos de los constantes intentos de Jerry por salir con ellos y ser uno más del grupo. Lo cierto es que su cuerpo bajo y regordete no ayudaba. Michael lo apodó *Migajas* debido a sus modales no muy perfectos en la mesa y con frecuencia se burlaba de su peso y de otras excentricidades cuando viajaba con nosotros en el autobús de los Bulls.

Esa clase de tensiones en un equipo siempre me ha causado incomodidades. De pequeño detestaba todo tipo de discordias. Mis hermanos mayores, que se llevaban menos de dos años, se peleaban constantemente y yo era el conciliador. Mi padre los disciplinaba con el cinturón y recuerdo haber estado sentado en lo alto de la escalera del sótano y echarme a llorar al oír cómo los azotaba.

Mi modo de entenderme con Jerry consistió en mantener un tono ligero. Sabía que su reacción desmedida ante *The Jordan Rules* era producto del sentimiento de que no recibía los honores que merecía por haber creado un gran equipo. Lo comprendía. Puesto que no podía resolver esa cuestión, con un toque de humor y de compasión intenté que pensase en otra cosa. También procuré que nuestra relación fuese lo más profesional posible. A medida que aumentó la fama del equipo, se acrecentó la grieta entre Jerry y yo, pero la profesionalidad nos sustentó. A pesar de las turbulencias, conseguimos mantenernos centrados y cumplimos con nuestro trabajo.

Con los jugadores la situación fue distinta. Les dije que dejaran de prestar atención a las distracciones, ya procedieran de los medios de comunicación, de Krause o de cualquier otra fuente, y se centrasen en ganar el segundo campeonato. Con ese propósito, redoblé mis esfuerzos de convertir los entrenamientos en un santuario alejado del caos del mundo exterior. «Éramos un equipo muy popular, por lo que teníamos que defendernos y protegernos mutuamente —afirma Scottie—. No podíamos permitir que la gente trajera amigos a las prácticas y molestase pidiendo autógrafos. Si no puedes tener la libertad de la vida con tus compañeros de equipo, ¿dónde la conseguirás?»

Cuando el equipo volcó su atención hacia dentro, el vínculo entre los jugadores volvió a formarse. Por emplear las palabras de Michael, el «yo» se transformó lentamente en un poderoso «nosotros» y el equipo en uno de los más potentes y polifacéticos que he entrenado. El sistema volvió a funcionar y nuestra defensa resultó imparable. Empezamos con 15-2 y acabamos la temporada con 67 victorias, diez más que cualquier otro equipo de la liga. Nuestra peor racha de derrotas consecutivas se redujo a dos partidos. En determinado momento, Reinsdorf me llamó y dijo: «Espero que no presiones al equipo para que bata el récord». Le dije que yo no hacía nada, que ocurría espontáneamente. B. J. Armstrong afirmó que tenía la sensación de que esa temporada los Bulls estaban «en sintonía con la naturaleza» y de que todo encajaba en su sitio, «como el otoño, el invierno, la primavera y el verano».

Entonces llegaron los *play-offs*. Tras derrotar a Miami en tres partidos, nos enfrentamos con unos aguerridos New York Knicks, entrenados por Pat Riley, que había realizado una buena labor convirtiéndolos en una versión de los viejos Detroit Pistons. De hecho, Riley había contratado a Dick Harter, ex entrenador defensivo de los Pistons, para que inculcase esa clase de dureza a los Knicks. Durante los últimos cinco años, la NBA había soportado a los Bad Boys de Detroit y cuando la temporada anterior los desbancamos, la liga dejó escapar un bufido colectivo. Los musculitos ya no se llevaban y el baloncesto con fineza volvía a ponerse lentamente de moda. De todas maneras, los Knicks contaban con una poderosa línea defensiva formada por Patrick Ewing, Charles Oakley y Xavier McDaniel, con Anthony Mason como reserva. Su estrategia consistía en usar la fuerza muscular para dominar los rebotes, frenar la velocidad del juego y realizar ataques

135

rápidos. Su arma más eficaz era, sin lugar a dudas, la capacidad de Riley de marear a la prensa. En Los Ángeles había aprendido mucho sobre el uso de los medios para influir en los árbitros y lanzó su primera andanada antes del partido inicial de los *play-offs*. ¿Qué dijo? Declaró que si el equipo arbitral no cortejaba a M. J. y jugaba limpio, los Knicks tendrían probabilidades de ganar. Respondí afirmando que Ewing se salía con la suya a la hora de matar y daba más de tres pasos cada vez que corría hacia la canasta. La batalla había comenzado.

Siempre me sentí cómodo con los periodistas porque en mi época de jugador de los Knicks compartí mucho tiempo con ellos. También aprendí de los errores estúpidos que cometí. En mi primer año como titular, la temporada 1974-75, los Knicks tuvieron una buena racha, pero carecíamos de la profundidad de banquillo necesaria y terminamos la temporada con un decepcionante balance de 40-42. Por eso dije a los periodistas que, por mucho que hubiésemos llegado a los *play-offs*, «seguíamos siendo perdedores». Al día siguiente publicaron un gran titular: «Jackson llama perdedores a los Knicks».

Cometí otra metedura de pata todavía peor. En 1977, durante una riña entre los Lakers y los Rockets, Kermit Washington, de Los Ángeles, pegó un puñetazo a Rudy Tomjanovich, de Houston, que le destrozó la cara y a punto estuvo de matarlo. Dije a los periodistas que me parecía un incidente lamentable y que una semana antes me había librado por los pelos de un golpe parecido que había lanzado el 76er George McGinnis y nadie se había enterado. «Por lo visto, tienes que ser una estrella para lograr que la liga se dé cuenta», me quejé. Aún hoy me gustaría tragarme esas palabras.

Los Knicks fueron más fuertes que nosotros y tuvieron las cosas fáciles con los árbitros en su sorprendente victoria en el primer partido. Al principio del mismo, Scottie Pippen se torció el tobillo y el juego se redujo al ritmo de los Knicks. Recuperamos en el segundo partido y varios tiros decisivos de B. J. Armstrong levantaron nuestro ánimo. Michael escapó de la defensa en palanca de los Knicks, lo que en el tercer encuentro nos permitió recuperar la ventaja de jugar en casa.

Horace comparó el cuarto partido con un combate de boxeo y Michael afirmó que el equipo arbitral era tan malo que imaginaba que ganar nos resultaría imposible. Eché la culpa a los árbitros y en la segunda mitad me expulsaron; los Knicks cogieron carrerilla y ganaron 93-86.

Mi faceta de chico malo afloró en las entrevistas posteriores al encuentro, cuando dije: «Supongo que probablemente se están relamiendo en las oficinas de la NBA en la Quinta Avenida. Me imagino que les gusta que la serie vaya 2-2. La "orquestación" no me agrada... Sin embargo, podrían fijarse en los árbitros que envían. Y si acaban siendo siete partidos, todos estarán realmente felices».

A Riley le encantó. Acababa de proporcionarle lo que necesitaba. Al día siguiente informó a los periodistas de que yo insultaba a su equipo. «He formado parte de seis equipos de campeones y en trece ocasiones he estado en las finales. Sé cómo hay que comportarse en un campeonato. El hecho de que se queje y proteste por el equipo arbitral es un insulto a lo mucho que se esfuerzan nuestros chicos por jugar y a lo mucho que desean ganar... En eso consisten los encuentros del campeonato. Tienen que aceptar sin rechistar a todos los que llegan.»

La prensa neoyorquina se entusiasmó con esas declaraciones. Un día después, los periódicos publicaron montones de artículos sobre Phil *el Quejica*. Hasta entonces los seguidores del equipo de Nueva York me habían tratado como a uno más de la familia, a pesar de que entonces yo trabajaba para el enemigo. Tras las palabras santurronas de Riley empezaron a silbarme y abuchearme por la calle. Fue extraño, pero comprendí que ya no podía decir nada para modificar lo ocurrido, por lo que ganar sería la mejor venganza.

Necesitamos siete partidos. Mis amigos lakotas me aconsejaron que «contara golpes» con Riley antes del

137

séptimo encuentro y lo hice. Al pasar junto al banquillo de los Knicks, me detuve, extendí la mano a Pat y dije: «Ofrezcamos un buen espectáculo». Pat asintió, ligeramente perplejo al ver que le dirigía la palabra. Tal como se desplegó la situación, el juego fue un buen espectáculo de Michael Jordan. Poco después de iniciado el encuentro, Xavier McDaniel empujó a Scottie, que todavía se recuperaba de su torcedura de tobillo, de modo que Michael intervino e hizo frente al ala-pívot, más fuerte y de mayor envergadura, hasta que este retrocedió. Quedé tan impresionado por la forma en que Michael defendió a su compañero de equipo que más adelante colgué junto al escritorio de mi despacho una foto de la mirada fija que había dirigido a su contrincante. En el tercer cuarto, Jordan bloqueó a McDaniel con uno de los mejores giros que he visto en mi vida. Comenzó cuando Michael marcó un tiro en suspensión, robó la pelota interior de los Knicks y se dirigió a la canasta para anotar rápidamente una canasta de dos puntos. Xavier le arrancó el balón de las manos y bajó por la pista para marcar lo que parecía una bandeja fácil..., si exceptuamos que Jordan le pisaba los talones y le quitaba la pelota desde atrás en el preciso momento en el que McDaniel se disponía a tirar. Esa jugada destruyó el espíritu de los Knicks, que ya no volvieron a acercarse en el marcador. Una vez terminado el encuentro, Riley sintetizó elegantemente lo que los Bulls habían hecho: «Jugaron como lo que son».

Se diga lo que se diga, nada fue fácil. Tras ganar otra serie muy reñida a Cleveland, en la final del campeonato nos enfrentamos con los Portland Trail Blazers, endurecidos por los *play-offs*. Se trataba de un equipo veloz, dinámico y encabezado por Clyde Drexler, al que diversos observadores que no vivían en Chicago consideraban tan bueno como Jordan. Nuestro plan consistía en jugar una fuerte defensa de transición y obligarlos a vencernos con sus tiros exteriores. El plan de M. J. consistía en mostrar al mundo que Drexler no era Michael Jordan. Su determinación era tal que posteriormente Danny Ainge, compañero de equipo de Drexler, comentó al escritor David Halberstam que fue como ver a «un asesino que viene a matarte y a rebanarte el corazón».

Fuimos a por todas, ganamos el primer partido en Chicago y luego permitimos que el siguiente se nos escapase en la prórroga. En lugar de coger un avión de última hora a Portland, como hicieron los Blazers, decidimos volar al día siguiente para que el equipo tuviese tiempo libre en lugar de obligarlo a trabajar duramente en el entrenamiento. Al día siguiente renacimos y recuperamos la delantera de la serie por 2-1. Tras ganar un partido cada uno regresamos a Chicago con la posibilidad de ganar la serie en casa.

Los Blazers tuvieron una gran racha en el sexto partido y en el tercer cuarto lograron una ventaja de diecisiete puntos. Tex insitió en que retirase a Jordan de la pista porque se había desmadrado y no jugaba de acuerdo con el sistema triangular. Por regla general, sacaba a Michael de la pista dos minutos antes del final del tercer período, pero en esta ocasión lo hice antes y dejé más tiempo a los reservas porque habían conseguido un parcial de 14-2 con la ayuda de Bobby Hansen, el sustituto de M. J., que marcó un triple decisivo. Michael no se mostró nada contento cuando al comienzo del cuarto período no lo saqué a la pista. Me gustaron la energía y el entusiasmo de los reservas y los Blazers no supieron cómo defenderse. Cuando Michael y el resto de los titulares volvieron a la pista, la ventaja se había reducido a cinco puntos y los Blazers estaban confusos. Michael marcó doce de sus 33 puntos y Scottie realizó varios lanzamientos decisivos, por lo que los rematamos 97-93.

Nos merecíamos el champán. Era la primera vez que ganábamos un campeonato en casa y nuestros seguidores se volvieron locos. Tras la locura tradicional en el vestuario, conduje a los jugadores a la pista para que se sumasen

139

a las celebraciones. Scottie, Horace y Hansen subieron de un salto a la mesa de los marcadores y se pusieron a bailar; Michael los siguió sin dejar de agitar el trofeo. Fue un festejo gozoso.

Un rato después volví a mi despacho y reflexioné sobre lo que acababa de suceder. Posteriormente, cuando me reuní con los jugadores en privado, les dije que ganar dos campeonatos consecutivos era lo que caracterizaba a un gran equipo. Lo que me satisfizo todavía más fue que habíamos tenido que salvar muchos contratiempos inesperados para llegar adonde estábamos. Paxson aludió a la famosa canción de Grateful Dead cuando describió la temporada como «un largo y extraño viaje». Tenía razón. La lucha por el primer campeonato había sido como una luna de miel y esta se había convertido en una odisea.

Capítulo nueve

La victoria agridulce

Los seres humanos no nacen para siempre el día
en que sus madres los alumbran, sino que la vida
los obliga a parirse a sí mismos una y otra vez.
GABRIEL GARCÍA MÁRQUEZ

*A*quel verano Michael y Scottie pusieron rumbo a Barcelona para jugar con el Dream Team. A Jerry Krause no le gustó. Consideró que debían saltarse los Juegos Olímpicos y descansar antes de la temporada que les aguardaba. Los jugadores ignoraron esas palabras y me alegro de que no le hicieran caso. En Barcelona tuvo lugar una importante transformación que acabaría por tener una enorme influencia en el futuro de los Bulls.

Michael volvió de los Juegos Olímpicos hablando maravillas del rendimiento de Scottie. Antes del verano, Michael consideraba a Pippen el miembro más talentoso de su reparto de actores secundarios. Después de verlo jugar mejor que Magic Johnson, John Stockton, Clyde Drexler y varios futuros miembros del Hall of Fame en su participación en Barcelona 92, Michael se dio cuenta de que Scottie era el jugador más polifacético del que muchos consideran el mejor equipo de baloncesto que haya existido. A Michael no le quedó más remedio que reconocer que Scottie incluso lo había eclipsado en varios partidos.

Pippen retornó con renovada confianza en sí mismo y adoptó un papel incluso más significativo en los Bulls. Como el reglamento de la NBA nos impedía añadir un tercer cocapitán a la lista de jugadores (puesto ocupado por Michael y por Bill Cartwright), dimos a Scottie ese cargo de oficio. También pusimos como titular a B. J. Armstrong, ya que John Paxson estaba en vías de recuperación de una intervención de rodilla y su tiempo de juego quedó reducido.

En *El tao de los líderes*, John Heider resalta la importancia de interferir lo menos posible. «Las normas reducen la libertad y la responsabilidad —escribe—. El cumplimiento de las normas es obligado y manipulador, de modo que disminuye la espontaneidad y absorbe la energía grupal. Cuanto más coercitivo eres, más resistente se vuelve el grupo.»

142   Heider, cuyo libro se basa en el *Tao Te Ching* de Laotsé, aconseja que los líderes practiquen para volverse más abiertos. «El líder sabio sirve de ayuda: es receptivo, dócil y seguidor. La vibración de cada integrante del grupo domina y conduce, al tiempo que el líder sigue. Poco después es la conciencia del integrante la que se transforma y su vibración se resuelve.»

Era precisamente lo que yo intentaba hacer con los Bulls. Mi objetivo consistía en comportarme lo más instintivamente posible a fin de permitir que los jugadores lideraran el equipo desde dentro. Quería que fluyesen con la acción, del mismo modo que el árbol se inclina con el viento. Por eso atribuí tanta importancia a los entrenamientos firmemente estructurados. En las prácticas me autoafirmaba vigorosamente para dotar a los jugadores de la visión fuerte del lugar al que necesitábamos ir y de lo que teníamos que hacer para llegar hasta allí. Una vez iniciado el partido, me situaba en segundo plano y dejaba que los jugadores orquestaran el ataque. Puntualmente intervenía para realizar ajustes defensivos o cambiar jugadores si necesitábamos un despliegue de energía. De todas maneras, la mayor parte del tiempo daba pie a que los jugadores llevasen la voz cantante.

Con el fin de que dicha estrategia funcionara, tuve que desarrollar un círculo fuerte de líderes del equipo capaces de hacer realidad dicha visión. La estructura es decisiva. En todos los equipos triunfadores que he entrenado, la mayoría de los jugadores tenía una idea clara del papel que esperábamos que desempeñasen. Si la escala de mandos está clara, la ansiedad y el estrés de los jugadores se reduce. Si es confusa y los atletas principales compiten constantemente por la posición de líder, por muy talentoso que sea el equipo el núcleo no se sustenta.

En el caso de los Bulls, mientras Michael formase parte del equipo no teníamos que preocuparnos por el macho alfa. En cuanto establecí un vínculo fuerte con Michael, todo encajó en su sitio. Jordan se vinculó fuertemente con el «ojo de buey social» que ya he descrito, porque concebía la estructura del liderazgo como una serie de círculos concéntricos. «Phil era la pieza central del equipo y yo, una extensión de dicha pieza central —explica—. Phil confiaba en mí para que conectase con las diversas personalidades del equipo a fin de que este se vinculase con más intensidad. Como teníamos un gran vínculo, Scottie hacía todo lo que yo hacía y así sucesivamente. Eso fortaleció el vínculo entre todos hasta el extremo de que nada podía romperlo. Nada podía entrar en ese círculo.»

Scottie era otra clase de líder. Se trataba de una persona más flexible que Michael. Escuchaba pacientemente a sus compañeros cuando se desahogaban e intentaba hacer algo para ayudarlos a resolver lo que los inquietaba. «Supongo que gravitábamos hacia Scottie porque se parecía más a nosotros —comenta Steve Kerr—. Michael tenía una presencia tan dominante que, en ocasiones, no parecía humano. Daba la impresión de que nada le afectaba. Scottie era más humano y más vulnerable, como nosotros.»

Y

La temporada 1992-93 fue un largo invierno de disgustos. Cartwright y Paxson estaban en recuperación por intervenciones de rodilla realizadas en las vacaciones y Scottie y Michael se vieron afectados por lesiones provocadas por cargas musculoesqueléticas. El año anterior había prometido a los jugadores que, en el caso de que ganáramos el segundo campeonato, durante el campamento de entrenamiento no tendríamos dos agotadoras prácticas diarias. Por eso cada día celebramos un entrenamiento largo, interrumpido por pausas para ver vídeos de los partidos. Esa programación no dio buenos resultados porque durante los descansos los jugadores se agarrotaban.

A algunos entrenadores les gusta realizar largas prácticas, sobre todo después de haber sufrido una derrota difícil de asimilar. Bill Fitch, mi entrenador universitario, es un ejemplo clásico. En cierta ocasión se sintió tan exasperado por nuestra actitud apática durante un partido en Iowa que cuando regresamos al campus de la universidad de Dakota del Norte nos obligó a entrenar, a pesar de que el avión había aterrizado después de las diez de la noche. No soy partidario de usar los entrenamientos para castigar a los jugadores. Prefiero que las prácticas sean estimulantes, divertidas y, sobre todo, eficaces. El entrenador Al McGuire me dijo en cierta ocasión que su secreto consistía en no hacerle perder el tiempo a nadie. «Si no puedes lograrlo en ocho horas diarias, no merece la pena.» He practicado esa misma filosofía.

Gran parte de mi pensamiento sobre esta cuestión está influido por la obra de Abraham Maslow, uno de los fundadores de la psicología humanística, mundialmente conocido por su teoría de la «jerarquía de necesidades». Maslow estaba convencido de que la necesidad humana más elevada consiste en conseguir la «autorrealización», que define como «el uso pleno y el aprovechamiento de los talentos, las capacidades y las potencialidades de la persona». Con su investigación descubrió que las características básicas de las personas autorrealizadas son la es-

144

pontaneidad, la naturalidad, una mayor aceptación de sí mismas y de los demás, elevados niveles de creatividad y una fuerte focalización en la resolución de problemas más que en la gratificación del ego.

Llegó a la conclusión de que, para conseguir la autorrealización, ante todo es preciso satisfacer una serie de necesidades más básicas, cada una de las cuales se apoya en la anterior y forma lo que comúnmente denominamos «pirámide de Maslow». El nivel inferior se compone de necesidades fisiológicas (hambre, sueño y sexo), seguido de preocupaciones de seguridad (estabilidad y orden), de amor (sentido de pertenencia), de autoestima (respeto y reconocimiento de uno mismo) y, por último, de autorrealización. Maslow concluyó que la mayoría de las personas no logran la autorrealización porque quedan atascadas en un nivel inferior de la pirámide.

En *La personalidad creadora*, Maslow describe los pasos decisivos para alcanzar la autorrealización:

145

1. Experimentar la vida «intensa y desinteresadamente, con plena concentración y total dedicación».

2. Realizar elecciones de momento en momento a fin de fomentar el crecimiento más que el miedo.

3. Estar más en sintonía con tu naturaleza interior y actuar de acuerdo con la persona que eres.

4. Ser honrado contigo mismo y asumir la responsabilidad de lo que haces y dices, en vez de jugar o adoptar una pose.

5. Identificar las defensas de tu ego y encontrar la valentía necesaria para renunciar a ellas.

6. Desarrollar la capacidad de determinar tu propio destino y atreverte a ser diferente e inconformista.

7. Crear un proceso constante para desplegar tu potencial y llevar a cabo el trabajo necesario para realizar tu visión.

8. Fomentar las condiciones para vivir experiencias cumbre o lo que Maslow denomina «momentos de éxtasis», en los que pensamos, actuamos y sentimos con más claridad y somos más afectuosos al tiempo que aceptamos mejor a los demás.

Cuando las descubrí en la escuela para graduados, me di cuenta de que las reflexiones de Maslow eran sumamente liberadoras. Como atleta conocía las experiencias cumbre, pero hasta entonces no había comprendido plenamente la psicología compleja que las sustenta. La obra de Maslow me abrió una puerta que me llevó a pensar de forma más expansiva en la vida. Me sentí muy atraído por sus postulados sobre la forma de librarte de tus hábitos y permitir que tu verdadera naturaleza se exprese. Más adelante, cuando me convertí en entrenador, descubrí que el enfoque de Maslow para equilibrar las necesidades físicas, psicológicas y espirituales me ofrecía las bases para desarrollar una nueva forma de motivar a los jóvenes.

146 Durante la temporada 1992-93, nuestro mayor enemigo fue el aburrimiento. La vida en la NBA puede ser una experiencia embrutecedora y mentalmente entumecedora, sobre todo si consiste en un largo viaje y cada minuto de cada día está programado. Mi objetivo consistió en que los jugadores salieran del capullo baloncestístico que los confinaba y explorasen los aspectos más profundos y espirituales de la vida. Cuando digo «espirituales» no me refiero a «religiosos». Estoy hablando de ese acto de autodescubrimiento que tiene lugar cuando vas más allá de tu modo rutinario de ver el mundo. Como dice Maslow: «La gran lección de los verdaderos místicos... [radica en] que lo sagrado está en lo cotidiano, es decir, que está presente en la vida de cada día, en los vecinos, en los amigos, en la familia, en el patio de casa».

Para que tu trabajo sea significativo tienes que alinearlo con tu verdadera naturaleza. «El trabajo es bendito, sagrado y edificante cuando surge de quienes somos, cuando tiene relación con nuestro recorrido de despliegue —escribe Wayne Teasdale, activista, maestro y monje laico, en *A Monk in the World*—. Para que el trabajo sea sagrado, tiene que estar conectado con nuestra realización espiritual. Nuestro trabajo ha de representar nuestra pasión, nuestro deseo de contribuir a nuestra cultura y, sobre todo, al desarrollo de los demás. Con la palabra "pasión" me refiero a los talentos que tenemos que compartir con otros, a los que moldean nuestro destino y nos permiten ser realmente útiles a otros miembros de la comunidad.»

Para conectar con lo sagrado, tanto en el trabajo como en la vida, es imprescindible crear orden a partir del caos. Teasdale cita a James Yellowbank, compositor aborigen estadounidense, quien afirma: «La labor de la vida consiste en mantener ordenado tu mundo». Esa tarea requiere disciplina, un equilibrio saludable entre el trabajo y el juego y nutrición para la mente, el cuerpo y el espíritu en el seno de la comunidad, valores profundamente arraigados en mi propio ser, así como los objetivos que me planteé para los equipos que he entrenado.

En ocasiones costó lograr que los jugadores se volcaran hacia dentro. No todos los integrantes de los Bulls se mostraron interesados por la realización «espiritual». Nunca intenté imponerla. Mi enfoque fue sutil. Cada año, en noviembre, el circo ocupaba el pabellón durante algunas semanas, por lo que el equipo emprendía una gira por la Costa Oeste. Antes de la gira y a partir de lo que sabía de cada uno de los jugadores, elegía un libro para que lo leyesen. Valga como ejemplo esta lista: *La canción de Salomón*, para Michael Jordan; *Todo se desmorona*, para Bill Cartwright; *Zen y el arte del mantenimiento de la motocicleta*, para John Paxson; *The Ways of White Folks*, para Scottie Pippen; *Joshua: A Parable for Today* (Joshua: una parábola para hoy), para Horace Grant; *Zen Mind, Beginner's Mind* (Mente zen, mente de principiante), para B. J. Armstrong; *El guerrero pacífico*, para Craig Hodges; *En el camino*, para Will Perdue, y *Beavis & Butt-Head: This Book Sucks* (Beavis y Butt-Head: Este libro es una mierda), para Stacey King.

Algunos baloncestistas leyeron todos los libros que les propuse y otros los tiraron a la basura. De todas maneras, nunca esperé que aceptasen al cien por cien mis propuestas. El mensaje que quería transmitir era que me preocupaba lo suficiente por ellos en tanto individuos como para buscarles un libro que tuviese un significado específico para cada uno... o que, como mínimo, los hiciese reír.

Otro modo de superar los límites consistió en invitar a expertos para que viniesen y enseñaran yoga, taichi y otras técnicas mente-cuerpo a los jugadores. También invité a conferenciantes, incluidos un nutricionista, un detective secreto y un carcelero para mostrarles nuevos modos de pensar ante problemas de difícil resolución. A veces, cuando recorríamos distancias cortas (por ejemplo, cuando íbamos de Houston a San Antonio), los metíamos a todos en el autobús para que tuviesen la oportunidad de ver cómo era el mundo más allá de las salas de espera de los aeropuertos. Cierta vez, tras una dolorosa derrota ante los Knicks en una serie de los *play-offs*, sorprendí al equipo cuando me los llevé a dar un paseo en el transbordador de Staten Island en vez de someterlos a otra serie de entrevistas extenuantes con la prensa neoyorquina. En otra ocasión organicé la visita a un ex compañero con el que yo había jugado al baloncesto, el senador Bill Bradley. Nos presentamos en su despacho de Washington, donde nos dio una charla sobre baloncesto, política y cuestiones raciales. Acababa de pronunciar un resonante discurso en el Senado (poco después de que Rodney King fuese agredido por agentes de la policía de Los Ángeles), durante el cual golpeó cincuenta y seis veces el micrófono con un lápiz para simbolizar los puñetazos que King recibió. En una de las paredes de su despacho colgaba la foto del tiro en suspensión que falló durante el séptimo partido de las finales de la Conferencia Este de 1971, encuentro que acabó definitivamente con la esperanza de los Knicks de repetir como campeones aquel año. Bill la conservaba como recuerdo de su falibilidad.

Esas actividades no solo nos fortalecieron como individuos, sino como equipo. Steve Kerr, que se incorporó a los Bulls en 1993, afirma: «Una de las mejores cosas de nuestros entrenamientos era que se apartaban de lo rutinario.

Si en la NBA tienes un entrenador que cada día repite lo mismo y las prácticas son iguales, todo envejece con rapidez. Nuestras reuniones comunitarias eran realmente importantes. Nuestro equipo se unió de formas en las que jamás lo hicieron los demás equipos en los que he jugado».

Para Paxson, nuestras aventuras más allá de la rutina del baloncesto se volvieron trascendentes. «Daba la sensación de que pertenecíamos a algo realmente importante. Nos sentíamos buenos chicos porque intentábamos jugar de la forma adecuada. Parecía que formábamos parte de algo mayor que el deporte propiamente dicho. Esa percepción se reforzó cuando empezamos a ganar, ya que los seguidores nos transmitieron lo importante que era para ellos. Todavía hay personas que se acercan y me cuentan dónde estaban cuando ganamos el primer campeonato y por qué para ellos fue un momento de un valor incalculable. Jugábamos como había que hacerlo, y eso es lo que sueña la gente.»

«Trascendentes» no es exactamente la palabra que emplearía para describir a los Bulls cuando a finales de abril comenzaron los *play-offs*. Nos habíamos arrastrado a lo largo de la temporada debido a la ausencia de Cartwright y otros jugadores lesionados. Aunque ganamos la división, terminamos con 57 victorias, diez menos que el año anterior. Además, en los *play-offs* ya no contaríamos con la ventaja de jugar en casa, como había sucedido la temporada anterior.

En cuanto se iniciaron los *play-offs*, los jugadores pasaron a otro nivel. Al menos esa fue la sensación que dio cuando en las primeras rondas batimos a Atlanta y a Cleveland. Luego nos enfrentamos a los Knicks en Nueva York y perdimos dos encuentros seguidos. En esa ocasión, el aspirante a matarreyes fue John Starks, un escolta veloz, muy agresivo y con un letal lanzamiento de tres que daba infinitos problemas a Jordan en la defensa. En el segundo partido, cuando solo quedaban 47 segundos, Starks voló por encima de Michael y de Horace y en sus narices encestó un mate que situó a los Knicks cinco puntos por delante. Pat Riley describió la jugada de Starks como «un signo de exclamación».

A nuestro regreso a Chicago, mostré a los jugadores el vídeo de ese mate y dije a Michael que teníamos que impedir que Starks penetrase en nuestra defensa y que debíamos cortar sus pases al poste hacia Ewing. Ese comentario llamó la atención de Jordan. En su caso, los desafíos no se limitaban a la pista de baloncesto. Esa misma semana Dave Anderson, columnista de *The New York Times*, reveló que habían visto a Michael apostando en Atlantic City el día del segundo partido y se preguntó si esa excursión a altas horas de la noche había afectado su rendimiento. De repente, un ejército de reporteros se presentó en el lugar donde entrenábamos e hizo preguntas específicas sobre los hábitos como jugador de Michael, algo que él consideró ofensivo, por lo que dejó de hablar con los medios de comunicación, conducta que también adoptaron sus compañeros de equipo. Me pareció que ese artículo era ridículo. Declaré a los periodistas: «No necesitamos toques de queda. Estamos hablando de adultos. Hay que hacer otras cosas en la vida porque, de lo contrario, la presión resulta excesiva».

Lamentablemente, la situación no se desactivó. Poco después, el empresario Richard Esquinas publicó un libro en el que sostenía que Michael le debía 1,25 millones de dólares por apuestas que había perdido al golf. Michael negó que las pérdidas fueran tan altas y más adelante se publicó que había llegado a un acuerdo con Esquinas por trescientos mil dólares. Afloraron otras historias, según las cuales turbios buscavidas del mundo del golf habían desplumado a Michael de sumas considerables. Aparecieron más reportajes y James Jordan, padre de Michael, salió en defensa de su hijo: «Michael no tiene problemas con el juego, sino con la competitividad».

Por suerte, ninguna de esas cuestiones influyó en el equipo. En todo caso, contribuyeron a que todos centrasen su energía en lo que tenían entre manos. Michael explotó en el tercer partido, y luego frenó a Starks y condujo a los Bulls a una victoria aplastante en el cuarto encuentro. «Lo grandioso de este equipo es que todos tenemos el ardiente deseo de ganar —declaró Cartwright—. Realmente detestamos perder. Salimos a la pista con esa actitud. Odiamos perder y, cuando tienes tíos así, hacen lo que sea con tal de vencer.»

La serie siguiente, las finales del campeonato contra Phoenix, se anunciaron como el enfrentamiento entre Michael y Charles Barkley, que ese año había aflorado como superestrella tras ganar el premio al jugador más valioso y pilotar a los Suns hasta un balance de 62-20, que lo llevó a encabezar la liga. Yo no estaba muy preocupado por Barkley porque nuestros jugadores conocían la mayoría de sus jugadas de cuando había formado parte de los 76ers. Me parecía mayor la amenaza que representaba el base Kevin Johnson, que encabezaba el relampagueante contraataque de su equipo, clave de un ataque que les llevaba a anotar muchos tantos. También me preocupaba el escolta Dan Majerle y sus increíbles triples.

Johnny Bach me insistió para que mantuviese nuestra presión defensiva en toda la pista para contener a Johnson, usando a B. J., a Pax y a Horace para atraparlo en el fondo de la pista. Esa táctica nos ayudó a ganar los dos primeros partidos a Phoenix y robarles la ventaja de campo. Cuando regresamos a Chicago, los Suns ya se habían recuperado y ganaron dos de los tres encuentros siguientes, incluido el maratón de tres prórrogas en el quinto partido. Michael ni se inmutó. Cuando embarcamos rumbo al sexto partido, apareció fumando un puro enorme y dijo: «Hola, campeones del mundo. Vayamos a Phoenix y demostremos lo que valemos».

El encuentro fue una batalla campal. Posteriormente llegué a la conclusión de que el mejor lema para esa serie habría sido «Tres de la manera más difícil», ya que la defensa de los Suns solo nos permitió doce puntos en el cuarto período. Claro que nuestra defensa fue más eficaz y limitó a los Suns a un raquítico porcentaje de tiro del 24 por ciento en el último período.

Todo dependía de una jugada que provocó la sonrisa de Tex Winter. Jordan entró en juego cuando quedaban ocho minutos y se hizo cargo de la situación; marcó nuestros primeros nueve puntos del cuarto, incluido un lanzamiento contra el tablero, y nos situó a dos puntos a falta de treinta y ocho segundos. Durante el tiempo muerto reuní a los jugadores y les dije con total seriedad: «Hay que alejarse de M. J.». Algunos me miraron como si me hubiera vuelto loco. Enseguida se percataron de que no hablaba en serio y la tensión se relajó.

Tal como se desarrollaron los acontecimientos, no fue Michael quien hizo el último lanzamiento. Regateó por la pista y le pasó la pelota a Pippen, que se la devolvió. Cuando la defensa de los Suns se abalanzó sobre él, M. J. entregó la pelota a Scottie, que comenzó a correr hacia la canasta. En el último momento, Scottie pasó el balón a Horace, que se encontraba en la línea de fondo. Este se dio cuenta de que Danny Ainge se acercaba para hacerle una falta, por lo que pasó la pelota a Paxson, que estaba totalmente solo en la línea de tiros libres. Fue John quien anotó el triple.

Eso sí que fue una experiencia cumbre. Años después, en una entrevista con el escritor Roland Lazenby, Paxson describió lo que pasó por su mente en aquel momento. «Fue un sueño hecho realidad. De niño estás en el patio de casa y tiras para ganar campeonatos. Y cuando lo haces, resulta que no es más que un lanzamiento en un partido de baloncesto. De todos modos, creo que permitió que un montón de gente se identificara con esa experiencia, ya que muchísimos niños y adultos representan sus fantasías en el patio de sus casas. Eso fue lo que volvió especial el tercero de los tres campeonatos. Se trata de una manera fantástica de definir un triplete encestando un triple.»

A mí no fue el lanzamiento lo que me cautivó, sino el pase de Michael que condujo al pase de Scottie que condujo al pase de Horace que condujo al lanzamiento. Esa secuencia de pases jamás habría existido si no hubiésemos dedicado tantos meses y años a dominar no solo los ejercicios de Tex, sino a desarrollar la clase de inteligencia grupal necesaria para que un equipo actúe al unísono. Aquella noche el triángulo fue algo realmente bello.

Una vez terminado el partido, las lumbreras deportivas se dedicaron a comparar a los Bulls con los gigantes del pasado. Gracias a esa victoria, nos convertimos en el tercer equipo de la historia (tras los Minneapolis Lakers y los Boston Celtics) que ganaba tres campeonatos sucesivos de la NBA. Resultó halagador que nos incluyeran en la misma frase con esos conjuntos legendarios. Sin embargo, se les escapó la historia real: el viaje interior que los jugadores realizaron para transformar a los Bulls de un equipo del estadio 3 («Soy genial y tú no») en un equipo del estadio 4 («Somos geniales y ellos no»).

Siempre he sido contrario a preparar el equipaje antes de un gran partido, no sea que los dioses del baloncesto favorezcan a nuestro adversario y tengamos que quedarnos otro día. Después de esa victoria, regresamos al hotel, hicimos las maletas y montamos una fiesta en el avión que nos llevó de regreso a Chicago, donde nos esperaba una multitud de seguidores extasiados.

La temporada había sido dura. La presión no dejó de aumentar y crecer hasta que tuvimos la sensación de que jamás desaparecería. Sin embargo, los jugadores se apoyaron mutuamente para coger fuerzas y todo concluyó con un momento de pura poesía de baloncesto que difuminó tanto dolor y fealdad. Tras pocas horas de descanso, esa noche desperté de repente, embargado por un sentimiento de profunda satisfacción. Volví a conciliar el sueño y finalmente desaparecí durante horas.

153

Los sentimientos de alegría no tardaron en volverse de amargura. En agosto, el padre de M. J. fue asesinado cuando regresaba de un funeral en Wilmington, Carolina del Norte. Michael quedó destrozado. Estaba muy unido a su padre, que tras jubilarse pasaba mucho tiempo en Chicago y era su mayor fan. Tras la desaparición de su padre, las hordas mediáticas no dejaron a Michael a sol ni a sombra y le dolió que su fama impidiese que su familia lo llorara en privado. Hubo un tiempo en el que Michael solo tenía que tratar con un puñado de cronistas deportivos, a la mayoría de los cuales conocía personalmente. En ese momento se vio acechado por un grupo numeroso y anónimo de expertos en celebridades que no tuvieron escrúpulos a la hora de invadir recovecos de su vida personal que hasta entonces habían estado vedados.

Desde hacía tiempo suponía que Michael quería dejar el baloncesto, así como las presiones que conllevaba, y dedicarse a otra cosa. Hacía varios meses que lanzaba indirectas acerca de que tal vez le interesaría pasarse al béisbol profesional e incluso había pedido a Tim Grover, su preparador físico, que diseñase una tabla de ejercicios orientada hacia dicho deporte. No me sorprendí cuando aquel verano Michael se reunió con Jerry Reinsdorf y le comunicó que quería dejar los Bulls y jugar en el otro club de Jerry, los White Sox. Jerry respondió que, antes de darle una respuesta, tenía que hablarlo conmigo.

No me interesaba tratar de convencer a Michael de que abandonase su sueño, pero quería cerciorarme de que había analizado su decisión desde todos los ángulos posibles. Le hablé como amigo más que como entrenador y en ningún momento incorporé mis intereses personales a la cuestión. En primer lugar, apelé a su sentido de una llamada superior. Dije que Dios le había dado un talento extraordinario con el que hacía felices a millones de personas y que no me parecía correcto que se fuera. Michael tuvo respuesta para ese comentario: «Por algún motivo, Dios me aconseja que siga mi camino y debo hacerlo. La gente tiene que aprender que nada dura eternamente».

A continuación intentamos encontrar la manera de que compitiera en los *play-offs* sin jugar a lo largo de toda la temporada regular. Michael ya había pensado en todo lo que propuse y rechazó esa idea. Al final comprendí que ya había tomado una decisión y hablaba seriamente de dejar el deporte que durante tanto tiempo había dominado. Fue muy conmovedor.

«Nos pusimos muy sentimentales y hablamos de los pasos que tenía que dar —recuerda Michael—. Salí convencido de que Phil era un gran amigo. Me hizo pensar en muchas cosas y evitó que me apresurase a tomar una decisión. Al final de la reunión comprendió perfectamente que yo necesitaba un alto en el camino, que había llegado a un punto en el que luchaba con un montón de demonios en lugar de centrarme en el baloncesto. Irme era exactamente lo que necesitaba en aquel momento.»

A medida que Michael cruzaba la puerta, por alguna razón percibí que ese no era el final de la historia.

155

Capítulo diez

El mundo en cambio constante

Si vives en el río acabas haciéndote amigo de los cocodrilos.
PROVERBIO INDIO PUNJABI

156 *S*uponíamos que sería una noche de celebración. Michael Jordan asistió con su familia a la ceremonia del anillo de 1993 y al partido inaugural de la temporada en el Chicago Stadium. Fue su primera aparición pública después de anunciar el 6 de octubre su retirada y los seguidores estaban impacientes por manifestarle su agradecimiento. Después de recibir el tercer anillo, Michael dijo a la multitud que se había congregado en el pabellón: «En el fondo de mi corazón siempre seré seguidor de los Chicago Bulls y apoyaré al máximo a mis compañeros de equipo».

Aquella noche lo que menos necesitábamos era otro fan. No sé si se debió a la presencia de Michael en primera fila o a que jugábamos con Miami Heat, rival sediento de venganza al que habíamos vencido con frecuencia, pero fue uno de los peores partidos de la historia de la franquicia. Jugamos fatal. Marcamos récords como el equipo que había anotado menos puntos en un cuarto (seis), en una mitad del partido (veinticinco) y en nuestro amado pabellón (71). Fue tan malo que el banquillo de Miami nos habló despectiva y descaradamente toda la noche sin que reaccionásemos y nuestros seguidores comenzaron a abandonar las gradas en mitad del tercer período.

Tras la paliza por 95-71, Rony Seikaly, pívot de los Miami, comentó que le preocupaba que Michael decidiera «quitarse la chaqueta y convertirse nuevamente en Superman contra nosotros». Tengo que reconocer que me alegro de que no lo hiciera. ¿Existía mejor manera de que los jugadores aprendiesen que ya no podían contar con Michael que sufrir una derrota histórica y de esas proporciones cuando lo teníamos en primera fila?

Los gurús deportivos consideraron que, una vez retirado Michael, los Bulls estábamos en la UVI. Afirmaron que, con suerte, ganaríamos treinta encuentros. En Las Vegas, las apuestas iban veinticinco a uno, tal era el convencimiento de que no nos alzaríamos con un cuarto campeonato. Lo cierto es que me mostré cautelosamente optimista. El núcleo de nuestro equipo de campeones seguía intacto tras la salida de Michael y estaba seguro de que el espíritu de equipo creado a lo largo de los años nos permitiría llegar a los *play-offs*. Anoté lo que me pareció un objetivo sensato para esa temporada: cuarenta y nueve victorias. De todas maneras, aún no estaba lo bastante seguro como para compartir ese apunte.

Mi mayor preocupación se centró en encontrar la forma de sustituir los más de treinta puntos que Michael promediaba por partido. Como la retirada de Jordan se produjo bien entrado el año, Jerry Krause no dispuso de muchas opciones. Contrató a Pete Myers, un escolta fiable que era agente libre (y exjugador de los Bulls), sólido defensor, pasador excepcional y digno ejemplo de la ofensiva triangular. En sus siete años en la NBA solo había promediado 3,8 puntos por partido, nada que ver con las cifras que alcanzaba Jordan. Toni Kukoc parecía más prometedor y, tras un largo cortejo, Jerry finalmente lo convenció de que se incorporase a los Bulls. Kukoc, ala-pívot de 2,07 metros de altura, considerado «el mejor jugador del mundo fuera de la NBA», era un lanzador genial que había promediado diecinueve puntos por encuentro en la liga profesional italiana y había contribuido a que el equipo nacional croata se hiciese con la plata en Barcelona 92. Toni aún no había sido puesto a prueba en la NBA y me pregunté si sería lo bastante resistente como para soportar los castigos. Realizamos dos incorporaciones más: el base Steve Kerr y el pívot Bill Wennington; ambos parecían interesantes, pero había que ver si firmarían grandes números. Estaba claro que sería muy difícil llenar el vacío dejado por Jordan.

En la pretemporada invité a George Mumford, psicólogo deportivo y profesor de meditación, a reunirse con nosotros en el campamento de entrenamiento y dar a los jugadores un minitaller sobre la forma de hacer frente al estrés producido por el éxito. Michael anunció su retirada pocos días antes de la llegada de George y el equipo sufrió una crisis de identidad. Por consiguiente, George habló de los dos aspectos de cualquier crisis: peligro y oportunidades. Explicó que si tienes la actitud adecuada puedes lograr que la crisis se vuelva a tu favor. Se planteó la posibilidad de crear para el equipo una nueva identidad que sería aún más fuerte que la anterior. De repente los jugadores se animaron.

Los antecedentes de George eran interesantes. Había jugado al baloncesto en la Universidad de Massachusetts y compartido habitación con Julius Erving, uno de los grandes de la NBA, y con Al Skinner, entrenador del Boston College. Había sufrido una grave lesión que le obligó a dejar el equipo. Durante la recuperación manifestó interés por la meditación y estuvo varios años estudiando en el Insight Meditation Center de Cambridge. Posteriormente se dedicó a encontrar nuevas formas de integrar la meditación, la psicología y el desarrollo organizacional. Cuando lo conocí trabajaba con Jon Kabat-Zinn, fundador de la clínica para la reducción del estrés en la facultad de medicina de la Universidad de Massachusetts y pionero de la investigación sobre los efectos de la atención plena (*mindfulness*) en la gestión del dolor y la salud global.

George tuvo el don de desmitificar la meditación y explicarla con palabras que para los jugadores tuvieron sentido. También mostró una percepción intuitiva de las cuestiones a las que se estos enfrentaban gracias a su amistad con el Dr. J y otros atletas de élite. Yo ya había dado a conocer la meditación plena a la mayoría de los jugadores, por lo que sabían lo mucho que podía ayudarlos a mejorar su capacidad de interpretar lo que ocurría en la pista y a reaccionar más eficazmente. George quería que pasasen al siguiente nivel. Estaba convencido de que el entrenamiento en plenitud los ayudaría a estar más focalizados como individuos y a ser más generosos como equipo.

En los últimos años la expresión «atención plena» ha quedado tan diluida que ha perdido gran parte de su significado original. Procede del vocablo sánscrito *smriti*, que significa «recordar». «La atención plena es acordarse de regresar al momento presente», escribe el maestro zen Thich Nhat Hanh. Se trata de un proceso constante que no se limita al acto de la meditación propiamente dicha. El maestro acota: «Sentarse y contemplar nuestra respiración es una práctica maravillosa, pero no basta. Para que la transformación tenga lugar, tenemos que practicar la atención plena todo el día, no solo cuando nos sentamos en el cojín de meditación». ¿Y por qué es importante? Porque la mayoría de los seres humanos, incluidos los jugadores de baloncesto, dedicamos tanto tiempo a movernos entre pensamientos del pasado y del futuro que perdemos el contacto con lo que ocurre aquí y ahora. Eso nos impide apreciar el profundo misterio de estar vivos. Tal como escribe Kabat-Zinn en *Mindfulness en la vida cotidiana: dondequiera que vayas, ahí estás*: «La costumbre de ignorar nuestros momentos presentes a favor de los que están por venir conduce directamente a una aguda falta de conciencia del entramado de la vida al que estamos incorporados».

George enseñaba la atención plena como un estilo de

159

vida, lo que llamaba «la meditación sin cojín». Eso quería decir que tenías que estar totalmente presente, no solo en la pista de baloncesto, sino a lo largo del resto del día. Añadió que la clave no consistía en sentarse a serenar la mente, sino en aprender a interpretar cada situación y a reaccionar eficazmente a partir de lo que ocurría en ese momento preciso.

Una de las primeras cuestiones que detectó en los jugadores, sobre todo en los más jóvenes, fue que estaban limitados por una actitud restrictiva que dificultaba su adaptación a la nueva realidad. «Muchos habían sido los atletas más importantes de sus equipos universitarios —afirma George—, pero ahora estaban en la NBA, donde había un montón de jugadores más veloces, más rápidos y más fuertes. Por lo tanto, tenían que encontrar un nuevo modo de competir y triunfar. Lo que les había permitido llegar hasta allí no los dejaría acceder al siguiente nivel.»

George pone como ejemplo a Jared Dudley, alero de los Phoenix Suns con quien ha trabajado. En el Boston College, Dudley había sido un gran marcador en el poste y empleado un estilo agresivo que llevó a que lo apodasen Perro Basurero. Cuando comenzó a jugar como profesional se dio cuenta de que debía adoptar otro papel. Trabajó con George y descubrió cómo adaptarse a la situación y crecer como jugador. George recuerda: «Jared miró a su alrededor y dijo "Muy bien, necesitan a alguien que defienda…,ya lo haré yo. Necesitan a alguien que enceste triples…, ya lo haré yo." Siempre pensaba en cómo quería jugar y qué necesitaba cambiar». Como resultado, Jared floreció en su nuevo papel y en la temporada 2011-12 promedió más de doce puntos por encuentro.

Nuestro objetivo consistía en ayudar a los jugadores a realizar una transformación parecida. Cada uno tenía que encontrar el papel que le permitiese aprovechar sus puntos fuertes. Al principio George se centró en conseguir que prestaran atención y ajustasen su comportamiento a los objetivos del equipo. Después de trabajar unos días con ellos, se dio cuenta de que el primer paso era ayudarlos a entender que lo que aprendían a hacer en la cancha también mejoraría su desarrollo individual. Como dice el propio George, necesitaban ver de qué manera, «en el proceso de convertirse en nosotros, también podían ser su mejor yo».

Nada de eso se consiguió de la noche a la mañana. La mayoría de las personas tardan años en llevar a cabo el proceso de tomar conciencia de la conexión entre uno mismo y los demás, así como de la sabiduría del momento presente. Los integrantes del equipo de la temporada 1993-94 fueron especialmente receptivos. Querían demostrar al mundo que podían ser algo más que el reparto de secundarios de Michael y ganar el campeonato por sí mismos. Aunque no tenían tanto talento como otros equipos que he entrenado, sabían intuitivamente que la mejor opción consistía en vincularse con tanta cohesión como fuese posible.

En un primer momento pareció que el partido inaugural de la temporada, celebrado en casa, sería profético. Varios jugadores sufrieron lesiones (incluidos Scottie, John Paxson, Scott Williams y Bill Cartwright) y a finales de noviembre nuestro récord era 6-7. Sin embargo comencé a detectar indicios de que el equipo empezaba a cohesionarse, lo que incluyó victorias en el último minuto en los encuentros contra los Lakers y contra los Bucks. Cuando Scottie se reincorporó, el equipo entró en erupción y ganó 13 de los 14 partidos siguientes. En la pausa del All-Star, íbamos 34-13 y en vías de ganar sesenta encuentros.

Scottie era el líder ideal para ese equipo. Al comienzo de la temporada y con el propósito de dejar las cosas claras, cogió la enorme taquilla de Michael, pero en su honor he de decir que no intentó convertirse en un clon de M. J. «Scottie no ha intentado ser lo que no es —comentó Paxson en su momento—. No ha intentado anotar treinta puntos por partido. Simplemente juega como juega Scottie Pippen, lo que significa repartir balones. Es la pauta de

161

siempre: los grandes jugadores mejoran a los demás. Scottie indudablemente lo ha conseguido.» Como muestra valga un botón: Horace y B. J. entraron por primera vez en el equipo All-Star; Toni floreció como un gran lanzador en los momentos finales, y Kerr y Wennington se convirtieron en unos anotadores fiables.

Entrenar a Toni supuso todo un desafío para mí, ya que estaba acostumbrado al estilo europeo más libre y se sintió frustrado por las limitaciones del triángulo ofensivo. Le resultó imposible entender por qué yo concedía tanta libertad a Scottie y a él le agarraba de la muñeca cada vez que realizaba la misma jugada. Intenté explicarle que tal vez parecía que Scottie actuaba libremente, cuando en realidad cada uno de sus movimientos estaba dirigido a que el sistema funcionase más eficazmente. Cuando Toni se desmadraba era imposible saber qué ocurriría a continuación.

Toni era del todo imprevisible en la defensa, hecho que enloquecía a Scottie y a otros jugadores. Con el fin de acrecentar su nivel de atención plena, desarrollé una forma específica de lenguaje de signos que nos ayudara a comunicarnos durante los partidos. Si se apartaba del sistema, yo le lanzaba una mirada y esperaba a que me hiciese una señal de reconocimiento. Ahí radica la esencia del entrenamiento: señalar los errores a los jugadores y lograr que te den a entender que saben que han hecho algo mal. Si no reconocen el error el partido está perdido.

Tras la pausa del All-Star, los Bulls caímos en una crisis de la que no salimos hasta marzo. Terminamos la temporada con una racha de 17-5 y un balance convincente: 55-27. La eclosión continuó a lo largo de la primera ronda de los *play-offs* con Cleveland, equipo al que barrimos por 3-0. En Nueva York nos atascamos y perdimos los dos primeros encuentros de la serie.

El tercer partido tuvo el final más disparatado de todos los encuentros que me ha tocado entrenar, pero también supuso un punto de inflexión decisivo para el equipo.

Patrick Ewing condujo la pelota por la pista y lanzó un

gancho que empató el marcador a 102. Pedí tiempo muerto y diseñé una jugada en la que Scottie se internaba y pasaba el balón a Kukoc para el último lanzamiento. A Scottie no le gustó y, cuando rompimos el círculo, se fue contrariado a un extremo del banquillo.

—¿Estás dentro o fuera? —pregunté.

—Fuera —repuso Scottie.

Su respuesta me sorprendió, pero el reloj se puso en marcha y pedí a Pete Myers que hiciese el pase a Kukoc, que anotó la canasta ganadora.

Abandoné la pista rumbo al vestuario sin saber muy bien cómo reaccionar. El comportamiento de Scottie era insólito. Hasta entonces jamás había puesto en duda mis decisiones. De hecho, lo consideraba el jugador de equipo por definición. Deduje que la presión de no haber resuelto el encuentro en la posesión previa de balón lo había afectado. Temí que si en ese momento lo criticaba con mucha dureza, Scottie se sumiría en una ofuscación que podría durar días.

Me estaba quitando las lentillas en el baño cuando oí que Bill Cartwright mascullaba en la ducha y aspiraba grandes bocanadas de aire.

—Bill, ¿estás bien? —pregunté.

—No puedo creer lo que Scottie ha hecho —respondió.

Al cabo de unos minutos reuní a los jugadores en el vestuario y concedí la palabra a Bill.

—Escucha, Scottie, lo que has hecho ha sido una tontería —aseguró sin apartar la mirada del cocapitán—. ¡Y pensar en todo lo que hemos pasado en este equipo! Se presenta la oportunidad de hacer las cosas por nosotros mismos, sin Michael, y con tu egoísmo la fastidias. En mi vida me había sentido tan decepcionado.

Se quedó de pie con los ojos llenos de lágrimas y todos mantuvimos un atónito silencio.

En cuanto Bill terminó de hablar, hice que el equipo rezase un padrenuestro y me dirigí a la rueda de prensa. Los jugadores se quedaron en el vestuario y repasaron la si-

163

tuación. Scottie se disculpó por haberlos dejado en la estacada y reconoció que estaba frustrado por la forma en que el partido había acabado. Algunos compañeros también expresaron lo que sentían. «Creo que así nos purificamos como equipo —comentó Kerr más tarde—. Limpiamos nuestro sistema de algunas cosas y volvimos a comprender cuáles son nuestros objetivos. Lo más delirante es que nos ayudó.»

Ahora hace gracia ver la forma en la que los medios de comunicación plantearon la cuestión. Mostraron una actitud altamente moralizadora y me aconsejaron que hiciese de todo, salvo encarcelar a Scottie. Con toda probabilidad, como mínimo la mayoría de los entrenadores lo habrían castigado, pero llegué a la conclusión de que ser punitivo no era la mejor manera de resolver el problema. Al día siguiente, Scottie me aseguró que el incidente estaba olvidado y ahí acabó la historia. Por su actitud durante las prácticas supe que apenas le daba importancia.

164 Hubo quienes aplaudieron mi estrategia de gestión de la situación. La verdad es que no pretendía ser inteligente. En medio del fragor del partido, intenté centrarme en el momento y tomar decisiones de acuerdo con lo que estaba ocurriendo. En lugar de afirmar mi ego y enardecer todavía más las cosas, hice lo que era necesario: busqué a alguien que lanzase el balón e intentara conseguir la victoria. Más tarde, en vez de tratar de arreglar la situación por mi cuenta, dejé que los jugadores resolviesen el problema. Actué intuitivamente y dio resultado.

El equipo cobró vida en el siguiente encuentro. Scottie dirigió el juego, sumó veinticindo puntos, ocho rebotes y seis asistencias en el camino hacia una victoria por 95-83 que empató la serie a dos. «De repente pareció que celebrábamos el festival del amor —comentó Johnny Bach una vez concluido el encuentro—. Pero fue en Chicago más que en Woodstock.»

Me gustaría que esta historia tuviera un final feliz como el de los cuentos de hadas, pero la trama sufrió otro giro disparatado. En los últimos segundos del quinto encuentro teníamos un punto de ventaja cuando el árbitro Hue Hollins decidió atravesar el espejo. La mayoría de los árbitros evitan señalar faltas que pueden decidir partidos importantes cuando el tiempo está a punto de cumplirse. Sin embargo, estábamos en el Madison Square Garden, donde no parecían valer las normas seculares del baloncesto.

Solo quedaban 7,6 segundos cuando John Starks quedó atrapado en la línea de banda y, desesperado, le pasó el balón a Hubie Davis, situado en la línea de los tiros libres. Scottie se apresuró a cubrir a Davis y este lanzó un tiro en suspensión, apresurado y desequilibrado, que ni siquiera se acercó a la canasta. Al menos, es lo que pareció al pasar la moviola. No fue eso lo que ocurrió en el universo paralelo de Hollins. Pitó falta a Scottie, diciendo que había establecido contacto con Hubie y desestabilizado el lanzamiento. (Davis había pataleado y Scottie chocó con sus piernas, movimiento que a partir de entonces la NBA considera falta en ataque.) No hace falta decir que Hubie encestó los dos tiros libres y que los Knicks se adelantaron en la serie por 3-2.

En el sexto partido obtuvimos un triunfo decisivo sobre los Knicks, pero el cuento de hadas acabó en el séptimo. Después de perder por 87-77, reuní a los jugadores para rendir homenaje a nuestro logro. Era la primera vez en años que terminábamos la temporada sin estar rodeados de cámaras de televisión. Dije al equipo que teníamos que asimilar ese momento porque perder es tan inherente al deporte como ganar. Hablaba totalmente en serio. «Hoy nos han ganado, pero no estamos vencidos.»

Fue un verano complicado. De repente, el equipo comenzó a derrumbarse. Paxson se retiró y se convirtió en locutor de radio del equipo. Cartwright anunció su retirada, pero cambió de parecer después de que los Seattle SuperSonics le hicieran una lucrativa oferta. Scott Williams firmó un gran contrato con los de Philadelphia.

165

Horace Grant, que podía elegir ser agente libre, inicialmente aceptó la propuesta de Jerry Reinsdorf de quedarse en los Bulls, pero al final se marchó a Orlando.

También tuve que prescindir de Johnny Bach. Las tensiones entre Jerry Krause y Johnny llegaron a un punto de no retorno y dificultaron nuestro trabajo como grupo. Jerry, cuyo mote mediático era *el Sabueso* debido a su fama de sigiloso, desconfiaba de Johnny por sus presuntas filtraciones a Sam Smith para *The Jordan Rules*. En ese momento, Jerry afirmó que Johnny era responsable de haber dado información confidencial sobre nuestro interés por Gheorghe Muresan, el pívot rumano de 2,32 metros. Fue una acusación indignante. Aunque habíamos seguido a Muresan por toda Europa e incluso lo habíamos trasladado a Estados Unidos para hacerle una prueba, otros equipos también lo habían examinado, entre ellos Washington, que terminó quedándoselo.

De todos modos, pensé que lo mejor para todos, el propio interesado incluido, era prescindir de Johnny, que consiguió trabajo como entrenador asistente de los Charlotte Hornets. La salida de Johnny del equipo causó desaliento, tanto en mi personal como en los jugadores, y creó una grieta en mi relación con Krause.

Otro suceso perturbador de las vacaciones de la temporada 1993-94 fue el conflicto entre Pippen y Krause ante el posible traspaso de Scottie a los Seattle SuperSonics a cambio del ala-pívot Shawn Kemp y del alero Ricky Pierce. Scottie quedó boquiabierto cuando se enteró por la prensa del trato y no creyó a Krause cuando este le dijo que estaba abierto a que le hiciesen propuestas, tal como haría con cualquier otro jugador. Presionado por los seguidores de los Sonics, finalmente el propietario de Seattle dejó de apoyar ese acuerdo, pero el daño ya estaba hecho. Scottie se ofendió por la forma en que le habían tratado y a partir de ese momento su percepción de Jerry quedó negativamente afectada.

La moral del equipo mejoró a finales de septiembre, cuando contratamos al escolta Ron Harper, agente libre, y declaramos formalmente que no teníamos previsto traspasar a Pippen. Aconsejé a Scottie que no se dejase atrapar por la guerra mediática con Krause.

—Sé que estáis enemistados, pero esa situación no te favorece ni ayuda al equipo. Francamente, no te deja nada bien. Scottie, todo se resolverá positivamente. El año pasado realizaste una temporada digna de los mejores jugadores. ¿Por qué no lo dejas estar?

—Ya lo sé —reconoció Scottie encogiéndose de hombros—. Las cosas están como están.

De todas maneras, el tira y afloja entre Pippen y Krause se prolongó en el tiempo y en una fecha tan tardía como enero de 1995 Scottie pidió que lo traspasaran.

Por su parte, la contratación de Harper resultó prometedora. Medía 1,98 metros, poseía un gran empuje, un buen lanzamiento y había promediado cerca de veinte puntos por encuentro durante los nueve años que había jugado con los Cavaliers y con los Clippers. En 1990 Ron había sufrido una gravísima lesión del ligamento cruzado anterior y, aunque se había recuperado, ya no representaba la misma amenaza con la que nos habíamos enfrentado en los *play-offs* de 1989 contra Cleveland. Fuimos optimistas y pensamos que conseguiría llenar, al menos en parte, el vacío que Jordan había dejado como anotador. En lo que al resto de la alineación se refiere, ya no estaba tan seguro. Nuestra principal debilidad radicaba en los dos recién llegados a los que aún no habíamos puesto a prueba: los ala-pívots Corie Blount y Dickey Simpkins.

A medida que avanzaba la temporada, me sentí cada vez más preocupado por la falta de espíritu competitivo del equipo. Para nosotros era un problema novedoso. El deseo de ganar de Michael era tan abrumador que nos lo había contagiado. Una vez fuera todos los jugadores del núcleo de los equipos de campeones, salvo Scottie, B. J. Armstrong y Will Perdue, de ese deseo no quedaba más que un tenue recuerdo. Habitualmente íbamos por delante en la primera mitad y en el cuarto período, cuando los partidos se volvían más físicos, caíamos víctimas de la

167

presión. Tras la pausa del All-Star nos costó lo nuestro ganar más del 50 por ciento de los encuentros y como visitantes perdimos partidos que en el pasado habrían sido victorias a nuestro favor.

Una mañana de principios de marzo, Michael Jordan se presentó en mi despacho del Berto Center. Acababa de abandonar el entrenamiento de primavera y había regresado, tras rechazar la oferta de los White Sox de convertirse en jugador de reemplazo durante la huelga patronal en la inminente temporada de la liga profesional de béisbol. Michael comentó que estaba pensando en regresar al baloncesto y me preguntó si al día siguiente podía presentarse en el entrenamiento y trabajar con el equipo. «Bueno, creo que tenemos algún uniforme que probablemente te cabrá», repliqué.

A continuación se desencadenó el circo mediático más disparatado que he visto en mi vida. Hice cuanto pude por proteger la intimidad de Michael, pero enseguida se supo que Superman había regresado. En cuestión de días un ejército de reporteros deseosos de saber en qué momento Michael volvería a deleitarnos se apostó a las puertas de las instalaciones donde entrenábamos. Tras más de un año obsesionados con el caso de O. J. Simpson por el asesinato de su esposa, Estados Unidos anhelaba buenas noticias sobre un superhéroe deportivo. El misterio que rodeó el regreso de Michael proporcionó a la noticia un atractivo adicional. Cuando por fin Michael decidió retornar, su representante emitió el que quizás es el comunicado de prensa más escueto de la historia, ya que solo decía: «He vuelto».

El primer partido de Michael, celebrado el 19 de marzo contra los Pacers en Indianápolis, fue un acontecimiento mediático mundial que atrajo a la más numerosa audiencia televisiva que jamás tuvo un encuentro de la temporada regular. «Los Beatles y Elvis han regresado», bromeó Larry Brown, el entrenador de Indiana, cuando una legión de operadores de cámaras de televisión se apiñó en los vestuarios antes del partido. Durante el calentamiento,

Corie Blount vio que un cámara filmaba las Nike de Michael y comentó: «Ahora entrevistan sus zapatillas».

La llegada de Michael causó una enorme influencia en el equipo. La mayor parte de los nuevos jugadores veneraban sus aptitudes para el baloncesto y durante los entrenamientos lucharon codo con codo para demostrarle de qué eran capaces. De todas maneras, entre Michael y sus compañeros de equipo existía un enorme abismo que le costó salvar. Generar el profundo nivel de confianza que requiere un equipo de campeones suele llevar años de trabajo duro. Aquel equipo no reunía esas condiciones. Michael apenas conocía a la mayoría de los jugadores y no quedaba tiempo suficiente en la temporada para modificar la situación.

Al principio no pareció tener demasiada importancia. Aunque tuvo dificultades para encontrar el ritmo de lanzamientos en aquel primer partido en Indiana, Michael explotó en el siguiente encuentro contra Boston y el equipo inició una racha de 13-3. Si alguien tuvo dudas sobre su capacidad durante su segunda época en el equipo, Michael las despejó seis días después, cuando marcó 55 puntos contra los Knicks en el Madison Square Garden, el máximo total de puntos anotados por un jugador aquel año.

Sin embargo, después del partido Michael se presentó en mi despacho y manifestó algunas reservas. «Tienes que decir a los jugadores que no pueden pretender que haga cada noche lo mismo que en Nueva York —aseguró—. Quiero que en el próximo partido salgan y se muevan..., que jueguen como un equipo.»

Me encontraba ante un nuevo Michael. En el pasado se habría regodeado de la victoria ante los Knicks..., y probablemente habría intentado repetir al día siguiente, pero había regresado de su año sabático en el béisbol con otra perspectiva. Ya no le interesaba jugar en solitario y anhelaba la armonía grupal que había convertido en campeones a los Bulls.

Le tocó esperar. Después de superar por 3-1 a los Char-

169

lotte Hornets en la primera ronda de los *play-offs*, nos enfrentamos a Orlando, un equipo joven, talentoso y decidido a sacar partido de nuestras debilidades. Los Orlando Magic contaban con Shaquille O'Neal, uno de los pívots más dominantes de la liga, y con Horace Grant, que jugaba muy bien contra nosotros en la posición de ala-pívot. También incluía un trío letal de lanzadores de triples: Anfernee Hardaway, Nick Anderson y Dennis Scott. Nuestra estrategia consistió en poner dos defensores sobre Shaq y obligarlo a batirnos en la línea de tiros libres. También decidimos que Michael se encargase de Hardaway y que, en caso necesario, los defensores que cubrían ahora a Horace se apartaran de él para lanzarse sobre Shaq o para perseguir a los triplistas. Tal vez ese enfoque habría funcionado si nuestros atacantes hubiesen estado más sincronizados durante la serie.

170 Uno de los momentos más desconcertantes se produjo en el primer partido cuando Michael, que no tenía una buena noche, cometió una falta contra Anderson cuando solo quedaban diez segundos y los Bulls ganaban por un punto. Después de que los Magic se adelantaran, Michael pasó el balón a un lado, perdiéndolo, y acabó con nuestras posibilidades de ganar. Una vez terminado el encuentro, cogí del hombro a Michael e intenté consolarlo. Dije que le daríamos la vuelta a esa experiencia y la emplearíamos de manera positiva para que nos ayudase a seguir hacia delante. «Eres nuestro hombre y no quiero que lo olvides jamás.»

En el segundo partido Michael se recuperó y nos condujo a la victoria con sus 38 puntos. Nos repartimos los dos partidos siguientes en Chicago, pero en el quinto encuentro Horace nos hizo pagar el hecho de haberlo dejado libre con demasiada frecuencia. Encestó diez de sus trece tiros de campo para anotar veinticuatro puntos y pilotó a los Magic hasta una victoria por 103-95.

En comparación con nuestra bochornosa desintegración al final del sexto partido, el rendimiento de Horace solo fue un punto de luz. Parecía que estábamos en buena forma cuando B. J. nos puso por delante en el marcador, 102-94, a falta de tres minutos y veinticuatro segundos. En ese momento el equipo al completo implosionó y a partir de entonces no anotamos un solo punto más. Fallamos seis lanzamientos seguidos y perdimos dos veces la pelota mientras los Magic conseguían un enloquecedor parcial de 14-0, incluido un mate tremendo de Shaq que puso fin al partido. La temporada había terminado.

Después Michael se mostró extraordinariamente tranquilo. Dedicó media hora a hablar con los reporteros sobre lo desafiante que para él era adaptarse a los nuevos compañeros de equipo. «He vuelto con el sueño de ganar —declaró—. Supuse que era realista pero, pensándolo bien, tal vez no es así, ya que hemos perdido.»

Fue la clase de encuentro que, si lo permites, puede obsesionarte durante años. «Tragaos de una vez esta derrota y digeridla —aconsejé a los jugadores—. Y después continuad con vuestras vidas.» De todas maneras, sabía que sería difícil olvidar ese fracaso.

Varios días más tarde, mientras todavía me esforzaba por intentar entender lo que había fallado, repentinamente tuve una visión de cómo volver a convertir a los Chicago Bulls en un equipo de campeones.

Me moría de ganas de ponerme manos a la obra.

171

Capítulo once

La poesía del baloncesto

Es más divertido ser pirata que alistarse en la Marina.
STEVE JOBS

Con frecuencia me piden que revele el secreto de los Bulls de la temporada 1995-96, que algunos consideran el mejor equipo de baloncesto que ha existido. ¿Cómo es posible que un equipo que en mayo no tenía nada que hacer se transformase, en cuestión de meses, en un conjunto imbatible?

La respuesta sencilla consistiría en afirmar que tuvo que ver con las superestrellas: Michael Jordan, Scottie Pippen y Dennis Rodman. En este deporte, el talento solo te permite llegar hasta cierto punto. Otros equipos han tenido jugadores mucho más brillantes que los Bulls y no lograron nada ni remotamente parecido a nuestro éxito. Otra explicación podría hacer referencia a la magia del triángulo ofensivo, si bien hasta Tex Winter reconocería que el triángulo solo constituye una parte de la respuesta.

A decir verdad, fue una confluencia de fuerzas la que en el otoño del 1995 transformó a los Bulls en una nueva estirpe de equipo campeón. Desde la perspectiva del liderazgo tribal, los Bulls estaban en fase de pasar de equipo del estadio 4 al estadio 5. La primera serie transformó a los Bulls de un equipo «Soy genial y tú no» en un equipo «Somos geniales y ellos no». En la segunda serie el equipo adoptó una perspectiva más amplia: «La vida es genial». Mediada la temporada, tuve claro que no era la competición en sí misma la que impulsaba al equipo sino, lisa y llanamente, el gozo del deporte propiamente dicho. Ese baile era nuestro y el único equipo que podía competir con nosotros era el formado por nosotros mismos.

El primer avance decisivo fue el cambio de visión. Inmediatamente después de perder ante Orlando en los *play-offs* de 1995, me di cuenta de que necesitábamos volver a imaginar la manera en la que empleábamos a nuestros hombres pequeños. A mediados de la década de 1990, la mayoría de los equipos contaban con bases bajos. El dogma de la NBA sostenía que, a menos que pudieses encontrar otro Magic Johnson, la mejor estrategia consistía en situar hombres pequeños como bases para mantener el ritmo de los creadores veloces y menudos que por aquel entonces dominaban la liga. Tras ver a Scottie Pippen en esa posición, había aprendido que poner de base a un jugador de dos metros con una envergadura extraordinariamente larga creaba toda clase de posibilidades fascinantes.

Me pregunté qué sucedería si situábamos simultáneamente en la pista a tres bases altos y de brazos largos. No solo desencadenaría desajustes defensivos a los otros equipos, sino que mejoraría inconmensurablemente la defensa, ya que los bases corpulentos podrían cambiar de posición y defender a los postes sin tener que doblar el marcaje. También nos permitiría prescindir de la presión constante en toda la pista, que afectaba de modo negativo a alguno de nuestros jugadores de más edad. Con los bases corpulentos conseguiríamos presionar más eficazmente detrás de la línea de tres.

Durante las vacaciones hubo que decidir a qué jugadores dejábamos en libertad para que se presentasen al *draft* de expansión. Tuvimos que elegir entre B. J. Armstrong, nuestro actual base, y Ron Harper, nuestro anterior escolta en ciernes, que había sido desplazado cuando Michael regresó a la alineación. No me gustó nada tener que renunciar a B. J. Era un base firme con un buen lanzamiento de tres y fiable en la defensa. Sin embargo, medía 1,88 metros y pesaba 79 kilos, por lo que no era lo bastante corpulento como para cambiar de posición y defender a jugadores más fuertes o doblar el marcaje de grandes pívots como Shaquille O'Neal. Pese a que no había satisfecho las expectativas como anotador, Ron se adaptaba bien al triángulo y era un buen defensor de equipo. Como base también era corpulento, ya que medía 1,98 metros y pesaba 84 kilos, además de poseer la fuerza y la capacidad atlética para jugar prácticamente en cualquier posición. Por lo tanto, Jerry Krause y yo decidimos quedarnos con Ron. En la reunión de fin de año comuniqué a Ron que tenía grandes planes para él en la temporada 1995-1996, si bien era necesario que mejorara su condición y se reinventase como jugador defensivo más que como amenaza anotadora. El paso a una estrategia de bases corpulentos suponía una transformación filosófica significativa para el equipo y, si funcionaba, nos volvería más flexibles, más fulminantes e incontenibles.

El segundo avance importante consistió en contratar a Dennis Rodman como ala-pívot. Durante las vacaciones preparamos una lista de posibles candidatos y Rodman figuraba el último. Aunque ya habíamos hablado de incorporar a Dennis, la idea nunca atrajo demasiado a Krause, quien decía que Rodman no era «nuestra clase de jugador». En 1993, después de ser traspasado a San Antonio desde Detroit, Dennis tuvo dificultades para adaptarse a la cultura de los Spurs, pese a que destacó como mejor reboteador de la liga. Se saltaba las normas, llegaba tarde a los entrenamientos, hacía tonterías en la pista y lucía ropa llamativa y joyas. A decir verdad, la directiva de San Antonio estaba tan harta de sus payasadas rebeldes que muchas veces lo multó por valor de varios miles de dólares y lo dejó en el banquillo durante el quinto y decisivo encuentro de las finales de la Conferencia Oeste de 1995, que los Spurs perdieron con los Houston Rockets.

Aunque compartía parte de las preocupaciones de Jerry, las excentricidades de Dennis no me preocupaban tanto como su estilo egoísta de juego. Entrenadores que habían trabajado con él habían comentado que estaba tan obcecado por rebotear que era reacio a ayudar a sus compañeros de equipo en la defensa. También me pregunté si podría jugar con Michael y con Scottie, que estaban resentidos por la manera brutal en que Dennis había tratado a los Bulls cuando formaba parte de los Pistons. El ojeador Jim Stack pensó que podíamos perder a Rodman si no actuábamos deprisa, por lo que Jerry decidió analizar seriamente la posibilidad de ficharlo.

Dos semanas después, Jerry me invitó a su casa para que conociera a Rodman y a Dwight Manley, su representante. Cuando llegué, Dennis estaba espatarrado en el sofá con gafas de sol y gorra de rapero. Permaneció mudo durante la charla, por lo que quise hablar con él en privado en el patio. Solo le interesaba saber cuánto le pagaríamos. Respondí que los Bulls pagaban por rendimiento, no por promesas, y que si estaba a la altura de su potencial ya lo cuidaríamos bien.

Al día siguiente volví a reunirme con Dennis en la sala tribal del Berto Center. En esa ocasión se mostró más receptivo. Le pregunté qué había ido mal en San Antonio. Repuso que todo comenzó cuando invitó a Madonna, con la que por aquellas fechas salía, a visitar el vestuario una vez terminado el partido. El frenesí mediático que se desató molestó a la directiva del club.

Manifesté mi preocupación por su fama de egoísta. Acotó que, en San Antonio, el verdadero problema fue que se hartó de ayudar al pívot David Robinson, quien, según dijo, se sentía intimidado por Hakeem Olajuwon, de Houston.

—La mitad de los jugadores de los Spurs guardaban

175

los cojones en el congelador antes de salir de casa —añadió sarcásticamente.

Reí y pregunté:

—¿Te ves capaz de dominar el triángulo?

—No es un problema para mí, desde luego —contestó—. El triángulo consiste en buscar a Michael Jordan y pasarle el balón.

—Para empezar no está mal. —Entonces nos pusimos serios—. Si te ves capaz de realizar este trabajo, firmaré el acuerdo. Recuerda que no podemos fallar. Estamos en condiciones de ganar el campeonato y de verdad que queremos regresar a lo más alto.

—De acuerdo.

A continuación, Dennis echó un vistazo a los objetos de los aborígenes norteamericanos que decoraban la estancia y me mostró el collar que le había regalado un ponca de Oklahoma. Nos quedamos un rato en silencio. Dennis era hombre de pocas palabras pero, al estar así, tuve la seguridad de que respondería por nosotros. Aquella tarde nos comunicamos a un nivel no verbal con un vínculo del corazón.

Al día siguiente, Jerry y yo celebramos una reunión de seguimiento con Dennis para repasar las normas del equipo sobre asistencia, puntualidad y varias cuestiones más. Era una lista bastante corta. Cuando terminé de leerla, Dennis declaró: «No tendréis ningún problema conmigo y seréis campeones de la NBA».

Ese mismo día hablé con Michael y con Scottie para saber si tenían reservas a la hora de jugar con Dennis y respondieron que no. Por lo tanto, Jerry preparó el papeleo y cerró el trato, traspasando a Will Perdue a los Spurs a cambio de Rodman. Y yo me preparé para el paseo de mi vida.

Antes de que Dennis llegase al campamento de entrenamiento mantuve una larga charla con los jugadores. Les advertí de que, probablemente, Dennis se saltaría algunas normas porque le costaba acatar ciertas directrices. Era probable que, esporádicamente, me viese obligado a hacer excepciones. «Tendréis que mostraros maduros en esta cuestión», pedí. ¡Vaya si lo fueron!

Casi todos los jugadores sintieron enseguida mucho apego por Dennis. Pronto se percataron de que sus locuras (los anillos en la nariz, los tatuajes y las juergas hasta altas horas de la noche en bares gays) eran puro teatro de cara a la galería que, con ayuda de Madonna, había creado para llamar la atención. Por debajo de todo eso, era un chico tranquilo de Dallas, de corazón generoso, que trabajaba mucho, jugaba con tesón y haría lo que fuese con tal de ganar.

En mitad del campamento de entrenamiento tomé conciencia de que Dennis incorporaría al equipo una nueva dimensión que yo no había previsto. No solo era el mago de los tableros, sino un defensor inteligente e hipnotizante que se podía encargar de cualquiera, Shaq incluido, que le sacaba quince centímetros y unos cuarenta kilos de peso. Con Dennis en la alineación, podríamos organizar robos rápidos y también tomárnoslo con calma y jugar encuentros duros de media pista. Me encantaba verlo jugar. Cuando salía a la cancha se mostraba muy desinhibido y gozoso, como un niño que aprende a volar. Comenté con otros entrenadores que, a cierto nivel, me recordaba a mí mismo.

El lado oscuro de Dennis resultó más desafiante. En ocasiones parecía una olla exprés a punto de estallar. Pasaba períodos de gran ansiedad que duraban cuarenta y ocho o más horas y la presión se acumulaba en su interior hasta que no tenía más opción que liberarla. En esos momentos, su representante solía pedirme que, si no había partido, diera el fin de semana libre a Dennis. Se iban a Las Vegas y se pasaban un par de días de juerga. Dennis volvía hecho una ruina, pero luego se recuperaba y trabajaba hasta volver a poner su vida en orden.

Aquel año dejé de caminar por las bandas durante los partidos porque me di cuenta de que, si estaba agitado, Dennis se volvía hiperactivo. Si yo discutía con un árbitro, Dennis se consideraba autorizado a hacer lo mismo.

Por lo tanto, decidí mostrarme lo más discreto y contenido que podía. No quería que Dennis se disparase porque, una vez alterado, era imposible saber qué camino tomaría.

El tercer avance decisivo fue la nueva actitud de Michael ante el liderazgo. Durante la primera serie de campeonatos, Michael había liderado principalmente con el ejemplo pero, tras perder contra Orlando, se dio cuenta de que necesitaba hacer algo espectacularmente distinto para motivar al equipo. Limitarse a clavar la mirada en sus compañeros y esperar que fuesen como él ya no daba resultado.

Michael estaba en un momento crítico. Lo había afectado un comentario de la prensa durante la serie con Orlando, según el cual había perdido su genialidad y ya no era el Michael Jordan de antes. Aquel verano regresó al gimnasio decidido a volver a ponerse en forma para jugar al baloncesto. Incluso montó una pista en el estudio de Los Ángeles —donde rodaba *Space Jam*— a fin de practicar entre una toma y otra y trabajar el nuevo salto en suspensión tirándose hacia atrás que acabaría por convertirse en su sello distintivo. Cuando en octubre se presentó en el campamento de entrenamiento, vi que su mirada era de pura venganza.

Tras una semana en el campamento tenía que celebrar una rueda de prensa telefónica cuyo horario coincidía con nuestro entrenamiento matinal. Cuando mi ayudante se presentó en la pista para decirme que había llegado la hora, di instrucciones a los demás preparadores para que postergaran los ejercicios y dejasen que los jugadores practicaran lanzamientos hasta mi regreso. La llamada solo duraba quince minutos pero, antes de que terminase, Johnny Ligmanowski, gerente del equipo, llamó a la puerta y dijo: «Será mejor que vengas. M. J. acaba de asestar un puñetazo a Steve y se ha ido al vestuario porque está decidido a abandonar el entrenamiento». Por lo visto, Kerr y Jordan se habían liado en una refriega que fue subiendo de tono hasta que Michael golpeó a Steve en la cara y le dejó un ojo a la funerala.

Cuando llegué al vestuario, M. J. estaba a punto de entrar en la ducha. «Tengo que irme», me dijo. Respondí: «Será mejor que llames a Steve y lo aclares antes de mañana».

Para Michael fue un aviso importante. Acababa de pelearse por una tontería con el integrante más bajo del equipo. ¿Qué estaba pasando? «Esa situación me obligó a mirarme a mí mismo y me dije que me estaba comportando como un idiota —recuerda Jordan—. Sabía que tenía que ser más respetuoso con mis compañeros. Y también con lo que me ocurría en el intento de regresar al equipo. Tenía que mirar más hacia dentro.»

Fomenté que Michael trabajase más estrechamente con George Mumford. Este entendía lo que le pasaba a Michael porque había visto a su amigo Julius Erving experimentar presiones parecidas tras convertirse en una superestrella. A Michael le resultaba difícil desarrollar relaciones estrechas con sus compañeros de equipo porque, tal como dice George, estaba «encerrado en su propia habitación». No podía salir públicamente con ellos y divertirse, como hacía Scottie. Gran parte de los nuevos jugadores le tenían un respeto pavoroso, hecho que también generó una distancia difícil de salvar.

Michael quedó impresionado por el entrenamiento en atención plena que George había realizado con el equipo, que contribuyó a que los jugadores se aproximasen a su propio nivel de conciencia mental. En opinión de George, Michael necesitaba transformar su perspectiva del liderazgo. «Todo consiste en estar presente y en asumir la responsabilidad acerca de cómo te relacionas contigo mismo y con los otros —afirma George—. Eso significa estar dispuesto a adaptarte para reunirte con los demás donde están. En vez de esperar que se sitúen en otra parte, enfadarte y por la mera voluntad intentar llevarlos a ese sitio, tratas de encontrarlos donde están y liderarlos hasta el lugar al que quieres que vayan.»

Mientras Michael se dedicaba a jugar al béisbol, George y yo habíamos introducido cambios en el aprendizaje del equipo con el fin de mejorar la capacidad de los jugadores de crecer mental, emocional y espiritualmente. Para cohesionarse con el equipo y convertirse en su líder en pista, Michael tendría que llegar a intimar más con sus compañeros y a relacionarse más compasivamente con ellos. Tendría que comprender que cada jugador era distinto y que tenía algo importante que ofrecer al conjunto. En calidad de líder, su tarea consistía en averiguar cómo obtener lo mejor de cada uno de sus compañeros. Como dice George, Michael tenía que «emplear su habilidad para ver cosas en la pista de baloncesto y usarlas para mejorar su modo de vincularse con los demás».

Michael se mostró dispuesto a afrontar ese desafío porque también había cambiado durante la temporada en la que permaneció alejado del equipo. Seguía siendo un competidor feroz, pero en algunos aspectos se había suavizado. Dejó de juzgar tanto a los demás y se volvió más consciente de sus propias limitaciones. Al jugar al béisbol en equipos menores y pasar muchas horas con sus compañeros, redescubrió la alegría de comprometerse con otros hombres y, más que nada, deseó volver a tener esa experiencia con los Bulls.

Michael trabajó con Mumford y adoptó un nuevo modo de liderazgo a partir de lo que funcionaba mejor con cada jugador. Decidió que con algunos sería «físico» y demostraría lo que había que hacer con su cuerpo o, en el caso de Scottie, con el simple hecho de estar presente. «Scottie era una de esas personas por las que tenía que estar allí cada día —afirma Michael—. Si yo me tomaba un día libre, hacía lo mismo, pero si asistía cada día me seguía.» Con otros jugadores, sobre todo con Dennis, Michael se mostraría «emocional». «No podías gritarle a Dennis. Tenías que encontrar la manera de entrar unos segundos en su mundo para que entendiese lo que decías.» Y con otros se comunicaría, principalmente, a nivel «verbal». Valga como ejemplo Scott Burrell, alero de los

Bulls en la temporada 1997-98. Michael explica: «Podía gritarle y me entendía, pero esa actitud no afectaba su seguridad en sí mismo».

La única persona por la que no necesitó preocuparse fue Kerr. La pelea había forjado un vínculo sólido entre ambos jugadores. «A partir de ese día Michael me miró con otros ojos —reconoce Steve—. Jamás volvió a meterse conmigo, nunca más me avasalló y también empezó a confiar en mí en la cancha.» Michael apostilla: «Siento el máximo respeto por Steve porque, en primer lugar, se vio inmerso en una situación en la que, en realidad, no tenía la menor posibilidad de ganar. Y en segundo, porque se mantuvo firme. Cuando empecé a pegarle me devolvió el golpe. Eso me enfureció. De todas maneras, es de allí de donde procede el respeto mutuo».

Desde la perspectiva de Michael, el segundo triplete de campeonatos fue más difícil que el primero debido a las personalidades en juego. La mayor parte de los jugadores de los primeros equipos campeones llevaban varios años juntos y así habían librado muchas batallas. Como sostiene M. J.: «Subíamos la cuesta y caíamos, y volvíamos a caer hasta que remontábamos como grupo». La segunda vez, la mayoría de los jugadores no se conocían bien, a pesar de lo cual todo el mundo esperó que ganaran desde el principio. «Creo que en el segundo triplete necesitamos a Phil más que en el primero —reconoce Michael ahora—. En el primero los egos todavía no se habían asentado y en el segundo tuvimos que entrelazar diversas personalidades y los egos eran realmente potentes. Phil tuvo que unirnos como hermandad.»

181

La piezas encajaron maravillosamente bien. No teníamos un pívot dominante, como los Celtics de la década de 1960 y otros grandes equipos del pasado, si bien los Bulls contaron con un extraordinario sentido de la unidad, tanto en ataque como en defensa, y un poderoso espíritu colectivo.

Todo lo que hicimos estuvo destinado a reforzar dicha unidad. Siempre insistí en realizar entrenamientos estructurados, con una programación clara que los jugadores recibían de antemano. También comenzamos a organizar otros aspectos del proceso grupal para crear un sentido del orden. En líneas generales, no apelé a la disciplina como arma, sino como forma de inculcar armonía en la vida de los jugadores. Era algo que había aprendido tras años de práctica de la atención plena.

Aquella temporada pedimos a los jugadores que se presentasen en las instalaciones de entrenamiento a las diez de la mañana para realizar cuarenta y dos minutos de ejercicios de resistencia y calentamientos. Michael optó por comenzar antes en su casa con Tim Grover, su entrenador personal, y aquel año invitó a Scottie y a Harper a participar del programa, que denominaron «el club del desayuno». A las diez también asistían a los calentamientos para las prácticas, que comenzaban a las once. Nos centramos en refinar nuestras aptitudes con el triángulo, así como nuestros objetivos defensivos del próximo partido o de las semanas siguientes. Luego pasábamos a la parte ofensiva, incluido el entrenamiento en toda la pista. A menudo incorporaba a Pip o a M. J. a la segunda unidad para averiguar qué influencia ejercía su presencia en los entrenamientos. Después descansaban y practicaban lanzamientos; nuestro preparador físico, Chip Schaefer, les recargaba las pilas con zumos de frutas recién preparados. Si teníamos que realizar una gira, subíamos a la sala del equipo a celebrar una breve sesión de vídeos.

Al principio, como si se tratara de un juego, Dennis intentó saltarse las reglas. Una de las normas estipulaba que los jugadores tenían que presentarse en los entrenamientos con los cordones de las zapatillas atados y sin joyas. Dennis solía aparecer con una zapatilla sin atar o con una pieza de joyería escondida en alguna parte. A veces le imponía una multa ridícula o bromeaba con su aspecto y, en otras ocasiones, nos limitábamos a no hacerle el menor caso. Le aclaré que no era por mí, sino por sus compañeros, por quien tenía que preocuparse si llegaba tarde a los entrenamientos. El problema se solucionó en cuanto se dio cuenta de que sus amagos de rebelión no nos interesaban.

Algo que me encantaba de ese equipo era que cada integrante tenía una idea clara de su función y la llevaba a cabo de manera competente. Nadie se quejó de que no jugaba suficientes minutos, no lanzaba suficientes tiros o no tenía suficiente notoriedad.

Jordan se centró en ser coherente y en intervenir, siempre que fue necesario, para asestar el golpe decisivo. A principios de diciembre y tras marcar treinta y siete puntos en el partido contra los Clippers, comunicó a los cronistas deportivos que, «como jugador, vuelvo a sentirme prácticamente igual que antes». Incluso bromeó porque no dejaban de compararlo con el que había sido: «Según algunos, ni siquiera soy capaz de estar a la altura de Michael Jordan. Claro que tengo las máximas posibilidades de ser él porque lo soy».

Scottie se sintió liberado al no tener que vivir de acuerdo con el legado de Jordan y se comportó como el jugador más destacado en su nuevo papel de director de orquesta del ataque, función que le resultó mucho más natural. Harper también se adaptó extraordinariamente bien a su posición de base multiusos y bulldog defensivo. Simultáneamente, Dennis superó todas las expectativas. No solo dominó el sistema triangular en poquísimo tiempo, sino que se amoldó perfectamente a Michael, a Scottie y a Harper en la defensa. «Básicamente, contamos con cuatro perros de presa en la alineación inicial —explica Kerr—, y todos podían defender cuatro o cinco posiciones en pista. Era increíble.»

Dennis jugaba al baloncesto con un entusiasmo tan desbordante que no tardó en convertirse en favorito de los seguidores. Les encantaba ver cómo recuperaba balones sueltos y cogía rebotes para iniciar contraataques a toda velocidad. A comienzos de la temporada, Dennis comenzó

183

a teñirse el pelo de distintos colores y a quitarse la camiseta después del partido para lanzarla a las gradas. A los seguidores les encantó. «De repente, me convertí en el más grande desde Michael Jordan», comentó.

El quinto titular era Luc Longley, pívot australiano de 2,18 metros y 120 kilos que, pese a no ser tan móvil y explosivo como Shaq, tenía la corpulencia necesaria para taponar el centro y obligar a otros pívots a forzar sus jugadas. Su suplente era Bill Wennington, que poseía un buen tiro en suspensión a corta distancia, el cual solía aplicar para alejar a su defensor de la canasta. Entrada ya la temporada, incorporamos dos pívots más a la alineación, James Edwards y John Salley, quienes, al igual que Dennis, habían formado parte de los Bad Boys de Detroit.

Al principio, Toni Kukoc puso pegas cuando lo convertí en el sexto hombre del equipo, pero lo convencí de que era la posición más eficaz para él. Como titular, a veces había tenido dificultades para jugar cuarenta minutos sin agotarse. Como sexto hombre podía entrar en la pista y proporcionar un refuerzo anotador al equipo, labor que realizó en varios encuentros decisivos. También podía aprovechar sus extraordinarios pases para recargar al equipo si Scottie no estaba en la cancha. Steve Kerr también jugó un papel fundamental como amenaza anotadora de larga distancia; el base Randy Brown fue un especialista en defensa de gran energía y Jud Buechler funcionó como talentoso alero. También contamos con Dickey Simpkins y con el *rookie* Jason Caffey como ala-pívots de refuerzo.

Teníamos absolutamente todo lo que necesitábamos para cumplir con nuestro destino: talento, liderazgo, actitud y objetivos comunes.

Cuando evoco la temporada 1995-96, recuerdo otra parábola que John Paxson descubrió acerca del emperador Liu Bang, el líder que convirtió China en un imperio unificado. Según la versión de W. Chan Kim y de Renée A. Mauborgne, Liu Bang organizó un opíparo banquete para celebrar su gran victoria e invitó al maestro Chen Cen, que durante la campaña lo había asesorado. Chen Cen estuvo acompañado por tres discípulos, quienes quedaron perplejos ante el enigma que se planteó en plena celebración.

Cuando el maestro pidió que se explicasen, respondieron que el emperador ocupaba la mesa central en compañía de los tres miembros de su plana mayor: Xiao He, que había administrado magistralmente la logística; Han Xin, que había encabezado la brillante operación militar y ganado todas las batallas, y Chang Yang, tan dotado para la diplomacia que era capaz de conseguir que los jefes de Estado se rindieran incluso antes de comenzar los combates. A los discípulos les costó entender al hombre sentado a la cabecera de la mesa, es decir, al emperador propiamente dicho. Declararon:

—No se puede decir que Liu Bang sea de origen noble y sus conocimientos de logística, guerra y diplomacia no están a la altura de los de su plana mayor. ¿A qué se debe entonces que sea emperador?

El maestro sonrió y preguntó:

—¿Qué determina la resistencia de la rueda de un carro?

—Tiene que ver con la solidez de los radios.

—En ese caso, ¿a qué se debe que la resistencia de dos ruedas construidas con los mismos radios no sea la misma? —preguntó el maestro—. Mirad más allá de lo visible. Recordad que la rueda no solo se compone de radios, sino del espacio existente entre ellos. Los radios sólidos pero mal situados dan por resultado una rueda débil. La consecución de su pleno potencial depende de la armonía existente entre ellos. La esencia de la construcción de ruedas depende de la habilidad del artesano para concebir y crear el espacio que sustenta y equilibra los radios. Pensad un poco. ¿Quién es el artesano en esta situación?

Tras un largo silencio, uno de los discípulos preguntó:

—Maestro, ¿de qué manera el artesano garantiza la armonía entre los radios?

—Piensa en la luz del sol —contestó el maestro—. El sol nutre y revitaliza los árboles y las flores. Lo hace entregando su luz. Al final, ¿en qué dirección crecen? Sucede exactamente lo mismo con un maestro artesano como Liu Bang. Sitúa a los individuos en posiciones que permiten la realización plena de su potencial y garantiza la armonía entre todos reconociendo sus logros específicos. Por último, de la misma manera que los árboles y las flores crecen hacia el sol, los individuos se vuelven con devoción hacia Liu Bang.

Liu Bang habría sido un magnífico entrenador de baloncesto. La forma en la que organizó su campaña no fue muy distinta al modo en que incorporamos la armonía a los Bulls durante las tres temporadas siguientes.

El inicio de la temporada 1995-96 me recordó a Josué y la toma de Jericó. Las murallas no hicieron más que caer. Daba la sensación de que, cada vez que nos trasladábamos a otra ciudad, el equipo local sufría algún problema. Un jugador estrella resultaba lesionado, un defensor clave cometía una falta en el momento justo o la pelota rebotaba en la dirección adecuada y en el momento adecuado. No todo se debió a la suerte. Muchos de nuestros adversarios no supieron cómo hacer frente a nuestros tres corpulentos bases y nuestros defensores se mostraron extraordinariamente hábiles a la hora de parar los ataques durante el segundo y el tercer períodos. A finales de enero, íbamos 39-3 y los jugadores comenzaron a hablar de batir el récord de 69 victorias, ostentado por los Lakers de la temporada 1971-72.

Me preocupaba que se embriagaran de triunfos y se desinflasen antes de llegar a los *play-offs*. Me planteé ralentizar el ritmo, pero parecía que nada podía detener a esa armada invencible..., ni siquiera las lesiones. Rodman se hizo daño en la rodilla a principios de temporada y estuvo doce partidos en el banquillo. En ese tiempo llegamos a estar 10-2. En marzo, Scottie se perdió cinco encuentros a causa de una lesión, al tiempo que Dennis volvió a sus viejas costumbres y fue castigado con seis partidos de suspensión por dar un cabezazo a un árbitro y calumniar al comisionado y al árbitro principal. En ese período perdimos únicamente un partido.

A medida que nos aproximábamos al listón de los setenta partidos, el revuelo mediático fue en aumento. Chris Wallace, reportero de *ABC News*, apodó al equipo «los Beatles del baloncesto» y nos calificó a Michael, a Scottie, a Dennis y a mí como los nuevos Fab Four (los cuatro fabulosos, en alusión a los de Liverpool). El día del gran partido contra los Bucks, los helicópteros de las televisiones nos siguieron a lo largo del trayecto hasta Milwaukee y la gente se apiñó en los pasos elevados de la carretera interestatal con pancartas de apoyo. A nuestra llegada al pabellón de los Bucks, vimos que un grupo de fans se había congregado a las puertas con la esperanza de vislumbrar el pelo de Rodman.

Como no podía ser de otra manera, teníamos que dar dramatismo al partido. Cuando comenzó, estábamos tan alterados que en el segundo cuarto nos derrumbamos y solo marcamos cinco de veintiún tiros, lo que nos dio doce puntos. En la segunda mitad recuperamos lentamente el ritmo y ganamos por 86-80 en los últimos segundos.

La emoción principal que experimentamos fue el alivio. «Fue un partido muy feo, aunque a veces lo feo se vuelve hermoso —afirmó Michael. Lo cierto es que ya estaba pensando en el futuro—. No iniciamos la temporada con la intención de ganar setenta encuentros. Queríamos ganar el campeonato y esa sigue siendo nuestra motivación.»

Terminamos la temporada con dos triunfos más y a Harper se le ocurrió un nuevo lema de Duke Ellington para el equipo: «72 y 10 sin anillo no interesan ni un poquillo». Con el fin de inspirar a los jugadores, adapté una cita de Walt Whitman y la pegué en las puertas de sus taquillas antes del primer encuentro de *play-offs* contra los Miami Heat: «A partir de aquí no buscamos la buena fortuna, nosotros somos la buena fortuna». Todos suponían

187

que nuestra trayectoria hacia el campeonato sería un camino de rosas, pero esos son siempre los partidos más difíciles de ganar. Quería que los jugadores supieran que, a pesar de la temporada extraordinaria que habíamos realizado, el camino que nos quedaba por recorrer no sería nada fácil. Ellos tendrían que generar su propia fortuna.

¡Y vaya si la generaron! Arrasamos a Miami y aplastamos a los de Nueva York en cinco encuentros. A continuación tocó Orlando. Con el propósito de preparar a los jugadores para la serie, incorporé varios fragmentos de *Pulp Fiction* a los vídeos de los partidos. En la escena preferida de los jugadores, el asesino experimentado que interpreta Harvey Keitel da instrucciones a dos mafiosos (Samuel L. Jackson y John Travolta) sobre la forma de limpiar el escenario de un asesinato muy horripilante. En mitad de la faena dice: «No empecemos todavía a chuparnos las pollas».

Desde que los Magic nos humillaron en los *play-offs* de 1995, habíamos puesto nuestras miras en la revancha. De hecho, habíamos reconstruido el equipo pensando básicamente en un enfrentamiento con Orlando. El primer encuentro fue toda una decepción. Nuestra defensa resultó demasiado infranqueable. Dennis contuvo a Horace Grant, razón por la cual en la primera parte del partido no anotó y solo logró un rebote. Luego Horace sufrió una hiperextensión del codo en un choque con Shaq y pasó el resto de la serie fuera de la pista. También anulamos a dos jugadores que la temporada anterior nos habían hecho mucho daño: Dennis Scott (cero puntos) y Nick Anderson (dos puntos). Ganamos por 121-83.

Los Magic reaccionaron en el segundo partido, pero doblegamos su espíritu cuando en el tercer período compensamos los dieciocho puntos de desventaja y acabamos venciendo. También se vieron afectados por las lesiones de Anderson (de muñeca), de Brian Shaw (de cuello) y de Jon Koncak (de rodilla). Los únicos Magic que representaron una amenaza como anotadores fueron Shaquille O'Neal y Penny Hardaway, pero no bastó.

La serie concluyó, como correspondía, con una anotación relámpago de Michael que llegó a los cuarenta y cinco puntos en el cuarto partido.

Las probabilidades de que nuestro siguiente rival, los Seattle SuperSonics, ganaran las finales del campeonato eran de nueve a una. Sin embargo, se trataba de un equipo joven y talentoso que esa temporada había ganado 64 partidos y que podía crearnos problemas con su creativa defensa presionante. La clave consistía en impedir que sus estrellas, el base Gary Payton y el ala-pívot Shawn Kemp, estuvieran en recha y nos superasen. Decidí que Longley se encargara de Kemp a fin de aprovechar la corpulencia y la fortaleza de Luc y encomendé a Harper la misión de cubrir a Payton.

Al principio pareció que la serie terminaría rápidamente. Animados por nuestra defensa y por los veinte rebotes de Rodman en el segundo encuentro, ganamos los dos primeros partidos en Chicago. Dennis también batió una de las plusmarcas de las finales de la NBA gracias a sus once rebotes en ataque. Aquella noche Harper volvió a lesionarse la rodilla y la mayor parte de los tres partidos siguientes tuvo que permanecer en el banquillo. Afortunadamente, después del segundo partido los Sonics cometieron un error táctico y cogieron el vuelo de regreso a Seattle el mismo viernes por la noche, después del encuentro, en vez de esperar hasta el sábado por la mañana, como hicimos nosotros, para emprender el viaje con más tranquilidad. El domingo por la tarde los Sonics todavía parecían cansados y los batimos por 108-86.

En esa coyuntura se intensificó el debate acerca de si los Bulls eran el mejor equipo que había existido. Ignoré casi toda esa cháchara, pero me alegré cuando Jack Ramsay, ex entrenador de los Portland Trail Blazers, afirmó que los Bulls contaban con esa clase de defensa que «desafía cualquier período de tiempo». En mi opinión, los Bulls se parecían, sobre todo, al equipo de los New York Knicks de la temporada 1972-73. Al igual que los Bulls, aquellos Knicks eran un conjunto formado

principalmente por recién llegados. Se trataba de jugadores muy profesionales y, aunque les gustaba jugar
juntos, fuera de la pista no compartían mucho tiempo. A
principios de la temporada yo les había dicho a los Bulls
que, siempre y cuando mantuviesen unidas sus vidas
profesionales, me daba igual lo que hicieran el resto del
tiempo. Nuestros jugadores no estaban muy unidos,
pero tampoco tan distantes. Lo más importante es que
se respetaban profundamente.

Por desgracia, los dioses del baloncesto no cooperaron.
Lesionado Harper, nos costó más trabajo frenar el ataque
de los Sonics y perdimos los dos encuentros siguientes.
Con ventaja en la serie por 3-2, regresamos a Chicago decididos a acabar las finales en el sexto partido. El encuentro estaba previsto para el día del padre, fecha muy emo-
tiva para Michael, por lo que su juego ofensivo se resintió.
Por otro lado, nuestra defensa fue insuperable. Harper
participó en ese partido y anuló a Payton, mientras Jordan
anulaba genialmente a Hersey Hawkins, que solo anotó
cuatro puntos. De todas maneras, el jugador que robó el
partido fue Dennis, con diecinueve rebotes y un montón
de recuperaciones en ataque en lanzamientos fallidos. En
determinado momento del último cuarto, Dennis le pasó
a Michael en una puerta atrás que situó a los Bulls a
64-47 cuando todavía quedaban seis minutos y cuarenta
segundos de juego. Una vez realizado el tiro, Michael vio
que Dennis avanzaba hacia el otro extremo de la pista y
ambos se desternillaron de risa.

Cuando sonó el pitido final, Michael nos abrazó rápidamente a Scottie y a mí, corrió al centro de la cancha para
coger la pelota y se retiró a los vestuarios para evitar las
cámaras de televisión. Cuando llegué lo vi en el suelo, hecho un ovillo y con la pelota abrazada contra el pecho
mientras las lágrimas rodaban por sus mejillas.

Michael dedicó el partido a su padre. «Probablemente
este ha sido el momento más duro para mí en el baloncesto —afirmó—. Me han venido un montón de cosas al
corazón, a la cabeza… Tal vez mi corazón no estaba orien-

tado hacia el sitio donde me encontraba, aunque creo que en lo más profundo lo estaba hacia lo que para mí era más importante: que mi familia y mi padre no estuvieran aquí para verlo. Me siento feliz de que, a su manera, el equipo me sacara a flote, ya que ha sido una época dura para mí.»

Fue un momento muy emotivo. Cuando recuerdo aquella temporada, no es el final lo que más destaca, sino el partido que en febrero perdimos con los Nuggets y que puso fin a nuestra racha ganadora de dieciocho encuentros. Llaman «el sueño de los corredores de apuestas» a esa clase de enfrentamientos porque el día anterior habíamos volado de Los Ángeles a Denver y no tuvimos tiempo de aclimatarnos al cambio de altitud.

Los Nuggets habían perdido más partidos de los que habían ganado, pero en el primer cuarto tuvieron un 68 por ciento de aciertos en los lanzamientos y cogieron una sorprendente ventaja de treinta y un puntos. En esa situación muchos equipos se habrían venido abajo, pero nos negamos a rendirnos. Hicimos de todo: nos volvimos grandes, nos volvimos pequeños, movimos el balón, lanzamos triples, aceleramos el ritmo, lo redujimos y, mediado el cuarto período, nos adelantamos gracias a un mate de Scottie Pippen acróbatico y potente. Michael lideró la remontada y en el tercer cuarto anotó veintidós puntos, pero no se trataba de un espectáculo individual, sino de un emocionante acto de perseverancia por parte de todos y cada uno de los integrantes del equipo. A pesar de que en los últimos segundos perdimos por 105-99, los jugadores abandonaron la pista con la sensación de que habían aprendido algo importante sobre sí mismos. Descubrieron que, por muy calamitosa que sea una situación, de alguna manera encontrarían el valor para luchar hasta el final.

Aquella noche los Bulls encontraron su corazón.

Capítulo doce

Cuando el gusano se retuerce

Atreverse es perder pie momentáneamente.
No atreverse es perderse a uno mismo.
Søren Kierkegaard

*E*l maestro zen Lewis Richmond cuenta que oyó a Shunryu Suzuki sintetizar el budismo en dos palabras. Suzuki acababa de pronunciar una conferencia ante un grupo de estudiantes de zen cuando alguien dijo: «Ha hablado de budismo casi una hora y no he entendido una sola palabra de lo que ha dicho. ¿Puede definir el budismo de una manera que me resulte comprensible?».

En cuanto cesaron las risas, Suzuki respondió con gran calma: «Todo cambia».

Suzuki añadió que esas palabras contienen la verdad elemental de la existencia: todo fluye sin cesar. A menos que lo aceptes, te resultará imposible encontrar la verdadera ecuanimidad. Claro que aceptarlo significa aceptar la vida tal y como es, no solo lo que consideras bueno. «Que las cosas cambian es la razón por la cual sufres y te desalientas en este mundo —escribe el maestro Suzuki en *No siempre será así: el camino de la transformación*—. [Pero] cuando modificas tu comprensión y tu forma de vivir puedes disfrutar completamente de tu nueva vida en cada momento. La evanescencia de las cosas es el motivo por el que disfrutas de la vida.»

No hay ámbito donde ese concepto sea más verdadero que en el deporte del baloncesto. Una parte de mí ansiaba que el gran paseo de la temporada 1995-96 no terminara jamás, pero percibí cambios en el ambiente incluso antes de que comenzase la siguiente. Poco podía imaginar que las dos temporadas siguientes me proporcionarían varias lecciones difíciles de asimilar sobre el modo de afrontar la temporalidad.

El verano de 1996 fue una época de gran agitación en la NBA, el equivalente deportivo al juego de las sillas. Ese año fue testigo del auge de los agentes libres, en virtud del cual cerca de doscientos jugadores cambiaron de equipo. Por fortuna, Jerry Reinsdorf optó por mantener prácticamente intacta la plantilla de los Bulls para que pudiéramos alzarnos con otro campeonato. Los únicos deportistas que perdimos fueron el pívot James Edwards, sustituido por Robert Parish, y Jack Haley, hombre que había jugado en muchos equipos y amigo de Rodman desde los tiempos de los Spurs, cuyo trabajo principal consistía en hacer de niñera de Dennis.

El precio por mantener unido al equipo no fue precisamente bajo: aquel año la nómina de los Bulls superó los 58 millones de dólares, lo que la convertía en la más alta de la NBA. La partida más elevada fue, desde luego, el salario de Michael Jordan, que ascendía a treinta millones. En 1988, Michael había firmado con los Bulls un contrato por ocho años a razón de veinticinco millones anuales; en su momento había parecido una suma muy jugosa, pero desde entonces la habían superado varias estrellas de menor nivel. El representante de Jordan había propuesto a Reinsdorf un acuerdo por dos años de cincuenta millones de dólares, pero Jerry prefirió firmar por uno, decisión de la que no tardó en arrepentirse. El año siguiente tendría que subir el salario de Jordan a treinta y tres millones. Reinsdorf también nos firmó por un año más a Dennis Rodman y a mí.

Uno de los grandes cambios que percibí fue la variación en el interés que Dennis mostraba por nuestro deporte. Durante el primer año que estuvo con nosotros se esforzó por demostrar, tanto a sí mismo como a los demás, que podía jugar fantásticamente sin perder el control de sus emociones. Ahora parecía que se aburría con el baloncesto y que prefería otros entretenimientos. En mi opinión profana, Dennis sufría de trastorno por déficit de atención e hiperactividad, que limitaba su capacidad de concentrarse y lo llevaba a frustrarse y a actuar de forma imprevisible. Por eso estaba encantado con Las Vegas, centro de infinitas distracciones.

Desde que Dennis se había convertido en estrella nacional, los medios de comunicación le ofrecían todo tipo de oportunidades de desviar todavía más su atención del baloncesto. Además de participar en campañas publicitarias y de sus salidas nocturnas, Dennis actuó de coprotagonista en la película *La colonia*, con Jean-Claude van Damme, y presentó un *reality show* de la MTV llamado *The Rodman World Tour*. De todos modos, lo que atrajo más publicidad fue la promoción de su exitoso libro *Bad as I Wanna Be* (Soy tan malo como quiero ser), durante la cual se presentaba vestido de novia y anunciaba que se casaría consigo mismo.

Otro cambio que finalmente ejercería una influencia significativa sería la edad creciente de nuestra alineación. Rodman tenía treinta y cinco años; Michael cumplía treinta y cuatro en febrero de 1997, y Scottie y Harper ya habían superado los treinta. En términos generales, el equipo estaba en excelente forma y jugaba como si sus integrantes fuesen más jóvenes, pero las lesiones comenzaban a afectarnos. Tanto Luc como Harp se recuperaban de intervenciones quirúrgicas a las que se habían sometido en vacaciones. Scottie, que había jugado en el Dream Team III en Atlanta durante la pretemporada de verano de 1996, se había hecho daño en un tobillo. Me di cuenta de que no había un solo base de primera fila que hubiese tenido un buen rendimiento en la NBA después de cumplir los treinta y cuatro. ¿Cuándo se le acabaría el tiempo a Michael Jordan?

Por otro lado, agradecí que no hubiésemos quedado diezmados por los agentes libres, como le había ocurrido a tantos equipos. Nos basaríamos en lo ya conseguido y profundizaríamos en las relaciones entre nosotros. Dije al equipo que aquella podía ser nuestra última temporada juntos, por lo que teníamos que convertirla en algo especial. Michael compartió mi punto de vista. Cuando la prensa le preguntó cuál pensaba que podría ser el impacto de tantos fichajes anuales, respondió con unas palabras dignas de un monje zen: «Creo que lo que intentamos mostrar es que, de momento, jugaremos... Saldremos a la pista y jugaremos cada partido como si fuese el último».

Ciertamente, eso fue lo que pareció las primeras semanas. Fue el mejor comienzo de nuestra trayectoria: 12-0, incluida una paliza por 32 puntos a los Miami Heat. Dennis se mostró distante e incluso aburrido en algunos partidos. No tardó en hacer payasadas, desafiar a los árbitros y lanzar a los medios de comunicación comentarios desagradables sobre el equipo arbitral. En diciembre lo castigamos con dos días de suspensión por sus comentarios ofensivos acerca de David Stern, el comisionado de la NBA, y otros miembros de la liga. La conducta imprevisible de Dennis y su penoso rendimiento resultaron muy perturbadores porque no contábamos con el pívot Luc Longley, que se había lesionado el hombro practicando el *bodysurfing* en California. El sábado habíamos llegado a California para un especial del domingo por la noche en el Forum. El domingo por la tarde recibí una llamada de Luc: «Entrenador, la he liado. Una maldita ola me pilló mientras hacía *bodysurfing* y me he dislocado el hombro izquierdo. Tío, no sabes cuánto lo siento». Le di permiso para que no viniera y añadí que buscase asistencia médica y que lo cubriríamos mientras se recuperaba.

Las cosas fueron de mal en peor. Durante un encuen-

195

tro en Minneápolis en enero, Dennis intentaba robar un rebote a Kevin Garnett, de los Timberwolves, cuando chocó con un fotógrafo que se encontraba al borde de la pista y acabó dándole una patada en la entrepierna. La NBA lo suspendió durante once partidos, lo que le costó más de un millón de dólares en ingresos y en multas. Cuando regresó, Michael y Scottie ya estaban hartos de él. «Lo único que sé es que a Dennis casi todo le importa un pimiento —reconoció Scottie—. No creo que sea capaz de aprender nada de sus supensiones. Supongo que nunca cambiará; si lo hiciera, dejaría de ser *el Gusano*, la personalidad que se ha inventado para sí mismo.»

Los Bulls se pusieron 9-2 en ausencia de Rodman y los jugadores empezaron a acostumbrarse a la idea de luchar por el campeonato sin contar con él. «Con Dennis nos iría mejor, lo sabemos —reconoció Michael—. Pero también sabemos que podemos sobrevivir si no está. Y nuestra voluntad de ganar es igualmente férrea aunque no esté.» Cuando le pregunté qué consejo daría a Rodman cuando regresase, Michael contestó: «Le diría que lleve los pantalones puestos las veinticuatro horas del día».

A la mayoría de los jugadores Dennis les caía bien porque era nuestro bufón. En la cultura de los aborígenes norteamericanos se lo conocería como *heyoka*, que significa «hombre que camina hacia atrás». Los *heyokas*, también llamados «engañabobos», no solo andan hacia atrás, sino que montan de espaldas a la cabeza del caballo, se visten de mujer y hacen reír a la gente. Dennis tenía la capacidad de lograr que todos se relajasen cuando la situación se volvía tensa. ¿Cómo te ibas a enfadar contigo mismo cuando en el equipo estaba ese chalado que se teñía el pelo y exhibía una sonrisa de oreja a oreja?

Pero Dennis también tenía un lado oscuro. Cierta vez en la que no se presentó al entrenamiento fui a su casa a ver cómo estaba. Lo encontré tirado en la cama, mejor dicho, en un colchón en el suelo, viendo vídeos y medio aturdido. La noche anterior había salido de juerga y prácticamente no coordinaba. Me di cuenta de que tenía que estar mucho más en contacto con él de lo que había estado, sobre todo desde que habíamos prescindido de Jack Haley, que no le quitaba ojo de encima entre un partido y el siguiente. Propuse a Dennis que empezara a trabajar con el psicólogo del equipo y accedió a intentarlo. No obstante, se negó a acudir a la consulta, por lo que la primera sesión tuvo lugar en un centro comercial.

Otros entrenadores han tratado a Dennis como si fuera un niño y han intentado someterlo a su voluntad mediante una rígida disciplina. Esa táctica fracasó estrepitosamente. Mi enfoque consistió en relacionarme con él como un adulto y considerarlo responsable de sus actos, tal como hacía con el resto de los integrantes del equipo. Pareció apreciar mi actitud. En cierta ocasión comentó a los reporteros que lo que le gustaba de mí era que lo trataba «como a un hombre».

Poco después de que Dennis volviera al cabo de la tercera suspensión de la temporada, Steve Kerr y Jud Buechler vinieron a verme y preguntaron si los jugadores podían celebrar el regreso de Dennis al grupo con un viaje especial. El plan consistía en alquilar un autobús el día después del partido en Filadelfia, el 12 de marzo, y regresar para un entrenamiento suave al día siguiente, antes del encuentro que esa noche jugaríamos con los New Jersey Nets. Accedí porque pensé que de esa manera Rodman se reincorporaría más rápidamente al equipo…, aparte de que los Nets tenían el peor balance de toda la liga.

Al día siguiente, Dennis y su banda de guerreros felices partieron en un autobús alquilado forrado con fotos promocionales de *Partes privadas*, la película de Howard Stern. Por la mañana yo desayunaba con el equipo de entrenadores en el Four Seasons de Filadelfia cuando el autobús se detuvo ante nosotros y salieron los jugadores muertos de risa, haciendo el burro y, en líneas generales, divirtiéndose. Llegué a la conclusión de que aquel sería uno de nuestros peores entrenamientos. No me equivoqué. Los deportistas estaban tan agotados que apenas se tenían en pie, por lo que al cabo de cuarenta minutos suspendí los ejercicios y les pedí que descansasen hasta la hora del partido, que perdimos por 99-98. A la larga valió la pena. Conseguir que Dennis sintiera que volvía a formar parte del equipo fue más importante que sumar otra victoria en los libros de récords.

Los Bulls volvieron a subir como la espuma tras el regreso de Dennis y de Luc a la alineación. Scottie estaba en su mejor momento y orquestó la acción con tanta eficacia que posteriormente Michael lo apodó «mi jugador más valioso». Michael estaba más relajado y adoptó un estilo de juego menos agotador, con más tiros en suspensión de media distancia y menos aparatosidad aérea. Lo más importante es que los jugadores se veían campeones. Daban lo mismo las calamidades que pudiesen sufrir, ya que confiaban en que juntos encontrarían la manera de vencerlas. Existe un adagio zen que me gusta citar y que dice así: «Antes de la iluminación, corta leña y transporta agua. Después de la iluminación, corta leña y transporta agua». Se trata de estar centrado en la tarea que te traes entre manos en lugar de permanecer anclado en el pasado o preocuparte por el futuro. Ese equipo lo hacía cada vez mejor.

Desafortunadamente, el retorno de Rodman duró poco. A finales de marzo se distendió los ligamentos de la rodilla izquierda y estuvo fuera de juego hasta el final de la temporada regular. En aquel momento el equipo tenía previsto una importante gira por la Costa Este y me preocupaba que Dennis volviese a las andadas si se quedaba solo en Chicago para la recuperación. Por consiguiente, diseñamos un plan para que se quedase en casa de su representante en el sur de California y la terminara allí.

Parecía una idea sensata. Encargamos a Wally Blase, un joven entrenador auxiliar, que acompañase a Dennis a la casa de su representante en Orange County y se cerciorara de que realizaba diariamente los ejercicios. Antes de la partida, los reuní en mi despacho y les di instrucciones de que se dirigiesen directamente a California, sin desvíos de ningún tipo. Entregué a Wally una pluma de águila para cerrar el trato y, en tono de broma, le dije a Dennis:

—Cuida de Wally y ocúpate de que se ponga condón.

—De acuerdo, hermano —respondió Dennis.

Nuestro equipo de seguridad encontró la manera de que Dennis y Wally subieran al avión sin pasar por la puerta de embarque (esas cosas pasaban antes del 11-S). La primera sospecha que Wally tuvo de que ese vuelo no sería rutinario se produjo cuando, mientras se abrochaban los cinturones, el comandante anunció que aterrizarían en Dallas-Fort Worth en dos horas y veinte minutos. «¡Dallas-Fort Worth! ¡Vaya, vaya!», pensó. Ni siquiera habían salido de Chicago y ya habían incumplido la primera regla. Wally preguntó a Dennis qué pasaba y este respondió:

—No sufras, hermano. He hablado con mi representante. Tenemos que visitar a mi madre en Dallas y echar un vistazo a la casa que acabo de regalarle.

El plan de Rodman parecía plausible. Cuando llegaron a la terminal de equipajes, los esperaban dos larguísimas limusinas blancas llenas de mujeres ligeritas de ropa. Después de visitar a mamá, por la noche recorrieron los clubes de Dallas en compañía de las señoritas y finalmente retornaron a la suite del hotel. Wally se quedó dormido en el sofá, no llegó a la cama.

Dennis despertó a Wally a las ocho y media de la mañana.

—Levanta, hermano, ya dormirás cuando estés muerto.

Fueron al gimnasio, donde Dennis hizo ejercicios como un poseso. Durante el desayuno, Wally preguntó a qué hora salía el vuelo a California.

—Hoy no, hermano —contestó Dennis—. ¿Alguna vez has ido a una carrera NASCAR, a una competición de automóviles de serie?

Aquel día inauguraban la Texas Motor Speedway y asistiría una top model por la que Dennis estaba colado.

199

Por consiguiente, alquilaron un helicóptero y volaron al circuito, a fin de evitar el tráfico rodado. Cuando aterrizaron, Dennis propuso que fueran a conocer a Richard «el Rey» Petty y arrastró a Wally hasta la sala vip del circuito.

Al tercer día Wally comenzó a hartarse. Dijo a Dennis que perdería su trabajo si no se trasladaban inmediatamente a California. Dennis todavía no estaba en condiciones de abandonar Dallas.

—Venga ya, hermano. La carrera de ayer fue de cara a la galería, hoy es la de verdad.

Así que volvieron al circuito. Exasperado, Wally llamó a su jefe, el entrenador Chip Schaefer, y le informó de que seguían en Dallas.

—No te preocupes —contestó Chip—. Al menos no se ha metido en líos.

Un día después, finalmente llegaron al sur de California y Wally pensó que la situación se calmaría. Nada más aterrizar, Dennis quiso ver su nuevo Lamborghini. Mientras estaban en el garaje, Dennis le pasó a Wally la llave de otro coche, su Porsche amarillo, y le preguntó:

—¿Alguna vez has conducido un Porsche? —Wally negó con la cabeza—. No te preocupes.

Ambos salieron disparados por las calles de Orange County como si compitieran en las 500 Millas de Daytona.

Fue una magnífica aventura tras otra. Un día acudieron al programa The Tonight Show y se fotografiaron con Rodney Dangerfield y el grupo de música No Doubt. Otro día se reunieron con el productor cinematográfico Jerry Bruckheimer para hablar de la posible participación de Dennis en Armageddon. También asistieron a un partido de los Anaheim Ducks y se hicieron fotos con algunos de los ídolos del hockey de Wally. «Fue como una combinación de las películas Todo sobre mi desmadre y Casi famosos», reconoce Wally.

Al final, Wally y Dennis se hicieron tan amigos que muchas veces llevamos a Wally en nuestras giras como compañero del baloncestista. Un año después, durante una pausa en las finales del campeonato en Utah, Dennis afirmó que estaba harto de la aburrida Salt Lake City y fletó un jet para irse con Wally a Las Vegas. Dennis no le contó que había planificado esa excursión como regalo de cumpleaños para Wally, ni le dijo que había invitado a un puñado de amigos, incluidos la actriz Carmen Electra, el cantante y compositor Eddie Vedder y la leyenda del hockey Chris Chelios. «Fue la mejor noche de mi vida», asegura Wally.

Wally, que en la actualidad es jefe de los preparadores físicos de los Atlanta Hawks, se entendió perfectamente con Dennis. Reconoce que el jugador estaba confundido y era inseguro, pero también que se trataba de «uno de los seres humanos más simpáticos que puedes llegar a conocer». En opinión del entrenador, el máximo logro de Dennis fue su capacidad de crear «el escenario perfecto para un deportista profesional». Y añade: «Es el único deportista profesional del que la gente esperaba que saliera y se fuese de fiesta con strippers. Joe Namath lo hizo y en Nueva York lo castigaron; pillaron a Michael Jordan apostando en un campo de golf y también se apresuraron a castigarlo. En el caso de Dennis, la incompetencia moral fue parte del trato y creó un personaje del cual la gente decía "así son las cosas, es normal". Si lo piensas, te das cuenta de que es genial».

Tal vez sea cierto, aunque creo que el atractivo de Dennis radicaba en la manera festiva en que se saltaba las normas. Eso lo convirtió en fuente de inspiración de personas, tanto jóvenes como mayores, que se sentían casi al margen de la sociedad. Recibí muchas cartas de profesores de educación especial que me comentaron que sus alumnos con trastorno por déficit de atención e hiperactividad adoraban a Dennis porque había triunfado en la vida a pesar de ese problema. Para ellos era un verdadero campeón.

Y

Fue un año muy extraño. A pesar de que durante parte de la temporada nos faltaron varias estrellas, conseguimos terminarla con un palmarés de 69-13, empatando con los Lakers de la temporada 1971-72 como el segundo mejor balance de un equipo de la NBA. Dennis y Toni aún no se habían recuperado de las lesiones y el equipo carecía de la cohesión de la que habíamos disfrutado previamente. Hubo un añadido positivo: en las últimas semanas de la temporada incorporamos a Brian Williams, también conocido como Bison Dele, ala-pívot de 2,11 metros, para reforzar nuestro juego interior. Williams desempeñó un papel decisivo como recambio de Luc y de Dennis durante los *play-offs*.

Las dos primeras rondas transcurrieron sin pena ni gloria. Barrimos a Washington por 3-0 y nos libramos de Atlanta en cinco encuentros, tras perder la ventaja de jugar en casa durante el segundo, lo que supuso la primera vez en dos años que un equipo visitante nos vencía en los *play-offs*.

La ronda siguiente, es decir, las finales de la Conferencia Este contra los Miami Heat, fue el choque de dos culturas baloncestísticas radicalmente distintas. Pat Riley se había hecho cargo del equipo en la temporada 1995-96 y, con Alonzo Mourning como pívot y Tim Hardaway en la posición de base, poseía las características típicas de un conjunto de Riley. A lo largo de los años se ha escrito mucho sobre mi rivalidad con Pat, sobre todo en los tabloides neoyorquinos. Entre nosotros, la diferencia principal no es personal, sino de perspectiva filosófica. Riley ha tenido mucho éxito con su estilo de mucho contacto y de la vieja escuela. Al igual que los Knicks de Riley, los Heat eran físicos y agresivos y estaban preparados para cometer faltas en todas las jugadas, siempre y cuando lograsen salirse con la suya. Por otro lado, nuestro enfoque era más libre y abierto. Aunque desarrollábamos una defensa intensa, nos habíamos especializado en robar balones, tapar las líneas de pase y presionar a quienes manejaban el balón para que cometiesen errores.

En un primer momento pareció que sería una victoria fácil. En el primer partido pasamos como la brisa por encima de Miami y ganamos 84-77 liderados por Jordan, que tuvo un rendimiento espectacular, pues sumó 37 puntos y nueve rebotes. Uno de los factores clave del encuentro fue la modificación defensiva que realizamos en la media parte, ya que encargamos a Harper que defendiera a Hardaway y a Michael que se ocupase de Voshon Lenard, un especialista en triples. En el segundo encuentro luchamos hasta conseguir la victoria por 75-68, el partido de *play-offs* con menor puntuación de toda la historia de la NBA. En el tercero diseñamos el modo de contrarrestar la aguerrida defensa de los de Miami desplegando el triángulo ofensivo, por lo que a los Heat les resultó muy difícil obstruir la línea de pases. Así fue como bailamos hasta el triunfo por 98-74.

Durante el día del descanso, Michael decidió jugar cuarenta y seis hoyos de golf, de modo que en el cuarto enfrentamiento tuvo uno de los peores comienzos de su trayectoria, pues solo logró dos de veintiún tiros de pista mientras Miami tomaba una delantera de veintiún puntos. Por otro lado, Michael estuvo a un tris de hacernos ganar durante el último cuarto, pues anotó veinte de nuestros 23 puntos, pero se nos acabó el tiempo y perdimos por 87-80.

El momento más importante de aquel partido tuvo lugar en el tercer cuarto, cuando Mourning golpeó violentamente a Scottie y le produjo un chichón en la frente del tamaño de una pelota de golf. Michael se enfureció y declaró que en el quinto partido se desquitaría personalmente de sus rivales. Afirmó: «Cuando a un compañero del equipo le hacen un chichón, también me lo hacen a mí».

Desde el comienzo del quinto partido Michael se encargó de que los de Miami empezaran a pagar por ello, ya que marcó quince puntos en el primer cuarto. El resto del equipo tuvo que ayudarlo cuando en la primera parte Scottie se torció el tobillo tras otro topetazo con Mourning y tuvo que quedarse en el banquillo el resto del partido. Toni, que al comienzo de la serie no las había tenido todas consigo, sustituyó a Scottie y marcó seis tantos en el primer cuarto, con lo que amplió la ventaja de los Bulls. Me sentí muy satisfecho de los reservas, que superaron al banquillo de los Miami Heat por 33-12, liderados por Brian Williams, que anotó diez puntos, y por Jud Buechler, que realizó algunas intervenciones clave en defensa. El marcador final fue Bulls, 100-Heat, 87.

Esa derrota bajó los humos a Riley. «Las dinastías mejoran a medida que envejecen», declaró, acotando que, en su opinión, los Bulls formaban «el equipo más grandioso en la historia del baloncesto desde los Celtics que ganaron once campeonatos en trece años». Por cuarta vez uno de sus conjuntos terminaba eliminado de los *play-offs* a manos de los Bulls liderados por Jordan. «Todos tenemos la desgracia de haber nacido en la misma época que Michael Jordan», añadió.

204

Los Utah Jazz no estaban convencidos. Era el primer viaje de los Jazz a las finales del campeonato y contaban con varias armas poderosas: el ala-pívot Karl Malone, que aquel año había vencido a Jordan en su pugna por el premio al jugador más valioso, y el base John Stockton, uno de los más hábiles en el manejo del balón. Los Jazz también tenían a un hábil tirador exterior, Jeff Hornacek, que aquel año había promediado 14,5 puntos por partido. Nuestra preocupación principal tenía que ver con el bloqueo y continuación característico de Stockton y Malone, jugada que en el pasado ya había descalabrado con frecuencia a nuestro equipo. Yo también pretendía contener el juego interior de Malone. El apodo de Karl era *el Cartero*, ya que se decía que siempre repartía. Bajo los tableros resultaba imponente, agresivo y difícil de contener, incluso por parte de alguien como Rodman. En consecuencia, al principio de la serie asigné su marcaje a Luc Longley con la esperanza de que, gracias a su corpulencia, fuera capaz de frenarlo.

En el primer partido no fue el empuje de Malone, sino

su mente inquieta, lo que decidió el resultado. Con el marcador empatado a 82 y 9,2 segundos para el final, Malone recibió una falta mientras luchaba por recoger un balón suelto bajo la canasta. Mientras caminaba hacia la línea de tiros libres, Scottie le susurró al oído: «*El Cartero no reparte los domingos*». Karl falló su primer intento. Crispado, su segundo lanzamiento rodó por el aro y cayó en manos de Jordan. Me figuré que los Jazz pondrían dos defensores sobre Michael en la última jugada, pero decidieron que el alero Bryon Russell se ocupara individualmente de él, lo cual no fue una buena idea. Jordan engañó a Russell y marcó un tiro en suspensión que nos permitió ganar el partido por 84-82.

En el segundo encuentro vencimos de un soplo a los Jazz, que estallaron cuando regresaron a su pabellón para el tercer partido, liderados por los 37 puntos y los diez rebotes de Malone. ¿Cuál fue su secreto? Karl reveló que había cogido su Harley y tomado la carretera a través de las montañas que conducían a la sede del club. En el enfrentamiento siguiente proporcioné a Rodman la primera oportunidad de parar la máquina de Malone. Genio y figura, antes del encuentro Dennis se burló de Malone y dijo que pensaba «alquilar una bici, pedalear por las colinas y tratar de encontrar a Dios o a alguien parecido». No sirvió de mucho. Karl Malone marcó 23 puntos, cogió diez rebotes y encestó dos tiros libres decisivos cuando solo quedaban dieciocho segundos para el final del partido. En ese momento Pippen comentó: «Me parece que aquí *el Cartero* también reparte los domingos». Más tarde nos enteramos de que el responsable de nuestra equipación se había equivocado y, durante el encuentro, había proporcionado Gaterlode, bebida muy rica en hidratos de carbono, en vez de Gatorade a nuestros jugadores, lo que explica el motivo por el cual el equipo estuvo tan lento en los últimos minutos. Calculamos que cada uno de los deportistas había ingerido el equivalente a veinte patatas hervidas.

El siguiente encuentro incluyó uno de los actos de perseverancia más inspiradores de los que he sido testigo. La

205

mañana del quinto partido, con la serie empatada 2-2, Michael despertó afectado por lo que parecía un virus estomacal y más tarde resultó ser una intoxicación alimentaria. Se encontraba tan mal que aquella mañana se saltó la práctica informal y pasó casi todo el día en la cama. Muchas veces habíamos visto enfermo a Michael, pero aquella fue la más preocupante. «He compartido muchas temporadas con Michael y nunca lo había visto tan mal —comentó Scottie—. Estaba tan enfermo que pensé que ni siquiera podría hacerse el equipaje.»

Michael sufría una deshidratación grave y en todo momento pareció a punto de desmayarse, pero persistió y anotó 38 puntos, incluido el triple ganador del partido cuando solo faltaban veinticinco segundos para el final. La suya fue una hazaña digna de mención, pero lo que la mayoría de las personas no entienden de ese encuentro es que no habría tenido lugar sin un extraordinario esfuerzo por parte del equipo. Scottie orquestó magistralmente la cobertura para que Michael no tuviera que ocuparse de defender y centrase las pocas energías de las que disponía en lanzar. Una vez terminado el encuentro, Scottie ni siquiera mencionó esta cuestión. Con respecto al rendimiento de Michael comentó: «El esfuerzo que realizó por nosotros fue increíble..., por no hablar del liderazgo. Consiguió que no perdiéramos la paciencia y realizó un lanzamiento genial tras otro... A mis ojos es el jugador más valioso».

El enfrentamiento siguiente, celebrado en Chicago, fue otra lucha a brazo partido. Desde el principio estuvimos por detrás en el marcador y fuimos perdiendo durante la mayor parte del encuentro, pero el equipo se negó a rendirse. Scottie y Michael ya habían jugado partidos excepcionales, pero en esa ocasión fueron los reservas los que realizaron algunas de las jugadas más geniales: Jud Buechler encestó un triple decisivo al final del tercer período, Toni realizó una impresionante bandeja contra tablero en las narices mismas de Hornacek mientras cojeaba porque se había hecho daño en un pie y Brian Williams le plantó cara a Malone y lo superó. El momento más hermoso tuvo lugar cuando Steve Kerr, que se había arrastrado a lo largo de la serie, anotó el lanzamiento que remató el partido.

Los Jazz ganaban por nueve puntos al principio del último cuarto, pero cuando quedaban once segundos se produjo un empate a 86 y el balón quedó en manos de Michael. Los de Utah estaban empeñados en no cometer el mismo error en el que habían caído en el primer partido. En consecuencia, cuando Michael esquivó por la izquierda a Bryon Russell, Stockton se acercó para doblar la defensa, por lo que Kerr se quedó solo en la zona de tiros libres. Al principio Michael intentó deshacerse de los defensores pero, en cuanto saltó, se dio cuenta de que no daría resultado. «La forma en la que se mantuvo en el aire es indescriptible —reconoció Hornacek más tarde—. Stockton y Bryon Russell se lanzaron sobre él y yo me ocupé de Kukoc; este corrió hacia la canasta, por lo que tuve que acompañarlo. No podía permitir que realizase una bandeja contra el tablero. Michael no apartó la mirada de Toni, pareció quedar suspendido en el aire y, de alguna manera, se dio media vuelta y pasó la pelota a Steve.»

Kerr se cuadró más allá de la línea de lanzamientos libres y lanzó un tiro en suspensión perfecto con la intención de romper el empate. Kukoc consiguió el mate definitivo que nos permitió ganar el partido…, y el campeonato.

Habíamos realizado un recorrido tormentoso y plagado de lesiones, suspensiones y otros contratiempos. De todos modos, la exquisita armonía y la resiliencia del equipo durante los últimos minutos del encuentro consiguieron que todo valiera la pena. Posteriormente, Michael, que había marcado treinta y nueve puntos y fue nombrado el jugador más valioso de las finales, dijo que quería compartirlo con Scottie. «Me quedaré el trofeo y daré el coche a Scottie —declaró—. Se lo merece tanto como yo.»

Michael aprovechó la rueda de prensa posterior al partido para presionar a Jerry Reinsdorf, que había respondido con evasivas a los periodistas, a fin de que nos reuniese a todos la temporada siguiente para volver a intentarlo. Mi contrato por un año estaba a punto de finalizar y varios equipos ya habían mostrado interés por mí. Por añadidura, el contrato de Scottie se acercaba a su último año de vigencia y corrían rumores de que podrían traspasarlo. Por si eso fuera poco, Michael, cuyo contrato también estaba a punto de expirar, afirmó que no regresaría si Pippen y yo no estábamos.

Tres días después, decenas de miles de seguidores se concentraron en Grant Park para celebrar nuestro triunfo. El momento culminante fue la descripción jocosa que Kerr hizo de la forma en la que «realmente» había ocurrido su famoso lanzamiento.

«Cuando solo quedaban veinticinco segundos pedimos tiempo muerto, formamos el círculo y Phil dijo: "Michael, quiero que realices el último lanzamiento". Michael repuso: "Verás, Phil, en estas situaciones no me siento muy cómodo, así que mejor que mires en otra dirección". Scottie terció: "Phil, ya sabes que en el anuncio Michael ha dicho que le han pedido lo mismo veintiséis veces y ha fallado, así que será mejor que apelemos a Steve". En ese momento pensé que tendría que volver a sacar de apuros a Michael. Lo había hecho durante toda la temporada, así que hacerlo una vez más no me preocupaba. En cualquier caso, el balón entró; esa es mi explicación y no pienso apartarme un ápice de ella.»

Michael y Scottie se partieron de risa y los fans se mostraron encantados. Al mirar a mi alrededor reparé en que detrás de Kerr estaba sentada una persona que ni siquiera esbozó una sonrisa: Jerry Krause.

Capítulo trece

El último baile

Cuando las pautas se rompen afloran mundos nuevos.
TULI KUPFERBERG

Cuando estuve con los Knicks, Dave DeBusschere me 209 enseñó una importante lección. En la temporada 1971-72, los Knicks incorporaron a Jerry Lucas como recambio de Willis Reed, que luchaba con las lesiones. Jerry era un polifacético ala-`pívot de 2,06 metros, gran reboteador, hábil pasador y poseedor de un buen tiro exterior. Antes de que llegase, Dave no tenía una gran opinión de Jerry. Lo consideraba un ególatra excéntrico, más interesado en acrecentar sus promedios de puntos y de rebotes que en ganar partidos. Cuando Lucas se incorporó a los Knicks, Dave encontró la manera de colaborar con él. Le pregunté cómo había hecho para cambiar tan rápidamente de parecer y contestó: «No permitiré que mis sentimientos personales se interpongan en la consecución de nuestro objetivo como equipo».

Durante los dos últimos años de mi trabajo con los Bulls había sentido exactamente lo mismo en relación con Jerry Krause. Aunque habíamos tenido diferencias, respetaba su inteligencia para el baloncesto y disfruté trabajando con él en la creación de los equipos campeones. Sin embargo, nuestra relación se había agriado lentamente tras el desacuerdo de hacía tres años a raíz de Johnny Bach. Además, las negociaciones por mi contrato habían llegado a un desagradable punto muerto durante la temporada 1996-97. Como sucede con la mayoría de las relaciones, ambos contribuimos a su deterioro. Me dejé llevar por la necesidad de proteger a toda costa la intimidad y la autonomía del equipo, mientras Jerry hizo denodados esfuerzos por recuperar el control de la organización. Esa clase de conflicto es habitual en el mundo deportivo y, lamentablemente para nosotros, nuestras diferencias se airearon en un gran escenario público.

Si vuelvo la vista atrás, creo que mi forcejeo con Jerry me enseñó cosas sobre mí mismo que de otra forma no habría aprendido. El Dalái Lama lo denomina «el don del enemigo». Desde la perspectiva budista, batallar con enemigos te ayuda a desarrollar una mayor compasión y tolerancia hacia los demás. «Para practicar sinceramente y desarrollar la paciencia necesitas que alguien te haga daño deliberadamente. Por lo tanto, esas personas nos ofrecen verdaderas oportunidades de practicar estas cualidades. Ponen a prueba nuestra fuerza interior de una forma en que ni siquiera puede hacerlo nuestro gurú», afirma.

En términos estrictos, no llamaría «enemigo» a Jerry, aunque es indudable que nuestros conflictos pusieron a prueba mi fuerza interior. Coincidíamos en la mayoría de las cuestiones relacionadas con el baloncesto, pero teníamos visiones contrapuestas sobre el modo de tratar a las personas. Yo intentaba ser lo más abierto y transparente posible, mientras Jerry tendía a ser cerrado y reservado. En cierta medida, fue víctima del sistema, pues en la NBA resulta difícil establecer buenos acuerdos si no eres cauteloso a la hora de compartir información. Jerry no era muy hábil como comunicador, razón por la cual cuando hablaba con los jugadores podía parecer falso o, peor aún, engañoso. Lo compadecí porque sabía que, en el fondo, no era un Maquiavelo despiadado, que era la imagen que los periodistas solían dar de él. Jerry solo pretendía demostrar al mundo que era capaz de crear un equipo campeón sin basarse en Michael Jordan y estaba deseoso de que así ocurriera.

A mediados de la temporada 1996-97, Jerry Reinsdorf, el propietario de los Bulls, propuso que Krause y mi representante, Todd Musburger, elaboraran los términos básicos de mi nuevo contrato. Solicitamos un aumento por el cual mi salario sería comparable al que otros entrenadores como Pat Riley y Chuck Daly percibían en esas fechas. A pesar de mi historial, Krause tenía dificultades para verme a ese nivel y las negociaciones fracasaron. Debo reconocer que Jerry Reinsdorf se dio cuenta de que no era justo que yo tuviera que hacerme cargo de los *play-offs* (la época en la que se deciden la mayoría de los puestos de entrenador) sin saber si la temporada siguiente tendría trabajo. Por eso accedió a que otros clubes me contactaran y poco después varios equipos, Orlando incluido, se mostraron interesados.

Pero yo todavía no estaba en condiciones de dejar los Bulls. Poco después de los *play-offs*, Reinsdorf voló a Montana y llegamos a un acuerdo por un año que resultó satisfactorio para los dos, ya que quería volver a reunir a todos para intentar ganar otro anillo. Ese mismo verano, aunque en fecha posterior, consiguió trabajosamente acuerdos de un año con Jordan (por 33 millones de dólares) y con Rodman (por 4,5 millones de dólares, más incentivos hasta un máximo de diez millones) por lo que la nómina de los jugadores (menos Scottie) en la temporada 1997-98 ascendió a 59 millones de dólares. La única duda que quedaba por resolver era la del futuro de Pippen.

Scottie no tuvo un buen verano. Durante los *play-offs* se había lesionado un pie y tenía que pasar por el quirófano, motivo por el cual estaría dos o tres meses fuera de juego. Estaba en el último año de su contrato de siete temporadas y se sentía cada vez más molesto por el bajo salario que recibía en relación con lo que cobraban otros jugadores de la liga. En 1991, Scottie había firmado una ampliación de contrato por cinco años a razón de dieciocho millones de dólares, decisión que en su momento le había parecido correcta. Desde entonces, en la NBA los salarios se habían disparado y ya había, como mínimo, cien jugadores que cobraban más que Scottie, incluidos cinco compañeros de equipo. A pesar de que muchos lo consideraban el mejor jugador de la NBA que no se apellidaba Jordan, Scottie tendría que esperar un año más, hasta la finalización del contrato, para sacar partido de su rendimiento. Mientras tanto, también existía la posibilidad remota de que lo traspasasen.

Para empeorar un poco más la situación, Krause amenazó con emprender acciones legales si Scottie participaba en su partido benéfico anual y se arriesgaba a lesionarse de nuevo el pie. Esa actitud enfureció a Scottie, que comentó que tenía la sensación de que Krause lo trataba como si fuese una de sus propiedades. Krause me pidió que mediara, pero no quise agravar aún más la situación. Finalmente, Scottie participó en el partido benéfico y, para desquitarse de Krause, postergó la operación hasta después del inicio del campamento de entrenamiento.

Este giro de los acontecimientos no me gustó nada y a Michael tampoco. A lo largo del verano habíamos dado la cara por Scottie, que ahora ponía en peligro la temporada con su decisión de postergar la intervención quirúrgica. Scottie contribuía tanto a la cohesión del equipo que costaba imaginar llegar lejos sin él durante la mitad de la temporada regular, que era lo que más o menos duraría su recuperación.

En nuestro día anual de encuentro con los medios, que se celebraba antes del inicio de la temporada, Krause decidió hablar con los periodistas y cometió la pifia de su vida. Supuse que el motivo por el que Jerry acudió fue para aclarar ante la prensa que mi ausencia era una decisión tomada entre los dos. Sin embargo, en el proceso declaró que «no son los jugadores y los entrenadores quienes ganan campeonatos, sino las organizaciones». Al día siguiente intentó corregir su error y precisó que lo que pretendía decir era que, «por sí solos, no son los jugadores y los entrenadores quienes ganan campeonatos», pero el daño ya estaba hecho. Michael se ofendió muchísimo ante ese arrogante comentario de Jerry y durante la temporada lo convirtió en el grito de guerra del equipo.

Horas después Krause me llamó a su despacho y declaró: «Me da igual que ganes ochenta y dos partidos, este es tu último año». Estaba claro. Cuando Reinsdorf me visitó en Montana, hablamos de que aquella sería mi última temporada, pero no acabé de creérmelo hasta que Krause pronunció esas palabras. Al principio fue angustioso pero, después de meditarlo, se volvió increíblemente liberador. Al menos ahora tenía claridad.

Apodé esta temporada «el último baile» porque era lo que parecía. Pasara lo que pasase, la temporada siguiente la mayoría de los jugadores cuyos contratos estaban a punto de finalizar, incluidos Michael, Scottie, Dennis, Luc, Steve y Jud, no vestirían el uniforme de los Bulls. La irrevocabilidad proporcionó a la temporada cierta resonancia que vinculó estrechamente al equipo. Parecía que habíamos emprendido una misión sagrada, impelidos por una fuerza que trascendía la fama, la gloria y el resto del botín de la victoria. Lo hacíamos por el puro gusto de jugar juntos una vez más. Fue mágico.

Eso no significa que fuera fácil. Los componentes del equipo se hacían mayores. Rodman tenía 37 años; Pippen, 33, y Michael y Harper cumplirían 35 y 34 a lo largo del año. Era necesario que conserváramos las energías durante la temporada regular para estar en forma cuando comenzasen los *play-offs*, pero sería difícil sin contar con Scottie en pista. Había que encontrar la manera de apañarnos hasta su regreso.

En ausencia del director de orquesta, el equipo tuvo dificultades para hallar el ritmo y su comienzo fue muy irregular. Nuestro gran problema consistía en rematar los partidos muy reñidos, algo que hasta entonces había sido nuestra especialidad. El punto más bajo se produjo en Seattle a finales de noviembre, cuando perdimos con los SuperSonics por 91-90 y bajamos al octavo puesto en la Conferencia Este, con un récord 8-6. Nuestros adversarios se dieron cuenta de que podían aprovechar esa situación.

Durante el viaje a Seattle, la ira de Scottie se desbordó. Dijo a los periodistas que estaba tan harto de la directiva que ya no quería jugar con los Bulls. Después del partido se emborrachó en el autobús camino del aeropuerto y lanzó una desagradable perorata contra Krause, que ocupaba un asiento en las primeras filas. Intenté refrenar el cabreo de Scottie señalando la botella de cerveza que yo tenía en la mano para darle a entender que había bebido demasiado.

Una vez en Chicago, puse en contacto a Scottie con el psicólogo del equipo para que lo ayudase a controlar su ira. Por otro lado, seguí preocupado por su estado de ánimo. El día de Acción de Gracias me llamó a las tantas de la noche para hablar de su situación. Afirmó que estaba totalmente decidido a que lo traspasasen e intenté convencerlo de que pensara en el problema desde otra perspectiva. Me preocupaba que, si en ese momento presionaba demasiado con sus exigencias, la liga llegara a etiquetarlo de problemático y fastidiara sus posibilidades de fichar la temporada siguiente por uno de los mejores equipos. En mi opinión, lo mejor para la carrera de Scottie sería terminar la temporada en los Bulls. Le aconsejé que no permitiera que su enfado con la directiva fastidiase su deseo de regresar y que contribuyera a que el equipo conquistase el sexto campeonato. Respondió que no quería dar a la directiva la ocasión de romperle el corazón.

Me di cuenta de que hacía falta tiempo para resolver esa situación. Finalmente llegué a la conclusión de que la mejor estrategia sería dejar que los jugadores ayudaran a Scottie a aclararse, tal como habían hecho tras su airado estallido cuatro años atrás. Pedí a Harper, el mejor amigo de Scottie en el equipo, que le hiciese saber hasta qué punto sus compañeros necesitaban su ayuda. También veté la propuesta de que Scottie viajara con el equipo para evitar otra incómoda confrontación en carretera entre Krause y él. Además, la recuperación de Scottie avanzaba más despacio de lo previsto porque tenía los músculos muy atrofiados. A mediados de diciembre, su salto vertical se había reducido de 76 a 43 centímetros, de modo que necesitaría un mes más para volver a estar en forma. Me pareció bien. Calculé que, cuanto más tiempo pasase trabajando con sus compañeros de equipo, mayores posibilidades tendría Scottie de estar en contacto con la alegría de jugar al baloncesto. A finales de diciembre detecté que veía con mejores ojos la idea de reincorporarse a los Bulls.

Entretanto, hacíamos lo que podíamos. A mediados de diciembre íbamos 15-9 tras vencer a los Lakers en casa por 104-83, pero el equipo todavía no estaba cohesionado y se apoyaba demasiado en Michael. Durante una sesión filmada dije algo que pretendía ser una broma tras ver unas imágenes en las que Luc fastidiaba una jugada:

—Todos cometemos errores y el mío consiste en haber vuelto este año con este equipo.

Acto seguido Michael acotó con tono sombrío:

—Lo mismo digo.

Poco después Luc, que evidentemente se sintió dolido por nuestros comentarios, añadió:

—Ser crítico es muy fácil. —Cuando Tex se le echó encima y lo acusó de tener una actitud negativa, Luc replicó—: No me refería a los entrenadores. El crítico es Michael.

—Lo único que me molesta es perder. Creo que deberías tomar la decisión de ser mejor la próxima vez. Corto y cambio —apostilló Michael.

Se hizo un silencio sepulcral.

—Se acabó —sentenció Michael—. No perderemos más.

A decir verdad, no iba muy errado. Inmediatamente después comenzamos a remontar y tuvimos una racha de 9-2. Fue muy decisivo poner a Toni Kukoc de titular cuando nos enfrentamos a equipos que contaban con aleros corpulentos. Esa modificación le permitió desempeñar la función de tercer base, que era lo que hacía Pippen, y aprovechar sus aptitudes creativas para el manejo del balón. Toni era inconformista y estaba siempre atento a la jugada que nadie más podía imaginar. En ocasiones funcionó maravillosamente bien. Sin embargo, carecía de la resistencia mental y de la capacidad física para navegar por las agitadas aguas del calendario de 82 partidos de la NBA como anotador principal o como encargado de mover la pelota. Sin Toni como amarre, nuestro banquillo se volvió mucho más débil.

La gran sorpresa la dio Rodman. En la temporada 1996-97 había tenido altibajos y me preocupaba que volviese a perder el interés por el baloncesto. Durante la recuperación de Scottie le pedimos que interviniera y aplicase al equipo una inyección de energía. De repente se puso a jugar al baloncesto en ambos extremos de la cancha y al nivel de los jugadores más valiosos.

A Michael le gusta contar de qué manera se unieron Dennis y él en ese período. La clave estuvo en su afición mutua por los cigarros. «Cuando Scottie se lesionó, Dennis y yo quedamos como líderes del equipo —recuerda Michael—. Por eso fui a ver a Dennis y le dije: "Escucha, conozco todas tus tonterías. Sé que te gusta que te señalen faltas técnicas, y sé qué imagen intentas proyectar. Tío, necesito que permanezcas en el partido. No hace falta que te expulsen. Scottie no está, lo que significa que tendrás que dar la cara como un líder, en vez de situarte detrás de Scottie y de mí"». Dennis asumió el reto prácticamente todo el tiempo, hasta que, durante un partido, se cabreó y lo expulsaron. «Ahora sí que estoy furioso —afirmó Jordan—. Estoy jodido porque tuvimos esa conversación y me ha dejado colgado. Esa noche llamó a la puerta de mi habitación del hotel y me pidió un cigarro. Nunca lo había hecho en todo el tiempo que llevábamos juntos. De todas maneras, sabía que me había defraudado y esa fue su manera de disculparse.»

El 10 de enero Scottie regresó a la alineación para el partido contra los Golden State Warriors y de la noche a la mañana el equipo se transformó. Fue como asistir a la reaparición de un gran director de orquesta después de un permiso. De repente, todos supieron qué notas tocar y cómo armonizar. A partir de esa fecha, tuvimos una racha de 38-9 y empatamos con los Utah Jazz con el mejor balance de la liga: 62-20.

A medida que la temporada regular llegaba a su fin, consideré importante que rematásemos nuestra trayectoria como equipo. Se trataba del fin de una época y quería que dedicásemos tiempo a reconocer nuestros logros y la fuerza de nuestra conexión. Mi esposa June propuso que llevásemos a cabo el mismo ritual del programa para enfermos terminales en el que trabajaba y que estaba dirigido a los niños cuyos padres habían fallecido. Por lo tanto, organicé una reunión extraordinaria del equipo antes de inicio de los *play-offs* y pedí a cada uno que escribiese cuatro líneas sobre el significado que para ellos tenían la temporada y nuestro equipo.

Nos reunimos en la sala tribal. Asistió el núcleo del núcleo del equipo: los jugadores, los entrenadores y los preparadores físicos. Solo la mitad de los presentes habían escrito algo, si bien todos participaron. Steve Kerr habló de la emoción de convertirse en padre mientras estaba con el equipo y de haber llevado a su hijo de cuatro años, forofo del baloncesto, al vestuario de los Bulls para que conociese a Michael, Scottie y a Dennis. El entrenador principal Chip Schaefer citó el famoso versículo 13 de la Primera Epístola a los Corintios:

> Si hablo las lenguas de los hombres y de los ángeles, pero no tengo amor, soy como bronce que suena o como címbalo que re-

217

tiñe. Y si tengo el don de profecía y conozco todos los misterios y todo el saber; y tengo tanta fe como para mover montañas, pero no tengo amor, nada soy.

Michael escribió un poema corto. Fue muy conmovedor. Alabó la dedicación de todos y añadió que albergaba la esperanza de que el vínculo que habíamos establecido durase eternamente. Añadió: «Nadie sabe qué nos depara el futuro, pero terminemos bien el presente».

Fue muy emotivo oír cómo un grupo de curtidos jugadores de la NBA se mostraba ante los demás con tanta ternura. Cuando terminaron de hablar, pedí a Michael que introdujese su mensaje en un bote de café. A continuación apagamos las luces y prendí fuego a sus palabras.

Jamás olvidaré aquel momento, el aura serena de la sala, el fuego que ardió en la oscuridad y la intensa intimidad que compartimos estando juntos en silencio y viendo cómo se apagaban las llamas. Creo que el vínculo entre nosotros nunca fue tan intenso.

En la última semana de la temporada regular perdimos dos partidos, incluido un encuentro en casa con los Pacers. Aunque en la Conferencia Este nos habíamos asegurado la ventaja de ser locales, esa derrota me llevó a plantearme varias preguntas cuando comenzaron los *play-offs*. Mi preocupación principal tenía que ver con el cansancio. Michael y Scottie jugaban muchos minutos y yo no sabía si nuestro banquillo sería lo bastante resistente como para concederles el espacio que necesitarían cuando el partido estuviera avanzado. Nuestra estrategia al comienzo consistía en jugar una defensa dura, conservar las energías y hacer participar a Michael en los últimos minutos. Un elemento positivo fue la reaparición de Kukoc, que la temporada anterior había sufrido mucho de fascitis plantar y que en ese momento jugó tan bien que Sam Smith propuso que el gran trío de los Bulls incluyese a Toni en lugar de a Rodman. En cuanto a Dennis, me preocupaban su incoherencia y su dispersión, sobre todo porque ya no contábamos con Brian Williams como reserva. Con el fin de fortalecer la defensa interior, traspasamos al alero Jason Caffey y recuperamos a Dickey Simpkins, jugador más corpulento y agresivo, así como exjugador de los Bulls, de quien esperábamos que ayudase a Dennis y a Luc a cerrar la zona.

Tras un lento comienzo en los dos primeros partidos, que Bernie Lincicome, del *Chicago Tribune*, caracterizó como «zombies driblando», finalmente eliminamos a los New Jersey Nets en la primera ronda. En la serie siguiente, los Charlotte Hornets nos sorprendieron en el segundo enfrentamiento y nos batieron en un potente cuarto período liderado por nuestro exjugador B. J. Armstrong. El hecho de que B. J. nos superase inspiró a los nuestros, sobre todo a Michael, que estalló y remató a los Hornets en cinco encuentros.

Los Pacers fueron nuestros siguientes adversarios y no se rindieron con tanta facilidad. Formaban un equipo poderoso, a las órdenes de Larry Bird, el gran exjugador de los Celtics, que contaba con uno de los mejores lanzadores de la liga, Reggie Miller, y con una sólida línea de ataque liderada por el pívot Rik Smits. En una de las sesiones del club del desayuno, a Michael, a Scottie y a Harp se les ocurrió una creativa estrategia para neutralizar a los bases de los Pacers. Propusieron que Pippen marcara al base Mark Jackson porque en el pasado lo había hecho muy bien y que Harper se encargase de Miller porque era muy competente pasando bloqueos. Por su parte, Michael se encargaría del escolta Jalen Rose o del alero Chris Mullin, con lo cual ahorraría la energía que consumía persiguiendo a Reggie en defensa.

Di el visto bueno al proyecto, que funcionó bien. Obligó a los Pacers a 46 pérdidas de balón en los dos primeros encuentros, por lo que conseguimos una ventaja de dos partidos en la serie. Concluido el segundo enfrentamiento, Larry se quejó a la prensa del juego físico de Pippen. En consecuencia, en el siguiente encuentro Scottie tuvo enseguida problemas con las faltas. Luego Larry fastidió nuestra estrategia defensiva cuando cambió a Jackson por Travis Best, que era más veloz. Eso nos obligó a modificar el plan y a asignar a Harp (o a Kerr) a defender a Best y a emparejar a Michael con Miller. En el último cuarto, Reggie consiguió salvar los bloqueos, ganar un poco de espacio y marcar trece puntos rumbo a la victoria de los Pacers por 107-105.

Los últimos segundos del cuarto encuentro me recordaron la final de los Juegos Olímpicos de 1972 porque fueron totalmente caóticos. Ganábamos 94-93 y quedaban 4,7 segundos cuando hicieron falta a Scottie, que falló los dos tiros libres. En ese momento Harper y Miller tuvieron un altercado: Ron arrojó a Reggie sobre nuestro banquillo y comenzó a golpearlo. Posteriormente ambos jugadores fueron multados y Rose, que se había sumado a la refriega, fue castigado con un partido de suspensión. A mí también me multaron por comparar a los árbitros con los de los Juegos Olímpicos de 1972, que con una falta inoportuna invalidaron el triunfo del equipo estadounidense. Cuando la situación se calmó, Reggie apartó a Michael de un empujón con ambas manos, recibió un saque de banda y marcó un triple cuando solo quedaban 0,7 segundos para el final.

En el quinto encuentro apelamos a nuestra arma más letal, la defensa, y en Chicago cortamos el paso a los Pacers por 106-87, lo que nos colocó con una ventaja de 3-2 en la serie. «Esta noche ha habido un predominio inesperado —afirmó Michael—. Si todos estamos concentrados y jugamos a nuestra manera, podemos jugar realmente al baloncesto.» De momento todo iba bien. Dos días después, los Pacers volvieron a empatar la serie en Indianápolis, en otro partido cuyo arbitraje fue dudoso. Solo quedaba un minuto y veintisiete segundos cuando Hue Hollins, la vieja némesis de Scottie, le sancionó con una falta técnica que permitió que Miller empatase el partido a 87. Con los Pacers dos puntos por delante en los últimos segundos, Michael se dirigió a la canasta y cayó. Todos pensamos que le habían hecho falta, pero los árbitros miraron para otro lado. Y así acabó el encuentro.

¿Sería ese el final del imperio de los Bulls? Nunca me han gustados los séptimos encuentros; puede pasar cualquier cosa. Si perdíamos, también significaba que sería el último partido de Michael. Antes del mismo hablé con los jugadores sobre la perspectiva de la derrota. Expliqué que podíamos perder y que lo importante era jugar haciendo el esfuerzo que correspondía y sin dejarse dominar por el miedo a ser vencidos. Michael lo entendió. En su caso, perder no era una opción. En uno de los círculos que formó el equipo, M. J. declaró con expresión fría y decidida: «No perderemos este partido».

Nada se consigue fácilmente. Michael se esforzó y solo anotó nueve de veinticinco tiros. Al ver que sus lanzamientos en suspensión no daban resultado, se inventó canastas saltando hacia el aro en medio de varios jugadores y sacando faltas. Acabó con veintiocho puntos duramente conseguidos, diez de los cuales marcó desde la zona de tiros libres. También consiguió nueve rebotes y dio ocho asistencias.

La determinación de Michael fue contagiosa, sobre todo para el banquillo. Toni marcó 21 puntos, Kerr anotó once y Jud Buechler logró cinco rebotes en once minutos. Nuestro trabajo en los tableros fue la clave de aquel partido. Aunque aquella noche solo tuvimos un 38,2 por ciento de aciertos en el lanzamiento, en rebotes superamos a los Pacers por 50-34, lo que nos dio un montón de segundas oportunidades de anotar. Rodman, que no tuvo su mejor noche, solo colaboró con seis.

En mitad del cuarto período, el equipo falló diez puntos seguidos y se puso por debajo en el marcador por 77-74, lo que me llevó a pensar que ya éramos historia. En ese momento los jugadores se volvieron creativos, lucharon por el balón y buscaron toda clase de posibilidades para abrir el juego. Michael lanzó un pase a Longley y Scottie, que ofensivamente no estaba en su mejor momento, recogió la pérdida de balón de Luc y realizó un lanzamiento en suspensión cuando quedaban

221

menos de cinco minutos de partido, lo que nos permitió situarnos 81-79. Ganamos el encuentro por 88-83.

Una vez terminado el partido, un agotado Michael declaró: «El basket tiene que ver con el corazón y creo que esta noche hemos visto mucho corazón en la pista. Ha sido un gran esfuerzo. Se trata de un equipo realmente campeón en la manera de ganar y en lograr que las cosas pasen».

La serie siguiente, las finales del campeonato contra los Utah Jazz, tampoco sería un camino de rosas. En primer lugar, no contamos con la ventaja de jugar en casa porque los Jazz nos habían batido durante la temporada regular. Eso suponía que tendríamos que ganar dos partidos como visitantes o tres seguidos como locales, algo que nunca había sucedido fuera de la temporada regular. La clave para vencer a los Jazz consistía en sabotear su excelente juego de bloqueo y a continuación presionando a los bases John Stockton y Howard Eisley. Karl Malone era una máquina ofensiva, pero a la hora de crear lanzamientos no destacaba como Michael. Malone esperaba que los bases organizasen el juego. Si conseguíamos frenarlos, asfixiaríamos a Malone.

En el primer partido esperé para dar entrada a Harper porque no parecía muy seguro en ataque. En los últimos minutos Kerr no pudo contener a Stockton, razón por la cual en la prórroga perdimos por 88-85. En el segundo ganamos por los pelos a los Jazz, 93-88, y regresamos a Chicago para hacer historia. En el tercero, decidimos que Pippen ayudara a la defensa de Stockton cuando cruzaba la pista con el balón, ya que su corpulencia y envergadura de brazos dificultaría que John iniciase el ataque. Ganamos 96-54 y los Jazz se alzaron con la plusmarca de la menor cantidad de puntos que un equipo anotaba en un partido de *play-offs*. Jerry Sloan, el veterano entrenador de los Jazz, declaró: «Creo que, desde que comencé en este oficio, nunca había visto jugar mejor defensivamente a un equipo».

Ganamos los dos partidos siguientes en casa, por lo que teníamos una ventaja de 3-1 en la serie. Scottie destacó tanto en el cuarto enfrentamiento que Sam Smith propuso que lo nombrasen jugador más valioso de las finales, por encima incluso de Jordan. Claro que antes teníamos que ganar, lo que resultó más difícil de lo que imaginaba. En Chicago hubo tantas expectativas ante el quinto encuentro, que podía convertirse en el gran final de Michael, que a los jugadores les costó mucho concentrarse en el juego y perdimos por 83-81.

Todo se reducía al sexto partido en Utah. De hecho, todo se reducía a 18,8 segundos de aquel enfrentamiento, uno de los momentos más dramáticos en la historia del deporte. Yo no quería el séptimo encuentro, y menos aún en el Delta Center, donde la escandalosa hinchada local ejercía una poderosa influencia en los árbitros en los grandes partidos. Las cosas no pintaban nada bien cuando llegamos al pabellón para jugar el sexto. Scottie sufría intensos espasmos en la espalda y estuvo en el banquillo gran parte del partido. Harper había cogido un virus gripal que le afectaba el estómago. Longley jugaba una cantidad de tiempo limitada debido a que estaba cargado de faltas. El promedio de rebotes de Dennis en esta serie era de 6,75, muy por debajo de su media de quince en la temporada regular. Kukoc y Kerr se encontraban bien, aunque supuse que no podrían compensar la ausencia de Pippen. Antes de empezar pregunté a Michael si estaba en condiciones de permanecer en pista los cuarenta y ocho minutos que duraba el encuentro. «Si lo necesitas, los jugaré», respondió.

Después de siete minutos, Scottie dejó la pista a causa del dolor y se quedó en el banquillo durante el resto de la primera mitad. Resistimos y cumplimos los dos primeros cuartos perdiendo únicamente por cinco puntos. Scottie volvió a jugar después del descanso y estuvo diecinueve minutos en pista, mayormente como señuelo para el ataque. Iniciado el último cuarto, Utah ganaba por 66-61, pero lentamente perdió terreno ante los Bulls. Quedaban cinco minutos cuando empatamos a 77.

Tuvimos un problema: las piernas de Michael no daban más de sí y ya no podía elevarse para los tiros en suspensión. Lo apremié a que lanzase a canasta porque en pista los Jazz no contaban con un pívot taponadora. Le aconsejé que, si se veía obligado a realizar un tiro en suspensión, se acordase de completar la continuación, algo que no había hecho. Solo quedaban 41,9 segundos cuando John Stockton marcó un lanzamiento en suspensión desde 7,30 metros que permitió a los Jazz adelantarse en el marcador por 86-83. Pedí tiempo muerto y dije a los jugadores que llevasen a cabo una variación de una de mis jugadas favoritas: despejar el espacio a un lado de la cancha a fin de que Michael crease su propio lanzamiento. Scottie pasó el balón a Michael, situado en mitad de la pista, para que este rebasase a Russell por la derecha y encestase una bandeja contra el tablero, lo que nos puso 86-85 a favor de Utah.

Como cabía esperar, los Jazz no pidieron tiempo muerto y se dispusieron a iniciar una de las jugadas ensayadas. Michael previó por dónde iría el pase y rodeó a Karl a fin de robarle el balón.

En ese momento todo se ralentizó. Michael, que a menudo tenía una percepción sobrenatural de lo que ocurría en la pista, subió la pelota y evaluó la situación. Kerr y Kukoc estaban en la pista, por lo que los de Utah no podían correr el riesgo de asignarle doble defensa. De esa forma, Russell estaba solo para defender a Michael mientras este, como un felino que estudia a su presa, aguardaba tranquilamente el paso de los segundos. Russell intentó apoderarse del balón y Michael amagó con lanzar a canasta, dio un ligero empujón a Bryon, frenó en seco y lo hizo caer al suelo. Lentamente, con toda la tranquilidad del mundo, Michael se cuadró y encestó un tiro fantástico con el que ganamos el partido.

Posteriormente Jordan refirió lo que pasó por su mente en esos últimos segundos. Sus palabras parecen un poema dedicado a la atención plena. «Cuando lo cogí [el balón robado], el momento se convirtió en el momento. Karl no se dio cuenta de que me acercaba y le quité la pelota. Aproveché el momento en el que Russell se estiró. No tuve la menor duda. Era un partido que se decidiría por dos o tres puntos y siempre estuvimos muy cerca. Cuando cogí el balón, levanté al cabeza y vi que quedaban 18,8 segundos. Dejé pasar el tiempo hasta que detecté que la cancha estaba como yo quería. John Stockton estaba pendiente de Steve Kerr, así que no podía correr el riesgo de apartarse. En cuanto Russell se movió, vi claro mi camino y supe que podríamos retener el balón durante 5,2 segundos.»

Me costó creer lo que acababa de ocurrir. Pensaba que había sido testigo del momento más genial de Michael durante el famoso encuentro del año anterior en el que había jugado con gripe. Este había sido a otro nivel. Daba la sensación de que todo había transcurrido de acuerdo con el guion. Aunque años después Michael volvería al baloncesto y jugaría con los Washington Wizards, creo que todos piensan que ese lanzamiento fue su broche de gracia, un final perfecto donde los haya.

Concluidas las celebraciones, Michael invitó a los componentes del equipo y a sus invitados a una fiesta en uno de sus restaurantes de Chicago. Terminada la comida, el equipo se retiró a fumar cigarros y a recordar viejos tiempos con los Bulls. Las anécdotas fueron de lo mundano a lo profano. A continuación, cada uno brindó por un integrante del equipo. Celebré a Ron Harper por su generosidad al pasar de ser una estrella ofensiva a convertirse en especialista defensivo, lo que generó la consecución del segundo triplete de campeonatos. Scottie fue el último en tomar la palabra y brindó por Michael, el compañero con quien compartía el liderazgo. Declaró: «Nada de esto habría ocurrido sin ti».

Después de las finales se habían desatado muchas especulaciones sobre el destino de los Bulls. ¿Intentaría Reinsdorf volver a reunir al equipo para otro intento? Eso solo sucedería si Michael llegaba a firmar un acuerdo milagroso, comparable a su último lanzamiento. Mentalmente, yo ya estaba fuera. Fue por eso que le dije a Michael que no vinculara su decisión con la mía.

Durante las celebraciones del campeonato tuve otra reunión con Reinsdorf. Me ofreció la posibilidad de continuar con los Bulls, aunque sin garantías de recuperar a Michael y a Scottie. Krause y él habían tomado la decisión de reconstruir el equipo, proceso que no despertaba mi interés. Además, me hacía falta un descanso. June y yo queríamos mudarnos a Woodstock (Nueva York), donde yo había vivido antes de trabajar con los Bulls. Por lo tanto, rechacé elegantemente el ofrecimiento. Michael esperó a que terminase el cierre patronal, en enero de 1999, y anunció oficialmente su salida del equipo.

Cuando como entrenador franqueé por última vez las puertas del Berto Center, vi que varios periodistas me esperaban. Hablamos unos minutos, monté en mi moto y me alejé a toda velocidad. Fue un momento agridulce. Experimenté una profunda sensación de alivio cuando dejé atrás todo el drama del último año. También supe que sería todo un desafío desprenderme del profundo apego que sentía por el equipo que tanto me había aportado.

La maestra budista Pema Chodron habla del desprendimiento como de la oportunidad del verdadero despertar. Uno de sus proverbios preferidos afirma: «Solo encontramos en nosotros mismos aquello que es indestructible cuando nos exponemos una y otra vez a la aniquilación».

Era eso lo que buscaba. Sabía que no sería fácil pero, cuando el nuevo futuro se desplegó ante mí, me consolé con la certeza de que el desprendimiento es una vía necesaria, aunque en ocasiones desgarradora, hacia la transformación sincera.

«Las cosas que se separan constituyen una especie de prueba y también una forma de sanación —escribe Chodron—. Pensamos que el propósito es superar la prueba o el problema, pero lo cierto es que nada se resuelve. Las cosas vuelven a unirse y tornan a separarse. Es así de sencillo. La sanación procede de dejar espacio para que todo ocurra: espacio para el dolor, para el alivio, para la desdicha y para la alegría.»

En mi último año en Chicago había experimentado esas emociones. Poco después emprendería otro recorrido peculiar que me pondría incluso más a prueba.

Capítulo catorce

Una respiración, una mente

Los sentimientos van y vienen
como las nubes en el cielo agitadas por el viento.
La respiración consciente es mi amarre.
THICH NHAT HANH

*E*staba en el medio de la nada, en una pequeña aldea a orillas del lago Iliamna, en Alaska, cuando me enteré de la noticia. Me acompañaban mis hijos Ben y Charlie. Habíamos ido a pescar con mosca a una zona virgen y aislada y la captura no iba muy bien que digamos. Aquella tarde suspendimos temprano la jornada y subimos en barca por el río Iliamna para visitar las cataratas. Cuando regresamos al pueblo, un pandilla de niños nos rodeó.

—¿Es usted Phil Jackson? —preguntó uno de los chicos.

—Sí. ¿Por qué?

—Acabamos de enterarnos de que los Lakers lo han fichado.

—¿Qué dices? ¿Cómo te has enterado?

—Tenemos una parabólica y lo han pasado por ESPN.

Así comenzó la aventura. Debo reconocer que no fue una sorpresa total. Había hablado del tema con Todd, mi representante, antes del viaje a Alaska y le había autorizado a negociar con los Lakers porque allí no se podría poner en contacto telefónico conmigo. De todos modos, fue una sorpresa recibir la noticia de boca de un chiquillo inuit en un sitio que en espíritu estaba tan alejado de la cultura lujosa y de rabiosa actualidad de Los Ángeles.

No fue un cambio sencillo para mí. Terminada la temporada 1997-98, June y yo nos trasladamos a Woodstock, población del estado de Nueva York en la que ya habíamos vivido. Albergábamos la esperanza de revitalizar nuestro matrimonio, que se había resentido durante mi último y tenso año de trabajo en los Bulls. Además, June se había hartado de su papel de esposa de un miembro de la NBA. Independizados nuestros hijos, June ansiaba una vida novedosa y más satisfactoria. Yo quería lo mismo..., o eso pensaba. Evalué otros intereses, como dar conferencias sobre liderazgo y colaborar en la campaña presidencial de mi amigo Bill Bradley. Al final no encontré nada que me gustase tanto como guiar a los jóvenes a la victoria en una pista de baloncesto.

Hacia el final de la temporada 1998-99, comencé a recibir llamadas de equipos que querían hablar conmigo y ne reuní con los New Jersey Nets y los New York Knicks. Ninguna de esas conversaciones fructificó, aunque agudizaron mis ganas de retornar al baloncesto. De más está decir que no era lo que June esperaba. Mi esposa pensaba que yo estaba en condiciones de dejar atrás el baloncesto y dedicarme a una actividad que no me obligase a viajar tanto. No pudo ser y en verano tomamos la decisión de separarnos.

Poco después me trasladé a Montana, mi verdadero refugio, donde los Lakers me contactaron. El equipo estaba cargado de talentos, entre los cuales figuraban estrellas en ascenso como Shaquille O'Neal y Kobe Bryant, o Glen Rice y Robert Horry, dos de los mejores lanzadores exteriores de la liga. Durante los *play-offs*, los Lakers habían cojeado debido a la inestable química grupal y los jugadores carecían de la fortaleza mental necesaria para rematar con éxito encuentros decisivos.

Mientras evaluaba si aceptaba o no el puesto, recordé

229

que durante la expedición a campo a través que realizaba, en la habitación del hotel había visto el encuentro de las semifinales de la Conferencia Oeste, en el que los Lakers fueron barridos por los San Antonio Spurs. Lo que vi no me gustó nada. Tim Duncan y Dave Robinson, pívots de los Spurs, obligaron a Shaq a realizar *fade aways* desequilibrados en lugar de su clásico y potente movimiento hacia el centro de la zona, y luego lo machacaron atrás para romper la defensa de los Lakers. Me di cuenta de que, mientras miraba esos partidos, visualizaba diversas maneras de contrarrestar la estrategia de los Spurs y transformar a los Lakers en el equipo en el que estaban destinados a convertirse.

Fue el mensaje que intenté transmitir a finales de junio, durante la primera rueda de prensa que ofrecí como recién nombrado entrenador jefe del equipo. El evento tuvo lugar en el Hilton de Beverly Hills y, mientras preparaba lo que diría, Kobe se presentó en mi habitación con un ejemplar de mi libro *Canastas sagradas*. Me pidió que se lo firmase y añadió que estaba muy entusiasmado ante la posibilidad de trabajar conmigo porque era un gran fan de los Bulls. Lo tomé como una buena señal.

«Se trata de un equipo talentoso, joven y que está a punto —declaré aquel día a los periodistas—. Hace tiempo que lo está, pero todavía no ha dado el salto. Se trata de una situación parecida a la que hace diez años existía en Chicago y albergamos la esperanza de tener el mismo éxito.»

Añadí que la clave consistía en que cada integrante de los Lakers confiase lo suficiente en los demás como para trabajar conjunta y eficazmente y llevar a cabo la transición de un equipo de individualidades a un colectivo, tal como habían hecho los Bulls a comienzos de la década de 1990. «Cuando se cuenta con un sistema de ataque, no se puede ser solo la persona que coge el balón e intenta anotar —expliqué—. Tienes que mover la pelota porque has de compartirla con todos. Si lo haces, repartes el juego y ahí radica la gran diferencia.»

Terminada la rueda de prensa, Jerry West me llevó a Westchester para visitar a Jerry Buss en su nueva residencia de estilo español construida en los promontorios que miran al océano. El doctor Buss, que estudió química pero amasó su fortuna en el negocio inmobiliario durante la década de 1970, tuvo la buena fortuna de adquirir los Lakers (más el Forum y Los Angeles Kings, equipo de hockey sobre hielo) en 1979, año de la llegada de Magic Johnson al equipo, al que lideró en la consecución de cinco campeonatos a lo largo de la década siguiente. Desde entonces, el equipo no había estado a la altura de lo que prometía.

El doctor Buss era espabilado, pero poseía un perfil muy bajo; vestía vaqueros, una camisa sencilla y zapatillas de marca. Declaró que estaba orgulloso de los triunfos que los Lakers habían logrado en el pasado y que le apetecía volver a ganar un campeonato.

—Creo que podrá ganar tres, tal vez cuatro campeonatos —repuse.

—¿En serio? —preguntó sorprendido.

Buss quedó impresionado por mi descaro. Posteriormente comentó que era la primera vez que un entrenador ponía el listón tan alto a comienzos de la temporada. Pero yo no estaba alardeando.

Fue un verano extraño. Poco después de mi regreso a Montana tras las reuniones con la organización de los Lakers, mi hija Chelsea vino de visita con su novio y se rompió el tobillo en un accidente con una moto de montaña, de modo que pasó ocho semanas escayolada. Como le costaba desplazarse, pidió la baja en su trabajo en Nueva York y decidió hacer la recuperación en Montana, donde mi hijo Ben y yo la cuidamos. June también pasó unas semanas para echarle una mano.

Cierto día Shaq apareció por casa sin anunciarse. Se había desplazado a Montana para actuar en un concierto de rap en la cercana Kalispell. Cuando llegó yo no estaba en casa, así que June lo hizo pasar. A mi regreso, vi que Shaq saltaba en una cama elástica instalada junto al lago, lo que causó sensación en el barrio. De repente, montones de embarcaciones llenas de curiosos se congregaron en la bahía, cerca de casa, para mirar boquiabiertos a ese gigantón que volaba por los aires. Shaq no los decepcionó. Después de la exhibición en la cama elástica, se dedicó a realizar volteretas hacia atrás en el muelle y, por último, dio un intrépido paseo en moto acuática por la bahía.

Como ya se había mojado, pedí a Shaq que me ayudase a desplazar un árbol enorme que una tormenta reciente había derribado en el jardín. Verlo trabajar fue impresionante. Cuando terminamos, el deportista comentó: «Entrenador, seguro que nos divertimos un montón». Esa era la esencia de Shaq: la diversión.

Cuando llegó la hora de preparar las maletas y viajar en coche a Los Ángeles, experimenté ansiedad ante mi nueva vida. Me preocupaba qué les ocurriría a mis hijos ahora que me había convertido en padre soltero y me mudaba a una ciudad nueva y desconocida. Para facilitar esa transición, mis hijas Chelsea y Brooke me grabaron un popurrí de canciones que hacían referencia a los nuevos comienzos. Habían pasado más de veinticinco años desde la última vez que recorrí las carreteras secundarias de California. Atravesaba Sierra Nevada cuando sonó la versión soul de *Amazing Grace*, interpretada por Willie Nelson. Me dejé llevar por la emoción; frené, apagué el motor y me eché a llorar. Contemplé las cumbres californianas iluminadas por el sol y tuve la sensación de que dejaba atrás un oscuro capítulo de mi vida y me dirigía hacia algo nuevo y brillante. Mis hijas lo habían comprendido y esa grabación era su modo de decir: «Sigue andando, papá, vive la vida y no te encierres».

Mis primeros días en Los Ángeles fueron mágicos. Un amigo me consiguió una casa muy bonita y espaciosa en Playa del Rey, no lejos del aeropuerto y de las futuras instalaciones de práctica de los Lakers. Mi nuevo hogar contaba con espacio más que suficiente para huéspedes. Pocas semanas después y con gran alegría por mi parte, Brooke, que acababa de graduarse en la Universidad de Colorado, se trasladó a casa para ayudarme y se quedó a fin de realizar un posgrado en psicología. Durante la primera semana que pasé en Los Ángeles, Bruce Hornsby, amigo compositor que me había presentado a los Grateful Dead, me invitó a un concierto en el Greek Theatre del Griffith Park, donde actuó con Linda Ronstadt, Jackson Browne y otros iconos mundiales de la música. Era una cálida tarde de septiembre y el público se mostró amistoso y afable. Todo fue típicamente californiano y me sentí a mis anchas.

Uno de mis primeros compromisos consistió en asistir a la reunión de negocios anual de la NBA en Vancouver. Estaba allí cuando conocí a Jeanie, la hija del doctor Buss y vicesecretaria de operaciones comerciales del equipo, que organizó una cena para los ejecutivos de los Lakers. Era una mujer lista, atractiva, de hermosos ojos y gran sentido del humor. Al día siguiente nos encontramos por casualidad en el aeropuerto. Jeanie volvía a casa para celebrar su cumpleaños con amigos, pero su vuelo se retrasó, por lo que acabamos charlando en la sala de espera. Me contó varias anécdotas divertidas sobre la desastrosa época de Dennis Rodman en los Lakers, durante el año 1999, que sonaron como un penoso *reality show* convertido en teatro del absurdo.

Emocionalmente aún me sentía bastante dolido y no estaba seguro de encontrarme en condiciones de mantener una nueva relación, pero ocurrió. Al día siguiente entré en mi despacho y sobre el escritorio había un trozo del pastel de cumpleaños de Jeanie. Pasé por su despacho para agradecérselo y se ruborizó, por lo que tuve la sensación de que su regalo era algo más que un gesto pueril. Por eso la invité a cenar esa noche. Las cosas no podían ir mejor.

Cuando nos reunimos en la Universidad de Santa Barbara para el campamento de entrenamiento, me percaté de que los Lakers eran un equipo del estadio 3 que defendía claramente la perspectiva «Soy genial y tú no». Uno de los principales puntos fuertes del equipo era el predominio de Shaq como pívot. El triángulo ofensivo estaba diseñado para pívots potentes, capaces de dominar la zona, postear eficazmente y catalizar el ataque con pases precisos. Shaq lo hacía tan bien o mejor que los pívots que habíamos tenido en Chicago, y además era un anotador explosivo que atraía defensas dobles y triples, lo que daba pie a todo tipo de posibilidades. Mark Heisler, columnista de *Los Angeles Times*, escribió que Shaq representaba un paso evolutivo: «El primer [baloncestista] de 135 kilos y 2,16 metros que la NBA ha visto y que no está gordo». Durante el verano Shaq se había puesto en 159 kilos pero, cuando estaba en forma, era más fuerte, veloz y ágil que cualquier otro pívot de la liga. También poseía una capacidad extraordinaria para los contraataques a toda velocidad. Sin embargo, no era tan fuerte como yo esperaba en los rebotes o en defensa y también noté que era contrario a salir de la zona para seguir bloqueos, lo que lo volvía vulnerable a los equipos que contaban con buenos bloqueos y continuación, como los Jazz, los Spurs y los Trail Blazers.

Kobe era uno de los escoltas más creativos que he visto en mi vida, capaz de llevar a cabo jugadas asombrosas, comparables en muchos aspectos a las de Michael Jordan, su ídolo. Aunque admiraba su profundo deseo de ganar, sabía que aún tenía mucho que aprender sobre el trabajo en equipo y la abnegación. Pese a ser un pasador genial, su primer impulso consistía en penetrar regateando y machacar por encima de quien se interpusiera en su camino. Al igual que gran parte de los jugadores más jóvenes, intentaba forzar la acción en vez de permitir que la jugada fluyese hacia él. Me planteé la posibilidad de asignarle la posición de base, pero dudé de que pudiera contener su ego el tiempo suficiente como para dominar el sistema del triángulo.

Rice era otro jugador con grandes dotes. Antiguo alero All-Star con los Charlotte Hornets, realizaba un tiro en suspensión de tal precisión que solía volver loco a Scottie Pippen. Glen también había sido un defensor veloz y agresivo, pero había perdido la práctica desde su incorporación a los Lakers. La alineación también incluía a Horry, un fibroso ala-pívot de 2,08 metros que posteriormente fue apodado Rob Grandes Tiros por su capacidad para realizar en el último minuto lanzamientos que permitían ganar partidos. Rob había conseguido dos anillos con Houston antes de ser traspasado a Phoenix y, más tarde, a Los Ángeles. Su promedio de anotaciones había disminuido y me preocupaba que no poseyera la fortaleza ni la corpulencia necesarias para plantar cara a los ala-pívots más fornidos de la liga.

El equipo también contaba con varios reservas prometedores, incluidos Rick Fox y Derek Fisher, que más adelante se convertirían en importantes líderes. Rick había sido la estrella de la Universidad de Carolina del Norte y era lo bastante corpulento y ágil como para ocupar la posición de ala-pívot tanto como la de alero. Boston lo había escogido en el *draft*, donde languideció varias temporadas en la época posterior a Larry Bird. Se lo conocía por cometer errores incomprensibles, que los jugadores denominaban «el balón de Ricky», pero también era un buen lanzador en los últimos segundos, un sólido defensor y un generoso jugador de equipo. Derek Fisher, base de 1,85 metros y 95 kilos, procedente de la Universidad de Arkansas en Little Rock, era espabilado, agresivo, polifacético y poseía un buen lanzamiento exterior y aptitudes naturales para el liderazgo.

Nuestras mayores debilidades estaban en las posiciones de base y ala-pívot. Nos esforzamos por cerrar un trato con Houston para fichar a Scottie Pippen, pero se lo llevaron los Portland Trail Blazers, que aquel año fueron nuestro adversario en la Conferencia Oeste. Afortunadamente, logramos fichar a Ron Harper, cuyo contrato con los Bulls había finalizado, y a A. C. Green, veterano ala-pívot que no solo era un buen defensor, sino que conocía a fondo el triángulo, ya que había jugado con los Dallas

235

Mavericks a las órdenes de Jim Cleamons, exentrenador de los Bulls. También incorporamos como refuerzo al pívot John Salley, que había ganado anillos con los Bulls y con los Pistons.

El motivo por el que fichamos a tantos jugadores experimentados respondió a que queríamos poner fin a la penosa historia del hundimiento de los Lakers a causa de la presión, la inmadurez y la falta de disciplina. En 1998, los Lakers perdieron quince de sus primeros dieciocho lanzamientos en la derrota más bochornosa en la historia del equipo, la paliza por 112-77 a manos de los Jazz en el primer partido de las finales de la Conferencia Oeste. Horry declaró que el partido le recordó a *El mago de Oz* porque el equipo jugó «sin corazón, sin cerebro y sin valentía». El entrenador Del Harris puso la guinda a ese comentario diciendo: «Y sin magia».

También formé un equipo de entrenadores experimentados, compuesto principalmente por veteranos con los que había trabajado en Chicago, que incluía a Cleamons, a Frank Hamblen y a Tex Winter (para gran consternación de Jerry Krause). Asimismo, conservé a Bill Bertka, entrenador asistente de los Lakers.

Nuestro plan consistía en comenzar por el principio, enseñar a los jugadores los rudimentos del sistema y llevar a cabo ejercicios de pases y lanzamientos básicos. El primer día del campamento pedí a los jugadores que formaran un círculo en el centro de la pista, por lo que Chip Schaefer, coordinador de rendimiento atlético que me había traído de los Bulls, recordó un viejo anuncio televisivo de E. F. Hutton. «Todos estaban pendientes de cada palabra, incluidos los veteranos —evoca Chip—. Todos pidieron silencio porque querían oír cada una de las palabras de ese tío.» Un rato después, durante el entrenamiento, Chip reparó en que Rick Fox sonreía de oreja a oreja, y que luego dijo: «Tengo la sensación de haber vuelto al instituto. No era como: "Ay, Dios mío, he vuelto al instituto". Sonreía porque en los fundamentos del baloncesto hay algo que los jugadores adoran».

La perspectiva de Fish es más amplia: «Habíamos pasado por un par de años de *play-offs* frustrantes. A pesar de que contábamos con muchos talentos, todavía no habíamos encontrado la manera de utilizar al máximo nuestro potencial. Phil y el resto del personal contratado lograron llamar nuestra atención y nos centraron de una manera que no habíamos visto en los tres primeros años que jugamos juntos. Dijera lo que dijese Phil, fuera lo que fuese lo que quería que hiciéramos y la forma de lograrlo, todos parecimos adoptar esa clase de espíritu impresionable, típico de los parvulitos. Eso nos convirtió en una máquina, en un grupo eficaz, comparable a varios de los mejores equipos de la historia».

Mi experiencia de la primera jornada es distinta. Aunque me gustó el deseo de aprender de todos, me sentí disgustado por la escasa capacidad de atención de los jugadores. Antes del campamento les había enviado una carta de tres páginas sobre el triángulo ofensivo, la meditación plena y otros temas que quería comentar con ellos. Cuando comencé a pronunciar mi primera charla seria reparé en que tenían dificultades para concentrarse en lo que les decía. Miraron el techo, se movieron incómodos y arrastraron los pies. Se trataba de una actitud que nunca había vivido con los Bulls.

Con el propósito de solucionar el problema, el psicólogo George Mumford y yo elaboramos un programa de meditación diaria para los jugadores y aumentamos paulatinamente el tiempo dedicado a cada sesión, de tres a diez minutos. También les di a conocer el yoga, el taichi y otras disciplinas orientales con el fin de que equilibrasen mente, cuerpo y espíritu. En Chicago habíamos utilizado la meditación, principalmente, para agudizar la conciencia de la pista. En el caso de este equipo, nuestro objetivo consistió en vincular a los jugadores a fin de que experimentase lo que denominábamos «una respiración, una mente».

Uno de los principios básicos del pensamiento budista sostiene que nuestro concepto convencional del yo

237

como entidad aparte es una ilusión. A nivel superficial, lo que consideramos el yo puede parecer que está separado y que se distingue de lo demás. Al fin y al cabo, todos somos distintos y tenemos personalidades definidas. Sin embargo, a nivel más profundo formamos parte de un todo interconectado.

Martin Luther King se refirió fluidamente a este fenómeno. «En un sentido real, toda la vida está interrelacionada —afirmó—. La totalidad de las personas están inmersas en una red ineludible de reciprocidad, unidas en un único tejido de destino. Lo que afecta directamente a una persona afecta indirectamente a todas las demás. Nunca podré ser lo que debo ser a menos que seas lo que debes ser y nunca serás lo que debes ser a menos que yo sea lo que debo ser. En eso consiste la estructura interrelacionada de la realidad.»

Nichiren, maestro budista japonés del siglo XIII, tenía un punto de vista más pragmático. En una carta a sus discípulos, perseguidos por las autoridades feudales, aconsejó que cantasen juntos «con el espíritu de muchos en cuerpo pero con una sola mente, trascendiendo sus diferencias para volverse tan inseparables como los peces y el agua en la que nadan». La unidad propuesta por Nichiren no es la uniformidad mecánica, impuesta desde fuera, sino una conexión que respeta las cualidades singulares de cada individuo. El maestro añade: «Si el espíritu de muchos en cuerpo pero con una sola mente prevalece, las personas logran sus metas, mientras que si son uno de cuerpo pero de mentes distintas no consiguen nada digno de mención».

Esa era la clase de unidad que quería fomentar en los Lakers. Aunque no pretendía convertir a los jugadores en adeptos, pensaba que la práctica de la meditación los ayudaría a poner fin a la perspectiva que tenían de sí mismos, orientada hacia el yo, y les permitiría atisbar otra forma de relacionarse entre sí y con el mundo que les rodeaba.

Cuando empecé a entrenar a los Bulls, ya habían empezado a transformarse en un equipo orientado hacia una sola mente. El ideal lakota del guerrero les gustó porque habían librado incontables batallas con los Detroit Pistons, su mayor rival. Ese enfoque no era el más adecuado para los Lakers porque tenían numerosos enemigos en lugar de uno y, desde mi perspectiva, el más perturbador era la cultura de la que se alimentaban.

Los futuros jugadores de la NBA se ven inmersos en un universo que refuerza la conducta narcisista precisamente en el período en el que van al instituto. A medida que crecen y siguen teniendo éxito, acaban rodeados por legiones de representantes, promotores, seguidores y otros aduladores que repiten machaconamente que son el no va más. Tardan muy poco en empezar a creérselo. Además, Los Ángeles es un universo consagrado a celebrar la idea del yo glorificado. Fueran donde fuesen, los Lakers (no solo las superestrellas, sino todos los jugadores) eran recibidos como héroes y se les ofrecían oportunidades infinitas y con frecuencia lucrativas de complacerse en lo maravillosos que eran.

Mi intención consistió en proponerles un refugio seguro y solidario para que se resguardaran de toda esa locura y en ponerlos en contacto con su anhelo profundo, aunque todavía desconocido, de establecer una conexión real. Fue el primer paso ineludible, del que dependía el éxito futuro del equipo.

239

Capítulo quince

El ataque con ocho elementos

La grandeza es una condición espiritual.
MATTHEW ARNOLD

240 *R*ick Fox describe mi manera de abordar el entrenamiento como una obra de teatro en tres actos. Tal como lo ve, durante los primeros veinte o treinta partidos de cada temporada estoy relajado y dejo que los personajes se manifiesten como son. «La mayoría de los entrenadores inician la temporada con una idea de lo que pretenden hacer y la imponen a los jugadores —explica—. Siempre tuve la sensación de que Phil acudía con la mente abierta. "Veamos cómo se expresa cada individuo. Veamos cómo reacciona el grupo en acción y si es capaz de resolver problemas." En ese momento nada parece preocuparlo en relación con el equipo. No se deja dominar por el pánico. No le da demasiadas vueltas a nada porque sería prematuro.»

El segundo acto tiene lugar durante los veinte o treinta partidos de la segunda mitad de la temporada, tanto antes como después del encuentro del All-Star. «Era entonces cuando nutría al equipo, cuando los jugadores empezaban a aburrirse —acota Rick—. En ese momento Phil pasaba más tiempo con cada uno de nosotros. Nos daba libros.

Siempre tuve la sensación de que en ese período era cuando más me impulsaba.»

Durante los últimos veinte o treinta enfrentamientos que desembocaban en los *play-offs* comenzaba el tercer acto y, según Fox, mi comportamiento cambiaba, variaban mi aspecto, mi modo de hablar y la forma en la que movía el cuerpo, como si estuviera diciendo: «Ha llegado mi momento». En la carrera hacia los *play-offs*, yo solía limitar el acceso de los medios de comunicación a los jugadores y adoptaba un papel más asertivo en la promoción del equipo. «Phil nos proporcionó renovada confianza y una identidad de la que antes carecíamos —asegura Rick—. También nos quitaba la presión de encima y la cargaba sobre sus hombros. Volvía ciudades enteras contra él. Todos se cabreaban con Phil y ya no pensaban en nosotros. Era como decir "Fijaos en el lío que he creado" para que nosotros pudiéramos hacer lo que nos tocaba sin llamar la atención.»

Como les gustaba decir a los jugadores: «Suena bien». Claro que las cosas no siempre salieron bien con tanta facilidad.

Me reuní con Shaq, Harper y Kobe antes de mi primera temporada con los Lakers para anunciar que ese sería el equipo de Shaq y que el ataque se organizaría a través de él. Añadí que Kobe sería el líder en la pista, relación parecida a la que en época anterior habían mantenido Kareem y Magic. Me pareció que Kobe todavía no estaba en condiciones de ser cocapitán, así que asigné esa posición a Ron y le pedí que cumpliese la función de mentor de Kobe para que este aprendiera a convertirse en un líder. Quería dejarlo todo claro desde el primer momento para que no existiese la menor ambigüedad en cuanto a las funciones, sobre todo con Kobe.

A decir verdad, no tuvimos ocasión de poner a prueba esa estructura porque Kobe se fracturó la mano derecha en el primer partido de la pretemporada y hasta diciembre estuvo de baja. Elegimos a Brian Shaw, base artesano, corpulento y polifacético, para que sustituyera a Kobe mientras se recuperaba y el equipo comenzó a unirse, consiguiendo 12-4 en el primer mes. Nuestra primera derrota fue ante los Trail Blazers, que hicieron un buen trabajo a la hora de detener a nuestros bases, sabotear nuestros ataques y hacer falta a Shaq cada vez que cogía un balón. Más tarde pregunté a Scottie, que jugaba en los Trail Blazers, qué opinaba de nuestro equipo, a lo que respondió con retintín: «Me parece que vuestro triángulo parece más bien un cuadrado».

Entrado el mes y durante un partido contra los Nets, propuse una jugada a la que llamábamos *home run*, pero Horry no se enteró, por lo que no llegó a buen puerto. Cuando pregunté qué había pasado, Robert respondió: «No recibí tu llamada». Como sabía que procedía de una familia religiosa, en ese momento hice una alusión bíblica: «Las ovejas le siguen porque conocen su voz». Añadí que «todo consiste en reconocer la voz del amo y responder a su llamada». Salley me preguntó a qué me refería con esa afirmación políticamente incorrecta y respondí que se trataba de una parábola según la cual las ovejas conocen la voz de su amo, que Jesús empleó para explicar la comprensión que sus discípulos tenían de la voluntad de Dios. En las semanas posteriores a aquel incidente, los jugadores me tomaron el pelo cada vez que los convoqué al corrillo que formábamos antes de los entrenamientos diciendo: «Sí, amo».

Kobe regresó el 1 de diciembre y el equipo continuó en racha durante ese mes de enero. Sin embargo, el ataque no fluía tanto como antes. Kobe tuvo dificultades para aceptar el triángulo y a menudo hizo lo que le dio la gana, actitud que molestó a sus compañeros. Muchos me dijeron que no les gustaba jugar con él porque no respetaba el sistema. Yo ya había vivido esa misma situación con Michael, pero Kobe, que acababa de cumplir veintiún años, no era tan maduro ni tan amplio de miras como Jordan.

En el supuesto de que los hijos estén destinados a realizar los sueños incumplidos de sus padres, Kobe fue un caso digno de libro de texto. Su padre, Joe «Jellybean» Bryant, había sido un ala-pívot de 2,06 metros de los legendarios Philadelphia 76ers de la década de 1970. En cierta ocasión Bryant padre afirmó que practicaba la misma clase de juego que Magic Johnson, pero la NBA no estaba preparada para su estilo recreativo. Tras jugar en dos equipos más, terminó su carrera en Italia, donde Kobe se crio.

Benjamín de tres hermanos (y el único varón), Kobe fue el ojito derecho de la familia y nada de lo que hacía estaba mal. Logró más de lo previsto, era inteligente y talentoso y poseía dotes naturales para el baloncesto. Dedicó muchas horas a imitar las jugadas de Jordan y de otros, que estudiaba en las filmaciones que sus parientes le enviaban desde Estados Unidos. Tenía trece años cuando la familia regresó a Filadelfia y no tardó en convertirse en estrella del instituto Lower Merion High School. John Lucas, por entonces entrenador principal de los 76ers, invitó a Kobe a practicar con el equipo durante el verano y quedó sorprendido por la decisión y la calidad de las aptitudes del joven jugador. Poco después, Kobe decidió dejar la universidad e ingresar directamente en el baloncesto profesional, a pesar de que tenía las puntuaciones necesarias para elegir centro. Jerry West declaró que la prueba de Kobe previa al *draft*, cuando solo tenía diecisiete años, era la mejor que había visto en su vida. Jerry llegó a un acuerdo con los Hornets para elegir a Kobe en el decimotercer puesto del *draft* de 1996, el mismo año en el que se llevó a Shaq de Orlando, ya convertido en agente libre, con un acuerdo por siete años y 120 millones de dólares.

Kobe tenía grandes sueños. Poco después de que yo empezara a entrenar a los Lakers, Jerry me llamó a su despacho para comunicarme que Bryant le había preguntado cómo era posible que hubiese promediado más de treinta puntos por partido cuando Elgin Baylor, su compañero de

243

equipo, también anotaba treinta y pico tantos por partido. Kobe estaba empeñado en superar a Jordan. Su obsesión por Michael era muy llamativa. El joven no solo dominaba buena parte de las jugadas de Jordan, sino que había adoptado muchos gestos de M. J. Cuando aquella temporada jugamos en Chicago, organicé un encuentro entre las estrellas, pues pensé que Michael podría contribuir a modificar la actitud de Kobe y llevarlo hacia una generosa labor de equipo. En cuanto se estrecharon las manos, las primeras palabras que brotaron de los labios de Kobe fueron las siguientes: «Por si no lo sabes, puedo patearte el culo de igual a igual».

Yo admiraba la ambición de Kobe, aunque también consideraba que tenía que salir de su capullo protector si quería ganar diez anillos, que, según había dicho a sus compañeros de equipo, era la razón por la que lanzaba. Es evidente que el baloncesto no es un deporte individual y que para alcanzar la grandeza tienes que confiar en los buenos oficios de los demás. Kobe todavía no se había abierto a sus compañeros ni había intentado conocerlos. Cuando los partidos terminaban, en lugar de quedarse con ellos regresaba a su habitación de hotel y estudiaba grabaciones o charlaba por teléfono con sus amigos del instituto.

También era un principiante obstinado y testarudo. Estaba tan seguro de sus capacidades que era imposible señalarle un error y lograr que corrigiera su comportamiento. Necesitaba experimentar directamente el fracaso para poner fin a la resistencia. Con frecuencia se trataba de un proceso penoso, tanto para él como para el resto de los implicados, hasta que de repente tenía un destello de lucidez y encontraba la forma de cambiar.

A principios de febrero se produjo uno de esos momentos. Se desencadenó cuando el equipo se vio afectado por un desconcertante malestar. Tras un rendimiento para nada estelar, cerré la puerta del vestuario a todos, salvo a los jugadores, y pregunté qué había pasado para que, súbitamente, dejaran de jugar juntos. Se trataba de una pregunta retórica y añadí que la abordaríamos al día siguiente, después del entrenamiento. Nos reunimos en la pequeña sala de vídeos del Southwest Los Angeles Community College, el espacio provisional en el que entrenábamos. Había cuatro hileras de cinco sillas y en la primera tomaron asiento Shaq, Fox, Fish, Harp y Shaw. Kobe se instaló en la última fila y se tapó la cabeza con la capucha de la sudadera. Analicé las exigencias que el triángulo ofensivo planteaba a cada uno y concluí: «Por el bien del equipo, es imposible ser un jugador egoísta y lograr que este ataque funcione. Y punto». Pedí comentarios, pero reinó el silencio. Estaba a punto de levantar la sesión cuando Shaq tomó la palabra y fue directamente al grano: «Me parece que Kobe juega de una forma demasiado egoísta como para que ganemos». La situación estalló. Algunos jugadores asintieron para manifestar su apoyo a Shaq, incluido Rick Fox, que añadió: «¿Cuántas veces hemos hablado de este tema?». Ninguno de los presentes salió en defensa de Kobe, a quien pregunté si tenía algo que añadir. Finalmente se dirigió al grupo y con tono tranquilo y bajo aseguró que se preocupaba por todos y deseaba formar parte de un equipo ganador.

No quedé nada satisfecho con aquella reunión. Me preocupaba que esas quejas y su falta de resolución ejerciesen un efecto negativo en la armonía grupal. A lo largo de los días siguientes, perdimos cuatro de los posteriores cinco encuentros, incluida la «masacre» por 105-81 a manos de los Spurs en el Alamodome. Una noche de aquella semana soñé que zurraba a Kobe y abofeteaba a Shaq. Escribí en mi diario: «Shaq necesita y Kobe desea..., el misterio de los Lakers».

Los jugadores se echaron mutuamente las culpas del desastre y me di cuenta de que debía resolver el descontento sin más dilaciones. En primer lugar, quedé con Shaq para desayunar y hablar de lo que significa ser líder. Le referí cómo, con su seguridad en sí mismo y en sus compañeros de equipo, Michael había electrizado a los Bulls antes del quinto partido contra Cleveland, que había que ganar sí o sí, en los *play-offs* de 1989. Los Cavaliers acababan de derrotarnos en casa y empatar la serie y Michael había tenido una mala noche. Nada de eso lo afectó. Su confianza absoluta animó al equipo y ganamos el encuentro decisivo..., como no podía ser de otra manera, con otro lanzamiento de los suyos, milagroso y en el último segundo.

Expliqué a Shaq que tenía que encontrar la manera de inspirar a los Lakers. Era necesario que manifestase su confianza y su disfrute del deporte de tal manera que sus compañeros, sobre todo Kobe, sintieran que si aunaban fuerzas nada sería imposible. Añadí que el primer trabajo del líder de un equipo consiste en animar a sus compañeros, no en bajarles la moral. Probablemente no era la primera vez que Shaq oía ese discurso, pero me parece que en aquella ocasión por fin lo comprendió.

Con Kobe adopté otra estrategia. Intenté ser lo más directo posible y demostrarle en presencia de otros jugadores que sus errores egoístas dañaban al equipo. Durante una sesión en la sala de vídeos, comenté: «Ahora sé por qué a los chicos no les gusta jugar contigo. Tenéis que jugar juntos». También apunté que, en el caso de que no quisiera compartir el balón con sus compañeros, de buena gana me ocuparía de conseguirle el traspaso. En esa situación no tuve dificultades para interpretar el papel de poli malo. (Nota: a veces hay que sacar la porra.) Sabía que después Harper suavizaría el golpe y, de una forma menos brusca, le explicaría cómo jugar más generosamente sin sacrificar su creatividad.

También hablé con Kobe sobre lo que hace falta para ser líder. En determinado momento dije: «Supongo que en algún momento te gustaría ser capitán de este equipo..., tal vez cuando seas mayor y tengas veinticinco años». Respondió que quería ser capitán al día siguiente, a lo cual añadí: «No podrás serlo si nadie te sigue».

Finalmente lo entendió, por lo que comenzó a buscar modos de encajar en el sistema y jugar de forma más cooperativa. También hizo esfuerzos por relacionarse más con sus compañeros, sobre todo cuando estaban de viaje. Después de la pausa del All-Star, todo comenzó a cobrar forma. Tuvimos una racha de 27-1 y terminamos la temporada con el mejor balance de la liga: 67-15.

Los jugadores se alegraron de que consiguiéramos resolver un problema que durante los tres últimos años había afectado al equipo. Como dijo Rick Fox, la actitud de primero yo de Kobe «era una mina terrestre a punto de explotar. Todos sabíamos que alguien tenía que pisarla, pero nadie estaba dispuesto a hacerlo. Phil por fin la pisó y ahora hablamos con más libertad».

Mientras nos preparábamos para los *play-offs*, pensé que sería útil ofrecer a los jugadores un curso de repaso de baloncesto generoso, en este caso desde otra perspectiva: la de Buda. Dediqué una de las sesiones de entrenamiento a hablar del pensamiento de Buda y de su aplicación al baloncesto. Es probable que algunos jugadores perdieran enseguida el interés, pero, de todas maneras, la charla apartó sus mentes de las presiones de la postemporada que estaba a punto de iniciarse.

En pocas palabras, Buda predicó que la vida es sufrimiento y que la causa primordial de nuestro sufrimiento se corresponde con nuestro deseo de que las cosas sean distintas a como realmente son. En un momento las cosas nos van bien y, en el siguiente, no. Sufrimos cuando intentamos prolongar el placer o rechazar el dolor. Por la parte positiva, Buda también postuló una manera práctica de eliminar los anhelos y la desdicha siguiendo lo que denominó «el noble camino óctuple», cuyos pasos son la visión correcta, el pensamiento correcto, el hablar correcto, la acción correcta, el medio de vida correcto, el esfuerzo correcto, la atención plena correcta y la concentración correcta.

Llegué a la conclusión de que esas enseñanzas podrían ayudarme a explicar lo que intentábamos conseguir como equipo de baloncesto.

247

1. VISIÓN CORRECTA, que consiste en abordar el juego como un todo y en trabajar juntos como equipo, al igual que los cinco dedos de la mano.

2. PENSAMIENTO CORRECTO, que significa verte a ti mismo como parte de un sistema más que como tu propio conjunto unipersonal. También supone comenzar cada partido con la intención de involucrarse estrechamente con lo que le sucede a todo el equipo porque estás inseparablemente conectado con todos sus integrantes.

3. HABLAR CORRECTO, que presenta dos componentes. Uno consiste en hablar positivamente contigo mismo durante el encuentro y no despistarte con cháchara sin sentido («Odio a ese árbitro» o «Me desquitaré de ese cabrón»). El segundo alude a controlar lo que dices cuando hablas con los demás, sobre todo con los compañeros de equipo, y a encargarte de transmitirles información positiva.

4. ACCIÓN DIRECTA, que engloba realizar jugadas adecuadas a lo que ocurre en la cancha en vez de fanfarronear sin cesar o de comportarse de formas que perturban la armonía grupal.

5. MEDIO DE VIDA CORRECTO, que tiene que ver con respetar el trabajo que haces y con usarlo para sanar la comunidad en lugar de emplearlo para dar brillo a tu ego. Sé humilde. Te pagan una cifra exorbitante para hacer algo que es realmente sencillo..., y divertido.

6. ESFUERZO CORRECTO, que abarca ser generoso y aplicar la cantidad adecuada de energía a la labor que hay que realizar. Tex Winter sostiene que el afán no tiene sustituto y a mí me gusta añadir que, si no te afanas, acabas en el banquillo.

7. ATENCIÓN PLENA CORRECTA, que supone presentarse en cada partido con una clara comprensión de nuestro plan de ataque, incluido lo que cabe esperar de nuestros adversarios. También implica jugar con precisión, realizar las jugadas correctas en los momentos adecuados y mantener la atención constante durante todo el encuentro, estés en la pista o en el banquillo.

8. CONCENTRACIÓN CORRECTA, que se refiere a permanecer focalizado en lo que haces en cualquier momento dado, sin obsesionarse por los errores que has cometido en el pasado ni por las cosas malas que podrían suceder en el futuro.

Lo que más me preocupaba de este equipo eran los fantasmas de los *play-offs* anteriores. Los jugadores perdían la paciencia y entraban en pánico cuando la presión iba en aumento y no conseguían superar la situación únicamente con su talento. Como planteó un maestro budista que conozco, solían colocar una cabeza encima de otra cuando el juego comenzaba a caer en picado. Dicho de otra manera, permitían que su miedo o su cólera persistiesen y descuidaban lo que tenían entre manos.

Con los Lakers descubrí que debía convertirme en un modelo de serenidad y paciencia muchísimo mayor que en el caso de los Bulls. Tenía que demostrarles que la clave de la paz interior consiste en confiar en la interconexión esencial de todas las cosas: una respiración, una mente. Es lo que nos dota de fuerza y energía en medio del caos.

La primera ronda de los *play-offs* contra Sacramento fue una experiencia aleccionadora. Los Kings formaban un equipo joven, veloz y explosivo, y tenían un excelente ataque de pases, que resultaba difícil frenar cuando los jugadores estaban en pleno movimiento. El adversario que más me preocupaba era Chris Webber, demasiado potente y rápido para nuestro dúo de alas-pívots, formado por A. C. Green y Robert Horry. Eso significaba que podía quedar libre y ayudar a Vlade Divac a marcar a Shaq. También me impresionó el banquillo de los Kings, liderado por Predrag Stojakovic, un escalofriante anotador exterior. Calculé que nuestras mayores posibilidades radicaban en aflojar el ritmo y neutralizar el juego en carrera de los Kings.

Esa estrategia funcionó en los dos primeros encuentros, que ganamos sin dificultades; cuando la serie a cinco partidos se trasladó al ruidoso pabellón de Sacramento, los Kings aprovecharon varias generosas decisiones arbitrales y la deslucida defensa de Shaq para igualar la serie a dos. Después del tercer encuentro, un reportero de Sacramento me preguntó si esos eran los seguidores más ruidosos con los que me había encontrado en mi vida y respondí que no. «Fui entrenador de baloncesto en Puerto Rico, donde, si ganabas como visitante, te rajaban los neumáticos y te echaban de la ciudad a pedradas para romper los cristales de las ventanillas del coche.» Añadí: «En Sacramento la gente está a medio civilizar y es posible que, a su manera, sea un poco pueblerina». Quería hablar con ironía, pero ese comentario desencadenó una reacción negativa en la capital del estado, que nos persiguió durante años.

El último partido, que era imprescindible ganar y que se celebró en el Staples Center, fue la prueba de fuego de los jóvenes Lakers. Dije a los jugadores: «Si no ganáis este enfrentamiento no merecéis pasar a la siguiente ronda. Tenéis que jugar para ganar más que para evitar perder». Tengo que reconocer que dieron la talla. Por fin los árbitros comenzaron a pitar a Webber por organizar contra Shaq una especie de defensa zonal, con lo cual nuestro pívot quedó liberado y se hizo cargo del juego, encestando siete de sus primeros ocho lanzamientos desde el campo, por lo que acabó con treinta y dos puntos y dieciocho rebotes. Ganamos por 113-86. «Sabíamos que esa noche haríamos historia si no desarrollábamos nuestro mejor juego —reconoció Shaq—. Pero no queríamos escribir esa historia».

En la serie siguiente conseguimos una ventaja relativamente fácil por 3-0 contra los Phoenix, pero en el cuarto enfrentamiento nos desplomamos y permitimos que los Suns marcasen 71 bochornosos puntos en la primera mitad.

Durante el descanso no hablé con los jugadores y dejé que se enfadaran y se peleasen entre sí hasta que faltaban dos minutos para la reanudación del partido. Entré en el vestuario hecho una furia y tiré una botella de Gaterlode contra la pared para llamar la atención de los chicos. No suelo hacer recriminaciones, pero tenían que conocer mi opinión sobre su incoherencia y falta de disciplina en un momento en el que no podían permitirse la más mínima torpeza. Después del encuentro, que perdimos por 117-98, di una explicación más meditada: «Estáis hartos los unos de los otros y no estáis dispuestos a trabajar juntos como una unidad cohesionada. Resulta comprensible en esta fase de una temporada tan larga pero, para ganar el campeonato, necesitáis encontrar la manera de combinar vuestras energías y conseguir una energía comparable a la de vuestro adversario. Tenéis que averiguar qué hace falta para ganar noche tras noche. Aprendamos la lección de este encuentro y no permitamos que vuelva a ocurrir». Dos noches después, los Suns no pudieron con nosotros y ganamos por 87-65.

Desde el principio sabía que nuestro contrincante en las finales de la Conferencia Oeste, los Portland Trail Blazers, sería el equipo a derrotar en los *play-offs*. Contaban con la plantilla más cara de toda la liga (73,9 millones de dólares), incluidos el pívot Arvidas Sabonis (más corpulento que Shaq con sus 2,21 metros y sus 132 kilos), el brioso ala-pívot Rasheed Wallace, el base zurdo Damon Stoudamire, el polifacético lanzador Steve Smith, y Pippen, capaz de hacer de todo. También disponían de un banquillo dinámico, que incorporaba a los bases Bonzi Wells y Greg Anthony y al alero Detlef Schrempf, de 2,06 metros. Con tal de pincharlos, apodé a los Blazers «el mejor equipo que el dinero puede comprar».

El jugador que me preocupaba era Scottie. Era doctor en el triángulo ofensivo y conocía todas las manera habidas y por haber de desorganizarlo. Con el fin de impedir que Scottie acosase a nuestros bases, situamos a Horry, con su 2,08 metros, en la pista defensiva e hicimos que Harper deambulase por lo alto de la cancha como alero. También intentamos usar a Kobe como base tradicional a fin de aprovechar el desajuste defensivo entre nuestros bases altos y Stoudamire, base de los Portland, que medía 1,78 metros. Ambas estrategias funcionaron mejor de lo previsto. De todas maneras, nuestra mayor ventaja fue en el centro de la pista. A

251

pesar de su estatura, Sabonis no era lo bastante ágil como para frenar a Shaq, por lo que con frecuencia los Blazers tuvieron que ponerle un triple marcaje, y en partidos posteriores apelaron a la estrategia de hacer falta constantemente a Shaq, el «hack-a-Shaq». Kobe afirmó que sin duda los Blazers eran más corpulentos y atléticos que nosotros pero, «por su cuenta, Shaq equivale a cuatro de ellos».

El primer encuentro fue un paseo. Nuestro banquillo hizo un magnífico segundo tiempo y Shaq consiguió 41 puntos, por lo que ganamos por 109-94. Durante el segundo partido, Scottie empezó a presionar a Glen Rice y a penetrar nuestra defensa, marcando diecisiete puntos en la primera mitad, lo que condujo a los Blazers a una ventaja de dos dígitos antes de sufrir una caída y dislocarse dos dedos. Por milagroso que parezca, en la media parte solo perdíamos de tres puntos, pero en el tercer cuarto nuestro ataque se fue a pique y solo anotamos ocho puntos, la puntuación más baja de la franquicia en los *play-offs*. Aquel enfrentamiento se convirtió en una llamada de alerta. Intenté que los jugadores averiguaran por su cuenta cómo encontrar su resolución interior y evitar el fracaso, pero no sucedió. Tenía muy claro que era necesario detener el ataque de Scottie por toda la cancha, por lo que después del partido comuniqué a Kobe que se encargaría de marcarlo.

Ganamos los dos encuentros siguientes, en Portland, y nos adelantamos 3-1 en la serie. El primero fue una motivadora remontada que incluyó un osado tiro en suspensión de Harper cuando solo faltaban 29,9 segundos para el fin del partido. Lo más destacable de la segunda victoria fue el rendimiento perfecto de Shaq, con nueve sobre nueve desde la línea de tiros libres, el mejor que había tenido en los *play-offs*. A partir de ahí y cuando la mente de los jugadores se llenó de sueños con anillos, los Blazers nos arrasaron en el par de encuentros siguientes y la serie quedó empatada a tres.

Nada funcionaba. En la mitad del sexto partido perdíamos por quince puntos y Fox se puso furioso.

—¡Otra vez más de lo mismo! —se lamentó en alusión al historial de los Lakers, que solían derrumbarse en los *play-offs*—. A todo el mundo se le ha puesto cara de tonto. ¿Qué haremos? ¿Permitiremos que los árbitros decidan cómo tenemos que jugar? ¿Seremos pasivos y dejaremos que nos derroten o nos levantaremos y les plantaremos cara? ¿Nos ayudaremos los unos a los otros?

—Será mejor que le digas que se calle —me aconsejó Tex.

—No —contesté—. Alguien tiene que decir estas cosas.

No era el entrenador, sino un jugador del equipo, quien tenía que hacer esas puntualizaciones.

¿Ya he dicho lo mucho que detesto los séptimos encuentros? Pues este fue extraordinariamente desafiante. Los Blazers estaban en racha e hicimos tremendos esfuerzos por contenerlos. En el tercer período despegaron y anotaron dieciocho puntos en siete posesiones; repentinamente vimos que perdíamos de dieciséis puntos y nos hundíamos. Si he de ser sincero, pensé que ya nos habíamos ahogado. Pedí tiempo muerto e intenté instilar vida a nuestros aturdidos y confusos soldados.

Entonces sucedió algo estupendo: el equipo se encontró a sí mismo. Los Blazers nos acribillaron con bloqueos y continuación en la parte superior porque Shaq se negaba a abandonar su zona de confort y a que lo pillasen persiguiendo jugadores como Stoudamire o Smith. En momentos como aquel, Shaq solía sumirse en una espiral descendente contra sí mismo, actitud que en el pasado le había afectado durante los grandes partidos. Se trataba del ejemplo perfecto de poner una cabeza sobre otra. Le dije de forma inequívoca que había llegado su momento. Necesitaba abandonar la zona y, pasara lo que pasase, cortar los bloqueos y continuación. Manifestó su acuerdo inclinando la cabeza.

Otra cosa que necesitábamos era dejar de tratar de enviar el balón a Shaq, que estaba rodeado de forma infran-

253

queable y solo había anotado dos tiros de campo en los tres primeros cuartos. Teníamos un montón de jugadores libres y los Blazers nos desafiaban a que convirtiésemos los lanzamientos que nos ofrecían.

«Olvidaos de Shaq. Cuatro tíos lo rodean. Lanzad, simplemente lanzad», aconsejé.

El ataque se produjo desde todos los ángulos. Brian Shaw, que sustituía a Harper, se desplegó, encestó varios triples clave, ayudó a que Shaq anotara mucho y luchó con Brian Grant por un rebote importante. Kobe comenzó a practicar algunas de las jugadas que le aconsejamos. Liderada por un Shaq envalentonado, nuestra defensa cortó el paso a los principales lanzadores de los Blazers. En determinado momento, conseguimos un parcial de 25-4.

Quedaba menos de un minuto para el final del partido e íbamos cuatro puntos por delante cuando Kobe se dirigió a la canasta y sorprendió a todo el mundo: lanzó un maravilloso *alley-oop* a Shaq, a medio metro por encima del aro, y este atrapó para machacar la canasta. Fue gratificante ver que finalmente esos dos hombres se unían para realizar una jugada coordinada a la perfección que dejó el encuentro fuera del alcance de nuestros adversarios. Ese pase simbolizó la distancia que Kobe y Shaq habían recorrido desde aquella inquietante reunión del equipo durante el invierno, en la que sus egos habían colisionado. Desde entonces habían buscado una forma mutuamente satisfactoria de colaborar que culminó en ese lanzamiento espectacular y definitivo. Aquel momento fue un punto de inflexión decisivo para nuestro nuevo equipo.

Las finales del campeonato contra los Indiana Pacers no serían tan transformadoras como nuestra batalla con los Trail Blazers, pero tampoco estuvieron exentas de peligros. Los Pacers eran el equipo con mejor tiro de la liga y tenían muchas formas de complicarnos la vida.

La principal amenaza era el escolta Reggie Miller, famoso por su sobrecogedora habilidad para salir de bloqueos y realizar tiros en suspensión de los que sirven para decidir el resultado de un encuentro. También contaban con el alero Jalen Rose, un artista en el uno contra uno; con el pívot Rik Smits, impresionante lanzador de tiros en suspensión; con el base Mark Jackson, sólido en el poste; con los polifacéticos ala-pívots Dale Davis y Austin Croshere, así como con un aguerrido banquillo en el que figuraban Sam Perkins, el genio de los triples, y el superveloz base Travis Best. Para colmo, Indiana disponía de uno de los mejores conjuntos de preparadores de la NBA, en el que figuraban Dick Harter, gurú de la defensa; Rick Carlisle, coordinador del ataque, y Larry Bird, el entrenador principal.

Comenzamos con buen pie. En el primer partido, jugado en Los Ángeles, Shaq apabulló a los Pacers con 43 puntos y diecinueve rebotes, mientras que Miller se desinfló y solo anotó uno de dieciséis lanzamientos. El partido quedó sentenciado enseguida. Dos días más tarde, repetimos y vencimos a los Pacers con otra virtuosa actuación de Shaq y sendos veintiún puntos por parte tanto de Rice como de Harper. La otra cara de la moneda fue que en el primer tiempo Kobe se torció el tobillo y todo apuntaba a que también se perdería el partido siguiente.

Indiana reaccionó y se alzó con la victoria en el tercer encuentro, que tuvo lugar en Indianápolis. Eso no fue lo más importante. Después del primer enfrentamiento, Christina, la esposa de Rice, se quejó a los periodistas de que yo no daba suficientes minutos en pista a Glen y la prensa se cebó con ese comentario. Ella comentó con Bill Plaschke, columnista del *Los Angeles Times*: «Si fuera yo, ya me habría convertido en Latrell Sprewell II» (en alusión a Latrell Sprewell, entonces estrella de los Warriors, que había golpeado y agarrado del cuello a su entrenador, P. J. Carlesimo). Fue un comentario totalmente fuera de lugar, pues lo cierto es que

255

Glen y yo ya habíamos hablado de limitar sus minutos de juego en determinadas situaciones y él había estado de acuerdo con ello. Glen manejó magistralmente bien a los medios y, aunque apoyó a su esposa, en público no defendió sus acusaciones.

De hecho, tenía algo más urgente de lo que preocuparme: el tobillo de Kobe. Antes del inicio del tercer partido, él me rogó que lo pusiera en pista, pese a que el dolor lo estaba matando. Después de ver que se ponía dificultosamente de puntillas en el pasillo contiguo al vestuario, decidí que era demasiado arriesgado y lo obligué a permanecer en el banquillo.

Tres noches más tarde, la del cuarto encuentro, Kobe seguía muy dolorido, pero insistió en jugar. Fue su gran noche. Casi todo el enfrentamiento estuvo muy igualado; en el primer minuto del tiempo suplementario Shaq tuvo que volver al banquillo porque estaba cargado de faltas, así que Kobe lo sustituyó y encestó ocho de nuestros dieciséis puntos, consiguiendo la victoria por 120-118. Una vez acabado el encuentro, Shaq corrió al parqué y abrazó a su compañero, al que ahora llamaba su «pequeño gran hermano».

Kobe me dejó impresionado. Era la primera vez que notaba lo insensible que podía llegar a ser ante un dolor atroz. No permitiría que nada lo frenase. Aquella noche me recordó a Michael Jordan.

Como no podía ser de otra manera, perdimos el siguiente encuentro de forma espectacular, por 33 puntos, lo que significó la peor derrota de la temporada. El partido fue un fracaso tan rotundo que me pregunté si el equipo tenía lo necesario para ganar el campeonato. Fox adoptó una perspectiva más optimista al comentar: «La recuperación resulta mucho más divertida cuando te dan una paliza como la de hoy».

Tras repasar las grabaciones, decidimos introducir cambios en algunas posiciones defensivas: hicimos que Harper se ocupara de Miller, Kobe de Jackson y Rice de Rose. También desplazamos a A. C. para que se encargase de Rik Smits, que tenía dificultades para coger pases lanzados por encima de la cabeza de un defensor. Como era previsible, Smits tuvo un mal partido y solo anotó uno de ocho lanzamientos de campo. Sin embargo, el resto del equipo encestó en el Staples Center como si estuviera jugando en casa. Solo en el cuarto período, con los Pacers por delante 84-79, las tornas comenzaron a cambiar.

Una de nuestras mejores estrategias era una jugada a la que llamábamos el «puño en el pecho», que consistía en que dos jugadores practicasen un bloqueo y continuación en el ala mientras otro ocupaba la esquina. La belleza de la jugada radicaba en que alejaba a tres Pacers de la zona de tiro a fin de encargarse del bloqueo y continuación y del anotador de la esquina. Eso los obligaba a ocuparse individualmente de Shaq (craso error) o a dejar libre al lanzador de la esquina y darle la posibilidad de anotar un triple (error todavía más grave).

En el cuarto tiempo realizamos seis «puños en el pecho», lo que nos ayudó a despejar la pista. También tuvimos éxito con otras jugadas, incluida la que llamábamos la «cadena perpetua», que consistía en que Brian Shaw enviaba a Shaq un pase elevado sobre el tablero. Kobe también se animó, anotó lanzamientos, consiguió rebotes y, sobre todo, ayudó a Shaq, de modo que al inicio de la última parte logramos un parcial de 15-4 y cogimos la delantera.

Íbamos 110-103 y quedaban tres minutos y dos segundos cuando Bird puso finalmente en práctica la estrategia de cortar tajantemente a Shaq. En los veintiún segundos siguientes le hicieron dos faltas y solo encestó uno de sus cuatro lanzamientos libres. Decidí retirarlo de la pista hasta que faltaran dos minutos para el final del encuentro, momento en el que sancionarían con una técnica a los Pacers si cometían deliberadamente una falta. Entretanto, Indiana fue ganando terreno y el marcador se puso en 110-109 cuando quedaban un minuto y treinta y dos segundos para el final del partido.

De allí no pasaron. Solo faltaban trece segundos

cuando Kobe marcó dos tiros libres y aseguró nuestro triunfo por 116-111. Al abandonar la cancha, se señaló el dedo del anillo y agitó el índice como si estuviera diciendo que ese no era más que el primero de muchos campeonatos.

Acabado el encuentro, el doctor Buss me tomó el pelo por mi impaciencia. «¿Por qué se te ocurrió ganar el primer año y hacer que pareciese tan sencillo? —bromeó—. De esa forma, parece que los demás somos tontos por no haberlo logrado antes.»

Debo reconocer que jamás imaginé que conquistaríamos tan rápido el primer anillo. Pensaba que, como mínimo, los jugadores tardarían un par de años en aprender el sistema y formar una unidad cohesionada. Este equipo había cogido la vía rápida hacia la gloria. Fue gratificante ver que los principios básicos que habíamos desarrollado con los Bulls resultaban tan eficaces para transformar un conjunto radicalmente distinto en un equipo de campeones. Era evidente que la supremacía de Shaq constituía uno de los factores clave de nuestra victoria, lo mismo que la infatigable creatividad de Kobe. Lo que más me agradó fue la sinergia que ambos mostraron hacia el final de la temporada, en cuanto se dieron cuenta de que se necesitaban mutuamente para alcanzar el único objetivo que tenía sentido.

Yo también viví una transformación decisiva aquella temporada. Aprendí a superar mi miedo a lo desconocido y a crear una nueva vida en una ciudad desconocida sin perder lo que más amaba. Había llegado mi momento de establecer relaciones renovadas y más profundas con mis hijos, no solo con Brooke, que vivía en casa, sino con los demás, que me visitaban regularmente. También había llegado la hora de seguir abriéndome espiritualmente. En los momentos difíciles, la meditación me había ayudado a hacer frente a las dudas e incertidumbres que surgen cuando rompes con el pasado y te lanzas a una nueva existencia. Hacía años que no me sentía tan vivo.

De todos modos, lo que me produjo más placer fue ver cómo ese grupo de jugadores talentosos pero indisciplinados se transformaban en una fuerza a tener en cuenta. Todavía les quedaba mucho por aprender, pero me impresionó la rapidez con la que habían pasado de un equipo del estadio 3, orientado hacia el yo, a un equipo del estado 4, focalizado en el nosotros. Despacio, muy despacio, generaron la confianza necesaria para recuperarse de la adversidad y conectarse con una fuente de fuerza interior que la mayoría jamás había experimentado. Plantaron cara a sus demonios de frente y sin pestañear.

259

Capítulo dieciséis

El goce de no hacer nada

Si te quedas tranquilo, sin hacer nada,
la primavera llega y la hierba crece por sí misma.
PROVERBIO ZEN

A veces, cuando relleno formularios, en la casilla profesión escribo «mago». No pretendo engañar a nadie. Lisa y llanamente, cuando pienso en la labor de equilibrar egos que tenemos que realizar los entrenadores de la NBA, creo que la mejor manera de definirla consiste en decir que hacemos magia.

Sin duda fue así en el otoño de 2000, cuando nos reencontramos en Los Ángeles para iniciar la nueva temporada. El año posterior a la conquista del campeonato siempre es el más difícil. En esa fase todos los egos levantan la cabeza y la química misteriosa que el equipo tenía poco tiempo atrás repentinamente desaparece.

Rick compara ganar un campeonato de la NBA con conseguir tu primer Oscar. «Define quién eres y durante el resto de tu vida significas algo», afirma. Claro que también modifica nuestras expectativas. «Te conviertes en campeón y a lo largo de varios meses te dan palmaditas en la espalda. Al fin regresas para la nueva temporada y te dices que eso es lo que quieres que te pase.»

La mayoría de los jugadores intentan ocultar sus expectativas personales, pero no es complicado detectarlas, sobre todo cuando empiezan a jugar. Una de las cosas buenas del triángulo ofensivo radica en que pone de manifiesto el estado de ánimo de cada jugador sin necesidad de que pronuncie palabra alguna.

Lo primero que noté fue la pérdida de impulso. Los jugadores se habían dedicado en corazón y alma a ser campeones y muchos ahora funcionaban a velocidad de crucero. Opté por no presionarlos demasiado a comienzos de la temporada. Les dije que, dado que ya habían ganado un campeonato, había llegado el momento de investigar cómo solucionar los problemas por sí mismos.

De todos modos, faltaba algo. En vacaciones habíamos perdido a algunos de los jugadores más competentes: Glen Rice se marchó a Nueva York como agente libre, A. C. Green fue fichado por Miami y John Salley se retiró. Para cubrir esos puestos fichamos a baloncestistas sólidos, incluidos el ala-pívot Horace Grant y el pívot Greg Foster, que habían formado parte de la plantilla de los Bulls, así como a J. R. Rider, escolta capaz de anotar más de 20 puntos por partido…, siempre y cuando no se desconcentrase. Hablé con Ron Harper para que retrasara un año más su retirada y nombré a Rick Fox cocapitán y alero titular. En los dos primeros meses perdimos más encuentros de lo que consideraba aceptable, razón por la cual me pareció que esa temporada sería una montaña rusa emocional. El equipo había perdido la armonía grupal.

Un jugador cuyas aspiraciones no me costó deducir fue Kobe Bryant. Se había esforzado durante el verano, aseguraba que había realizado más de dos mil lanzamientos diarios y había dado otro salto de gigante en rendimiento. Los seguidores quedaron encantados con sus nuevas y espectaculares jugadas y su popularidad se disparó, ya que estuvo a punto de superar a Shaquille O'Neal en las decisivas estadísticas de venta de camisetas personalizadas.

Tuvo un inicio realmente estimulante liderando la clasificación de anotadores, mientras en tiros de campo rondaba el 50 por ciento. A principios de diciembre superó en anotación a su rival, Vince Carter, por 40-31, en la victoria sobre los Raptors en Toronto y un locutor de la radio local aseguró: «El año pasado los Lakers eran conocidos como el equipo de Shaq, pero ha dejado de ser así».

Kobe engordaba su currículo a costa del resto del equipo. A comienzos de temporada le había pedido que volviese a jugar como en la temporada anterior, pasando el ataque por Shaq y ciñéndose al sistema hasta los últimos minutos de partido. La respuesta de Kobe consistió en duplicar prácticamente la cantidad de lanzamientos por encuentro y en adoptar un estilo irregular de pases, mejor dicho, de no pases, que enfureció a sus compañeros de equipo, sobre todo a Shaq. Su egoísmo y su imprevisibilidad generaron en sus compañeros la sensación de que ya no confiaba en ellos, lo que desgastó un poco más la armonía del equipo.

262

La temporada anterior Kobe había adoptado el triángulo ofensivo. Estaba impaciente por poner a prueba el sistema que había convertido en campeones a Michael y a los Bulls. Sin embargo, al comienzo de esa temporada me dijo que, en su opinión, el triángulo ofensivo era demasiado aburrido y simple y le impedía expresar sus aptitudes. Aunque lo comprendí, le expliqué que necesitábamos ganar la mayor cantidad de encuentros con la menor cantidad posible de contratiempos, incluidas las lesiones y el agotamiento de final de temporada. Sospecho que no me creyó.

En mi caso, parte del reto consistía en que los Lakers eran un equipo muy distinto a los Bulls. En Chicago no contábamos con un pívot dominante, como Shaq, así que adaptamos el sistema para que el ataque incorporase a Jordan. Los Bulls disponían de un gran líder en la pista, Scottie Pippen, el hombre que siempre he dicho que ayudó a Michael a convertirse en Michael. El papel de orquestador principal de los Lakers recayó, por defecto, en Kobe, que no estaba interesado en convertirse en el Pippen de Shaq. Quería crear lanzamientos para su propio lucimiento.

Rick Fox describe al Kobe de esa época como «voluntarioso y decidido, pero como un elefante en una cacharrería». En sus primeros años en los Lakers, Rick compitió frecuentemente con Kobe por obtener minutos de juego. «Kobe es un macho alfa —sostiene—. Observa el mundo con la mirada de quien piensa "Sé más que tú". Si te interponías en su camino, se empeñaba en empujarte y volverte a empujar hasta que te apartases. Si no retrocedías, te devoraba».

Rick compara el afán competitivo de Kobe con el de M. J., con el que trabajó en los campamentos de baloncesto cuando era universitario. Rick comenta: «No conozco a nadie más que se comporte como ellos. Lo único que les importa es ganar, cueste lo que cueste. Exigen que quienes los rodean actúen de la misma manera, les da igual que puedan o no hacerlo. Dicen: "Busca dentro de ti la manera de mejorar, pues es lo que yo hago cada día de la semana y cada minuto del día". No toleran nada, absolutamente nada, que esté por debajo de ese nivel».

Fox detectó una diferencia entre Michael y Kobe: «Michael necesitaba ganar en todo. Por ejemplo, no podía conducir de Chapel Hill a Wilmington sin convertir el trayecto en una carrera. Quisieras o no competir, Michael competía contigo. Me parece que, por encima de todo, Kobe compite consigo mismo. Se pone obstáculos y se plantea desafíos, por lo que necesita que otros lo acompañen. Practica un deporte individual con uniforme de equipo…, y lo domina. En cuanto abandona la pista, no le interesa competir contigo por la forma de vestir o de conducir. Está obsesionado por conquistar las metas que se puso a los quince o dieciséis años».

Ese era exactamente el motivo por el que resultaba tan complicado entrenar a Kobe. Mentalmente lo tenía todo resuelto y se había planteado el objetivo de convertirse en el mejor jugador de baloncesto de todos los tiempos. Estaba seguro de lo que tenía que hacer para llegar a su meta. Por lo tanto, ¿para qué escuchar a los demás? Si seguía mis consejos y reducía sus canastas no alcanzaría sus propósitos.

Me pregunté cómo conseguiría hacer entrar en razón a ese chico.

El jugador que se sintió más molesto con el estilo egoísta de Kobe fue Shaq. Concluidos los *play-offs*, le dije a Shaq que se lo pasase bien en verano y que regresara relajado y dispuesto a trabajar. Aunque captó la primera parte del mensaje, lamentablemente tuvo dificultades para asimilar el «dispuesto a trabajar». Se presentó pasado de peso y fuera de forma y tardó casi media temporada en volver a estar en condiciones. Parecía agotado, como si aún no se hubiese recuperado de la temporada anterior, en la que había liderado la lista de anotadores de la liga y conquistado los tres premios al jugador más valioso.

A comienzos de la temporada 2000-01, su porcentaje de lanzamientos disminuyó y su habilidad para los tiros libres, que nunca había sido destacable, se esfumó. A principios de diciembre, Shaq superó el récord de fallos en la zona de tiros libres, ostentado por Wilt Chamberlain, con cero de once en el partido contra Seattle. La situación empeoró tanto que los seguidores empezaron a enviarme amuletos y cristales para darle suerte. Hasta su hija de tres años le dio consejos. Aunque intentó trabajar con Shaq, al cabo de dos días Tex Winter tiró la toalla y aseguró que era «imposible de entrenar en lo que a tiros libres se refiere». Por eso trajimos a Ed Palubinskas, genio australiano de los tiros libres descubierto por el representante de Shaq, y su trabajo no tardó en dar frutos. Al final de la temporada, el porcentaje de Shaq en la línea de tiros libres había pasado del 37,2 al 61,5.

A finales de diciembre, después de un partido contra los Suns en el que Kobe marcó 32 puntos y Shaq a duras penas consiguió dieciocho, este nos comunicó al gerente general Mitch Kupchak y a mí que quería ser traspasado. Kupchak, que había sustituido a Jerry West después de la inesperada dimisión de este último durante el verano, no se tomó en serio la petición. Mitch estaba convencido de que, simplemente, Shaq manifestaba su frustración por los intentos de Kobe de adueñarse del ataque.

Así fue el inicio de lo que se convirtió en una contienda en toda regla entre Shaq y Kobe por el tema de quién lideraba el equipo. Era evidente que la alianza formada la temporada anterior se había resquebrajado.

Recomendé que se conocieran mejor con la esperanza de que, de ese modo, fortalecieran sus vínculos. Kobe se resistió a la idea de acercarse demasiado a Shaq y lo espantaron los intentos del pívot de convertirlo en su «hermanito». Como el propio Kobe explicó, procedían de culturas distintas y tenían muy poco en común. Shaq era hijastro de un militar del sur pasado por Newark, Nueva Jersey, y Kobe era el vástago cosmopolita de un exjugador de la NBA de Filadelfia, pasado por Italia.

265

Sus personalidades también eran sorprendentemente distintas. Shaq era un muchacho generoso al que le gustaba divertirse y que se mostraba más interesado por hacerte reír con sus chistes que por conseguir el título de máximo anotador. No entendía que Kobe siempre quisiera volverlo todo tan difícil. «Es lo que enloquecía a Kobe con relación a Shaq —reconoce Fox—. Este necesitaba divertirse hasta en los momentos más serios. Si no se divertía, no quería participar». Por su parte, Kobe era frío, introvertido y capaz de mostrarse mordazmente sarcástico. Aunque tenía seis años menos que Shaq, parecía mayor y más maduro. Como dijo Del Harris, exentrenador de los Lakers: «Llegabas a preguntarte cómo había sido Kobe de niño. Esa era la cuestión, nunca fue un niño». En mi opinión era fácil confundir la mundología y la intensa concentración de Kobe con madurez. Desde mi perspectiva, todavía le quedaba mucho por madurar…y, dada su naturaleza, tendría que hacerlo de la manera más difícil.

Υ

Poco después de que Shaq plantease su poco entusiasta petición de traspaso, Ric Bucher publicó en *ESPN the Magazine* un artículo de portada sobre Kobe, en el que este daba a entender que le interesaría cambiar de equipo. El artículo hacía referencia a una conversación que habíamos mantenido a principios de la temporada, durante la cual le había pedido que relajase su juego. La respuesta de Kobe, según el artículo, había sido: «¿Que relaje mi juego? Necesito aumentar el nivel. He mejorado. ¿Cómo pretendéis contenerme? Estaría mejor jugando en otro equipo». También arremetía contra Shaq. «Si Shaq tuviera un porcentaje de tiros libres de un setenta por ciento, todo resultaría mucho más sencillo. Tenemos que conocer nuestros puntos fuertes y nuestras flaquezas. Confío en el equipo, pero confío todavía más en mí mismo. Pues sí, el año pasado ganamos y el ataque pasaba por Shaq. Este año barreremos en las series en lugar de ganarlas en cinco y en siete partidos.»

Kobe se dio cuenta de que esos comentarios podían ser muy ofensivos para sus compañeros e intentó suavizar el golpe lanzando una advertencia antes de la publicación del artículo. Nada impidió que Shaq se enfureciera. «No entiendo por qué alguien querría cambiar de equipo, salvo por motivos egoístas —comentó a los periodistas después del siguiente entrenamiento—. El año pasado íbamos 67-15 y jugábamos con entusiasmo. La ciudad estaba feliz. Hasta se organizó un desfile. Ahora vamos 23-11, así que hay que sumar dos más dos.» A continuación lanzó la bomba: «Es evidente que si el ataque no pasa por mí la casa no está protegida. Y no se hable más».

Habría sido tentador incorporar mi ego a la disputa. De hecho, la inmensa mayoría de expertos de la prensa supuso que lo haría. No estaba dispuesto a convertir lo que consideraba una ridícula rabieta en algo más grave. Ya lo había visto demasiadas veces en Chicago, cuando Jerry Krause intervenía en una situación problemática y aca-

266

baba empeorando las cosas. Por regla general, prefiero emplear una página del libro de estrategias del otro Jerry de Chicago: Jerry Reinsdorf. En cierta ocasión aseguró que la mejor manera de resolver los conflictos consiste en consultarlos con la almohada. Lo importante es no actuar por despecho y armar un lío todavía peor. Con un poco de suerte, el problema se resuelve por sí mismo.

No soy contrario a emprender acciones directas si la situación lo requiere pero, al igual que Reinsdorf, descubrí que puedes solucionar muchas dificultades mediante lo que Lao-tsé denomina la «no acción». A menudo este enfoque se confunde con la pasividad cuando, de hecho, es todo lo contrario. La no acción consiste en estar en sintonía con lo que le ocurre al grupo y actuar o no actuar consecuentemente. En el prefacio a su adaptación del *Tao Te Ching*, de Lao-tsé, Steven Mitchell compara la no acción con el desempeño deportivo: «Un buen atleta entra en un estado de conciencia corporal en el que el golpe o el movimiento correctos tienen lugar por sí mismos, sin esfuerzos y sin la intervención de la voluntad consciente». También escribe: «Este es el paradigma de la no acción: la forma de acción más pura y más eficaz. El juego juega el juego; el poema escribe el poema; es imposible distinguir al bailarín del baile». O, como proclama Lao-tsé según la interpretación de Mitchell:

> Necesitas forzar las cosas cada vez menos
> hasta que por fin llegas a la no acción.
> Cuando no haces nada,
> nada queda sin hacer.

En el caso de Shaq y Kobe, decidí no forzar la situación. En lugar de aplicar mano dura para que hiciesen las paces, dejé que el conflicto se desplegase a lo largo de las semanas siguientes. Llegué a la conclusión de que no merecía la pena que la pelea fuese en aumento y el equipo se desviara de lo que me parecía el verdadero problema: lograr que los jugadores recuperaran la concentración y la disciplina que habían mostrado durante nuestro primer intento de ganar el campeonato.

El día siguiente a la publicación del artículo en la revista *ESPN the Magazine* pedí a la prensa que no hiciera comentarios. «No es asunto vuestro, sino nuestro.» Quede claro que, incluso mientras lo decía, sabía que era una petición inútil. Al fin y al cabo, estábamos en Los Ángeles, la capital mundial de los cotilleos. Era imposible que los periodistas se resistieran a contar la historia de dos superestrellas jóvenes que chocaban por ver quién iba a ser el macho alfa.

No intenté suprimir el artículo ni simular que no existía. Como dice Brian Shaw, permití que «se manifestase». Brian añade: «Phil siempre permitió que Shaq fuera quien es y que Kobe también lo fuera aunque, al mismo tiempo, dejó claro quién conducía el autobús. Por lo tanto, cuando se desviaba del camino, era él quien lo devolvía a la senda. Mientras permaneciésemos en la carretera podíamos seguir avanzando y cogerlo para ir adonde queríamos».

268

A lo largo de las semanas siguientes, el culebrón de Shaq y Kobe llegó a extremos absurdos. Si reparaba en que Shaq se acercaba furtivamente a un reportero, Kobe se negaba a hablar con él y prometía una exclusiva a otro periodista. Si veía que determinado preparador físico vendaba los pies de Kobe, Shaq insistía en que fuese otro quien se ocupara de los suyos. Parecía la historia de nunca acabar.

Quedé gratamente impresionado por la forma en la que el resto de los jugadores gestionaron la situación. Casi todos se negaron a tomar partido. Robert Horry se burló del asunto y lo describió como «una presunta disputa entre dos perros calientes marcando territorio». Brian Shaw, que había jugado con O'Neal en Orlando, comentó que le recordaba el choque entre Shaq y Penny Hardaway, por entonces estrella en ciernes, con la salvedad de que Penny no se oponía a hacer del Robin de Batman interpretado por Shaq, mientras que Kobe se negaba. A Brian le gustaba decir que los Lakers no eran el equipo de Shaq ni el de Kobe, sino el del doctor Buss, que era quien firmaba los cheques.

A Rick Fox el pique entre Shaq y Kobe le recordó al punto muerto al que Larry Bird y Kevin McHale llegaron a principios de la década de 1990, época en la que Fox se unió a los Celtics. Larry era serio con todo y Kevin mostraba una actitud más lúdica hacia el baloncesto. Bromeaba durante los entrenamientos y con frecuencia realizaba disparatadas bandejas, lo que volvía loco a Larry. Además, esperaban que todos los integrantes del equipo se pusieran de parte de Larry o de Kevin. Fue una pesadilla.

Afortunadamente, las diferencias entre Shaq y Kobe no llegaron a esos extremos. A mediados de febrero, en la época del partido del All-Star, ambos jugadores estaban hartos del altercado e informaron a los cronistas deportivos de que ya lo habían superado. «Estoy preparado para dejar de responder a esas estúpidas preguntas», declaró Shaq. Kobe adoptó la posición compartida por muchos de sus compañeros cuando dijo: «Lo que no mata te hace más fuerte».

Ahora que ha madurado y cría a dos hijas cabezotas, Kobe se ríe de lo que tuvo que ser tratar con él durante aquella temporada delirante. «Mis hijas están en esa fase en la que creen que lo saben todo. Me recuerdan a mí. Me imagino los quebraderos de cabeza que le causé a Phil. —Pero también añade—: Aunque hubo momentos en los que parecía que no aprendía nada, estaba aprendiendo.»

Según Kobe, utilicé su trifulca con Shaq para reforzar al equipo. «Phil contaba con dos machos alfa que tenía que hacer avanzar en la misma dirección —reconoce Kobe actualmente—. El mejor modo de lograrlo era montarse en mi trasero porque [Phil] sabía que así conseguiría que Shaq hiciera lo que él quería. Me pareció bien, pero no es necesario fingir que no me daba cuenta de lo que pasaba.»

En ese aspecto tiene razón. Aquella temporada lo presioné mucho porque era más adaptable que Shaq. Debo reconocer que Tex, el crítico más severo de Michael Jordan, pensó que debía ser menos tajante con Kobe. En mi opinión, necesitaba instrucciones claras para madurar y crecer. Kobe contaba con toda clase de herramientas. Sabía pasar, lanzar y atacar desde el regate. Sin embargo, si no aprendía a usar correctamente a Shaq y a aprovechar su inmenso poder, el equipo estaría perdido. Aunque sabía que hasta cierto punto inhibiría su estilo libre, me parecía que nuestra mejor estrategia consistía en pasar el balón al pívot y hacer que la defensa se cerrara a su alrededor. No se diferencia mucho del fútbol americano, en el que tienes que establecer el juego en carrera antes de emprender el juego aéreo. En baloncesto necesitas penetrar antes de apelar a tus lanzadores y los jugadores que cortan para anotar canastas fáciles.

Kobe lo entendía, pero otras fuerzas pudieron con él. «A Phil le costó mucho contenerme —reconoce Kobe—, porque por naturaleza soy un número uno. Tuve que actuar contra mi naturaleza para convertirme en el número dos. Me sabía capaz de liderar el equipo y para mí fue todo un desafío porque jamás había oído que un número dos adoptase posteriormente al papel de líder y ganara.»

Finalmente Kobe se planteó el problema en otros términos. «Tal como lo vi, me imaginé como una especie de Navy Seal [miembro de los equipos de élite de la Marina estadounidense que actúan de manera encubierta] que interviene y hace su trabajo sin decir esta boca es mía. Aunque no recibe los elogios que se merece, los verdaderos puristas del baloncesto saben lo que ha hecho», explica Kobe.

Tras la pausa del All-Star, emprendimos una larga gira que esperaba que ayudase a acercar a los miembros del equipo. Como parte de mi programa anual de dar un libro a cada jugador, regalé a Shaq un ejemplar de *Siddhartha*, el relato de ficción que Hermann Hesse hace de la vida de Buda. Pensé que el libro inspiraría a Shaq y lo llevaría a replantearse su adhesión a lo material. En la obra, el joven príncipe Siddhartha renuncia a su vida de lujos para buscar la iluminación. Pretendía que Shaq entendiera que cada uno tiene que encontrar su propio camino espiritual..., y que acumular cada vez más juguetes no es la manera. Fue mi forma de movilizarlo para que explorara el camino de la paz interior, serenando su mente, centrándose en algo que no fuesen sus propios deseos y volviéndose más compasivo con sus compañeros de equipo, sobre todo con Kobe, que también intentaba resolver varias cuestiones del mismo cariz.

Me causó gracia el comentario de texto que Shaq me entregó varias semanas después. La síntesis es la siguiente: el libro trata de un joven que tiene poder, riquezas y mujeres (como yo) y que lo deja todo para buscar una vida sagrada (nada que ver conmigo). Me habría llevado una enorme sorpresa si, de repente y después de leer el libro, Shaq hubiera decidido buscar la iluminación. De todas maneras, creo que el mensaje sobre la compasión le llegó. Es un hombre generoso de alma.

Con Kobe la historia fue muy distinta. Le regalé *La mandolina del capitán Corelli*, novela ambientada en una pequeña isla griega que el ejército italiano ocupó durante la Segunda Guerra Mundial. En el transcurso del relato, los isleños tienen que aceptar que ya no controlan su destino, unirse y adaptarse a la nueva realidad. Al final, ganan aunque pierdan. Esperaba que ese mensaje y el paralelismo con su lucha en los Lakers hiciese mella en Kobe. Por desgracia, no le interesó.

Pese a quien pese, la vida acostumbra a enseñarnos las lecciones que necesitamos aprender. Durante la segunda mitad de la temporada, Kobe sufrió una sucesión de lesiones (la torcedura del tobillo derecho, un problema en la cadera derecha, dolor en el hombro derecho y una lesión en el meñique derecho) que lo obligaron a hacer frente a su propia vulnerabilidad. Aunque en fecha anterior había enfurecido a varios de los jugadores mayores diciendo que el equipo tenía «demasiadas piernas viejas», en marzo las pasó canutas y comentó con Brian Shaw que los jugadores

271

con los que más se identificaba eran los veteranos Harper, Grant y el propio Shaw. En su libro sobre la temporada 2000-01, *Ain't No Tomorrow*, Elizabeth Kaye analiza la forma en que las lesiones de Kobe suavizaron la actitud que tenía hacia sus compañeros y hacia sí mismo. «Por primera vez Kobe ya no pudo abrirse paso por la fuerza en la pista para conseguirlo todo. "Existen grietas y agujeros por los que siempre he podido pasar y que ahora se han vuelto infranqueables. No consigo elevarme como me gustaría", reconoció Kobe ante Shaw. Este respondió: "Yo me siento así cada día. A partir de este punto es cuando empiezas a crecer. A partir de aquí aceptas que tienes que confiar menos en tu capacidad física y más en tus neuronas"», cuenta Kaye.

Afortunadamente, no todos los jugadores sufrieron lesiones en la segunda mitad de la temporada. Tras perderse sesenta y dos partidos debido a una fisura en un pie, Derek Fisher regresó entusiasmado y con renovada seguridad. Su reaparición no podía ser más oportuna. Con Harper lesionado y Kobe con gripe, necesitábamos a alguien capaz de arrancar el ataque y apartar al equipo del abatimiento de mitad de la temporada.

Cuando salió a la pista para su primer partido, en casa contra los Boston Celtics, me percaté de que tenía delante a otro Derek. Salió disparado y anotó 26 puntos (el máximo de su carrera), más 8 asistencias y 6 robos. Por si fuera poco, su osado ataque a uno y otro extremo de la cancha electrizó al equipo. Marcó el punto de inflexión de la temporada.

Aún nos quedaban varios obstáculos por salvar. La semana siguiente, justo antes de un partido en Milwaukee, el columnista Rick Telander publicó en el *Chicago Sun-Times* un artículo en el que yo mencionaba un rumor que había oído, según el cual Kobe había saboteado los partidos de su equipo de la escuela secundaria a fin de realizar una reaparición espectacular y dominar en los últimos minutos. No solo se trataba de un comentario irresponsable e improvisado, sino que era falso. A Kobe no le causó la menor gracia y los Lakers no tardaron en recibir una llamada de su abogado, en la que amenazaba con demandarme por calumnias. Me disculpé personalmente con Kobe y también lo hice en presencia de todo el equipo. De todos modos, era consciente de que me había pasado de la raya. Lo que entonces desconocía es que tardaría años en recuperar plenamente la confianza de Kobe.

Para empeorar un poco más las cosas, durante el partido en Milwaukee, Kobe volvió a torcerse el tobillo tocado y se perdió los nueve partidos siguientes. Fue un verdadero golpe porque los *play-offs* estaban muy próximos. Durante las semanas que Kobe estuvo sin jugar, el equipo subió otro peldaño. A principios de abril entramos en una racha de ocho partidos que clausuraron la temporada regular. Mediada esa racha, Kobe volvió a la pista para enfrentarse a Phoenix en casa y resultó evidente que aquella noche se puso en plan Navy Seal. Dedicó casi todo el partido a dar a los Suns un curso especializado sobre el modo de jugar al baloncesto como se debe, ayudando sin cesar a sus compañeros incluso después de que fallaran varios tiros y jugando una defensa agresiva, lo que nos permitió conseguir la victoria por 106-80. Tras marcar únicamente veinte puntos (pocos para él), una vez terminado el encuentro declaró a la prensa: «No se trata de anotar, sino de frenar a los contrincantes».

273

El baloncesto se despliega por caminos inescrutables. A muchos niveles, aquella había sido la temporada más complicada de mi trayectoria profesional, más difícil incluso que mi última alegría en Chicago. Parecía impensable que ese equipo, que parecía a punto de explotar en cualquier momento, aunase esfuerzos al final de la temporada y tuviera una racha ganadora digna de cualquiera de los mejores conjuntos de la historia de nuestro deporte.

A pesar de los conflictos, era un equipo que sabía que estaba destinado a la grandeza…, siempre y cuando fuera capaz de salirse del camino que llevaba. En medio de la crisis me ocupé de hablar extensamente sobre el poder de la comunidad. En Los Ángeles no era fácil crear comunidad por medios tradicionales debido a que los jugadores vivían alejados unos de otros y a que la ciudad resultaba seductora y estaba llena de distracciones. Las penurias sufridas durante esa temporada nos obligaron a unirnos.

En *The Zen Leader*, Ginny Whitelaw refiere que la alegría aflora cuando la gente queda unida por un intenso sentimiento de conexión. «Esta alegría suele ser más sutil que la del tipo "dar saltos de alegría" —escribe Whitelaw—. Podemos experimentarla como el compromiso pleno con lo que hacemos y provoca una serena satisfacción. Puede parecerse a la energía que se renueva a sí misma, de la misma manera que columpiarse aparentemente nos proporciona más energía que la que exige.»

Esa clase de alegría es contagiosa e imposible de fingir. El maestro espiritual Eckhart Tolle comenta: «Descubres con entusiasmo que no tienes que hacerlo todo por ti mismo. En realidad, no hay nada significativo que puedas hacer solo. El entusiasmo sostenido da origen a una ola de energía creativa y luego lo único que tienes que hacer es cabalgarla».

Los Lakers cabalgaban dicha ola cuando comenzaron los *play-offs*. Me sorprendió lo equilibrados y relajados que estaban los jugadores en los últimos minutos de los partidos, sobre todo en comparación con la temporada anterior. Nada parecía desconcertarlos.

«Ahora lo único que la gente nota es nuestra compostura —declaró Fish a Tim Brown, de *Los Angeles Times*—. No jugamos sin control ni entregamos constantemente la pelota. Creo que ese es el sello no solo de Phil, sino de todo el equipo de entrenadores. Es su personalidad.» A Fish le impresionó que los entrenadores siguieran preparando meticulosamente al equipo para cada partido, al margen de lo que pasaba entre Shaq y Kobe.

Estaba claro que los jugadores empezaban a interiorizar la actitud de «corta leña y transporta agua» que nosotros siempre habíamos pregonado. Durante el segundo partido de las finales de la Conferencia Oeste contra los San Antonio Spurs se produjo un momento decisivo. En el tercer cuarto me expulsaron por invadir el espacio de un árbitro y, presuntamente, obstaculizar su trabajo. En el pasado, el equipo habría perdido el rumbo y caído en picado, pero en esa ocasión los jugadores aumentaron la defensa y terminaron con un parcial final de 13 a 5, para ganar el encuentro por 88-81. Después Fox aseguró: «Hemos madurado hasta el extremo de mantener la compostura en ausencia de Phil».

Tras barrer a los Portland Trail Blazers en la primera ronda, nos tocó enfrentarnos a los Sacramento Kings, que, sin mucho éxito, probaron varias tácticas para frenar a Shaq. En el primer partido, Vlade Divac se convirtió en su sombra, pese a lo cual Shaq marcó 44 puntos y cogió veintiún rebotes. En el segundo, le asignaron a Scot Pollard la mayor parte del tiempo, lo que redujo el rendimiento de Shaq en solo un punto y un rebote. Por último, en el tercer enfrentamiento en su pabellón, los Kings aumentaron un poco más la presión, rodearon a Shaq y le hicieron falta tras falta durante el último cuarto. Afortunadamente, eso creó un montón de oportunidades para otros jugadores, sobre todo para Kobe, que anotó 36 puntos. Nos adelantamos en la serie por 3-0.

Esa noche Kobe regresó a Los Ángeles para estar con su esposa Vanessa, hospitalizada debido a unos dolores atroces. Permaneció a su lado hasta que la estabilizaron y voló de regreso a Sacramento para el cuarto partido, durante el cual consiguió 48 puntos y 16 rebotes, con lo que lideró al equipo hacia otra aplastante victoria. Su inmenso entusiasmo inspiró a los compañeros. Kobe dijo: «Estaba preparado para hacer lo que hiciese falta. Pensaba correr y esforzarme hasta el agotamiento. No tiene importancia».

Cuando llegamos a San Antonio para las finales de la conferencia, habíamos ganado quince encuentros seguidos (incluyendo los de la temporada regular) y los expertos apuntaban a que podríamos convertirnos en el primer equipo que barriese todas las series en los *play-offs*. No

275

sería fácil superar a San Antonio. Tenían dos de los mejores pívots, David Robinson y Tim Duncan, y el mejor balance de la liga en esa temporada, 58-24. La última vez que nos habíamos enfrentado éramos locales y nos habían derrotado. Claro que había ocurrido en marzo, antes del regreso de Fish: historia antigua.

Robinson y Duncan hicieron un buen trabajo con Shaq, que solamente marcó veintiocho puntos. Ningún Spur parecía saber qué tenía que hacer con Kobe, que anotó 45 puntos, la máxima anotación que alguien había conseguido contra los Spurs en la historia de los *playoffs*. Al final del encuentro, un exultante Shaq entrechocó puños con Kobe y exclamó: «¡Eres mi ídolo!». Después declaró a los reporteros: «Creo que es..., creo que es, con mucho, el mejor jugador de la liga. No hay nada que decir cuando juega así, anota, nos implica a todos y practica una buena defensa. Es adonde he intentado llevarlo a lo largo de todo el año».

276 Cuando comencé a trabajar con Kobe, intenté convencerlo de que no se presionara tanto y permitiese que el juego fluyera con más naturalidad. Entonces se había resistido, pero ahora no sucedió lo mismo. Después de aquel partido afirmó: «Personalmente, intenté dar juego a mis compañeros. Es la forma de mejorar: aprender a usar a los compañeros para crear oportunidades, jugar consistentemente y esperar a que el juego y las oportunidades me lleguen». Hablaba cada vez más como yo.

Regresamos a Los Ángeles para el tercer encuentro y vivimos un exitazo por 111-72, durante el cual Kobe y Shaq obtuvieron 71 puntos entre los dos, uno menos que los marcados por toda la alineación de los Spurs. Dos días después ganamos la serie. En esa ocasión, el héroe fue Fish, que anotó seis de siete triples y veintiocho puntos, el máximo de su carrera.

Aunque intentamos mantener la calma, era difícil ignorar que algo importante estaba a punto de suceder. Tras la victoria en el tercer partido, Fox declaró: «Se ha vuelto más grande que Shaquille. Se ha vuelto más grande que Kobe y que cualquier esfuerzo realizado por uno o dos. Nunca había visto algo semejante. Parece que empezamos a convertirnos en el equipo que pensamos que podríamos ser».

Esos comentarios acerca de que haríamos historia no intimidaron a los Philadelphia 76ers, el equipo con el que nos enfrentamos en las finales del campeonato. Se trataba de un conjunto duro y brioso, liderado por el base Allen Iverson que aquel año, con su 1,83 metros y sus 75 kilos, se convirtió en el baloncestista más bajo que ganaba el premio al jugador más destacado. Iverson restó importancia a los comentarios sobre una victoria aplastante, se llevó la mano al corazón y afirmó: «Los campeonatos se ganan desde aquí».

Tras su espectacular actuación en el primer encuentro en el Staples Center, dio la impresión de que podría tener razón, ya que anotó 48 puntos; en la prórroga los Sixers se comieron nuestra ventaja de cinco puntos y pusieron fin a nuestra legendaria racha de diecinueve victorias. Debo reconocer que sentí alivio cuando los medios de comunicación dejaron de hablar incesantemente de esa racha. Por fin podíamos centrarnos sin distracciones en derrotar a los Sixers. Antes del partido siguiente y con la intención de intimidar a Kobe y al resto del equipo, Iverson comunicó a los periodistas que los Sixers «extenderían la guerra». Kobe no reculó cuando las burlas de Iverson se convirtieron en una contienda de insultos en la zona central de la pista y lo silenció con 31 puntos y ocho rebotes, por lo que vencimos 98-89.

Aquello no fue más que el comienzo. El tercer encuentro en Filadelfia se convirtió en otra pelea callejera y Shaq y Fish fueron eliminados por faltas cuando quedaban poco más de dos minutos. No nos importó. Al final Kobe y Fox también la liaron, mientras Horry salía de la nada y aseguraba la victoria con otro de sus típicos triples y cuatro tiros libres transformados. «Los 76ers tienen corazón. ¿Y qué? —declaró Shaw—. Puedes te-

277

ner corazón y perder. Nosotros tenemos corazón y lesiones y, simplemente, jugamos.»

El resto de la serie pasó volando. Como dijo Iverson, vencimos en el cuarto partido con «mucha intervención de Shaquille O'Neal». Dos días más tarde conseguimos el título en un partido que muy pocos considerarían una obra de arte. Como suele ocurrir, Horry sintetizó magistralmente el momento. Hizo referencia a la difícil temporada y declaró: «Es un final. Ha habido demasiado revuelo, demasiados problemas, demasiadas personas hablando de que no lo conseguiríamos. Es un cierre. A eso se reduce».

Sentí un gran alivio cuando por fin terminó esa temporada delirante. Sin embargo, al recordarla, me doy cuenta de que aprendí una lección importante sobre la transformación del conflicto en sanación. En cierta ocasión Gandhi manifestó: «El sufrimiento alegremente soportado deja de ser sufrimiento y se transmuta en un gozo indescriptible». Si hubiéramos intentado sofocar las disensiones en lugar de dejar que se agotasen espontáneamente, tal vez ese joven equipo jamás se habría unido como sucedió al final. Sin dolor los Lakers no habrían encontrado su alma.

Capítulo diecisiete

¡Uno, dos, tres…, Lakers!

Que confíen en ti es un cumplido mayor que ser amado.
George MacDonald

Cierto día de comienzos de la temporada 2001-02, Rick
Fox me dijo que ya no se sentía en la cresta de la ola y
que esa sensación lo estaba volviendo loco. No hablaba
de drogas, sino de la excitación espiritual que había experimentado durante el intento de ganar el segundo
campeonato. Rick se crio en el seno de una familia
pentecostal de Bahamas y enseguida entendió a qué me
refería cuando hablé del baloncesto como un deporte espiritual. Acotó que cuando todos jugaban con una sola
mente, la experiencia resultaba tan hermosa que se sentía mejor que con todo lo que hasta entonces había hecho. De repente, esa sensación se había evaporado como
un sueño y deseaba recuperarla.

Yo sabía de qué hablaba Rick; al fin y al cabo, lo había vivido. El sentimiento descrito por Rick también se
denomina «adicción espiritual»: una sensación de conexión tan poderosa y jubilosa que no quieres que desapa-
rezca. El problema radica en que, cuanto más intentas
aferrarte, más esquiva se vuelve. Intenté explicar a Rick
que, aunque profunda, su experiencia de la temporada

anterior no había sido más que un momento en el tiempo y que intentar recrearla era una batalla perdida porque todo había cambiado, incluido el propio Rick. A veces el baloncesto es una gozada, como lo fue para nosotros a finales de la temporada 2000-01, y en otras ocasiones se convierte en un trabajo duro, largo y penoso. De todas maneras, si la abordas como una aventura, cada temporada adquiere su propia belleza.

Desde el primer día de la temporada 2001-02 supe que no sería fácil. Los tripletes nunca lo son. Por la parte positiva, valga decir que Kobe y Shaq se llevaban bien. No se agredían de palabra y a menudo los vi reír juntos, tanto en los entrenamientos como después de los partidos. Durante una gira por Filadelfia, Shaq y varios jugadores más asistieron a la retirada de la camiseta de Kobe en el instituto Lower Merion. Una vez cumplida la ceremonia, Shaq abrazó a Kobe en el escenario.

No todos los cambios fueron tan positivos. El equipo volvía a estar en estado de flujo. En líneas generales, las plantillas de los Lakers eran mucho más fluidas que las de los Bulls. En el despacho de Jeanie hay un retrato de los jugadores que participaron en los tres campeonatos durante mi primera época como entrenador de los Lakers. En el cuadro solo aparecen siete jugadores; O'Neal, Bryant, Horry, Fox, Fisher, Shaw y Devean George. El resto de la lista lo formaba una rotación constante de atletas, algunos de los cuales desempeñaron funciones decisivas mientras que otros nunca encontraron su espacio. El entorno de «sillas musicales» convirtió en todo un desafío mantener un sentimiento fuerte de unidad del equipo de una temporada a la siguiente.

En vacaciones perdimos a los dos exjugadores de los Bulls que quedaban en el equipo: a Ron Harper, que por fin asumió la retirada largamente postergada, y a Horace Grant, que se fue a los Orlando Magic. Los reemplazamos por dos jugadores sólidos: Mitch Richmond, base seis veces All-Star, y Samaki Walker, prometedor ala-pívot de los San Antonio Spurs. Fue imposible sustituir la experiencia de Ron y de Horace en los campeonatos, así como su influencia estabilizadora en el equipo.

Si en algunos momentos la segunda temporada pareció un culebrón, la tercera evocó *Oblómov*, la novela rusa sobre un joven carente de fuerza de voluntad que pasa casi todo el tiempo tumbado en la cama. Nuestro problema más grave fue el aburrimiento. Le ocurre a muchos equipos campeones, pero en el caso de los Lakers fue más pronunciado. Nuestro equipo había tenido tanto éxito tan rápidamente que los jugadores creyeron que, cuando les diera la gana, podrían accionar un interruptor y subir automáticamente de nivel..., tal como habían hecho la temporada anterior.

Fox elaboró una teoría interesante sobre lo que sucedía. Pensaba que al inicio de la temporada el ego de los jugadores estaba tan hinchado que se creyeron que sabían más que los entrenadores sobre lo que había que hacer para conseguir un nuevo anillo. Lo explicó en estos términos: «El primer año los seguimos ciegamente. El segundo colaboramos con alegría. El tercero quisimos pilotar la nave». Rick recuerda que aquella temporada hubo muchos más debates que la precedente en lo que se refiere al proceso de toma de decisiones por parte de los entrenadores. Añade: «Aunque no lo llamaría anarquía, diría que los chicos intervinieron más, manifestaron sus opiniones e intentaron encontrar diversas maneras de esquivar el triángulo». En su opinión, el resultado fue que, a menudo, el equipo estuvo fuera de sincronía.

Esa actitud no me sorprendió. Ya la había visto en los Bulls durante la primera temporada del triplete. En lo que a mí se refiere, los Lakers empezaban a convertirse en un equipo más maduro, resultado inevitable de nuestro intento de dar poder a los jugadores para que pensasen por su cuenta en vez de depender en todo del equipo de entrenadores. Por mucho que interrumpiera provisionalmente la armonía del equipo, el debate siempre me ha gustado porque demuestra que los jugadores se implican en la resolución de problemas. El peligro surge cuando una masa crítica de jugadores incumple el principio de generosidad en el que se basa el equipo. Es entonces cuando se desata el caos.

El error que los equipos campeones repiten con frecuencia consiste en tratar de repetir la fórmula ganadora. Casi nunca funciona porque, al inicio de la siguiente temporada, tus adversarios han estudiado tus vídeos y encontrado la manera de contrarrestar cada una de tus jugadas. La clave del éxito sostenido radica en seguir creciendo como equipo. Ganar consiste en adentrarse en lo desconocido y crear algo nuevo. Recordemos aquella escena de la primera entrega de Indiana Jones, en la que alguien pregunta a Indy qué piensa hacer y este responde: «No lo sé, lo inventaré sobre la marcha». Yo veo el liderazgo desde la misma óptica. Se trata de un acto de improvisación controlada, de un ejercicio de dedos a lo Thelonious Monk, de un momento al siguiente.

La complacencia y los egos hinchados no eran los únicos problemas del equipo. Mi mayor preocupación tenía que ver con el estado físico de Shaq. Antes de las vacaciones de verano se había comprometido a recuperar su peso de *rookie*, 130 kilos, pero se presentó con más de 150 kilos, en vías de recuperación de la operación del meñique izquierdo y con graves problemas en los pies.

En el caso de Shaq, al igual que con el resto de jugadores, necesitaba encontrar la manera más eficaz de comunicarme con él. Por fortuna, desde el principio Shaq y yo nos entendimos sin excesivas complicaciones. En ocasiones fui muy directo. Por ejemplo, justo antes del segundo encuentro de las finales de 2001, le dije que no tuviese miedo de ir tras Allen Iverson cuando intentaba hacer una bandeja. Shaq quedó tan desconcertado por la insinuación de que temía a Iverson que se olvidó de liderar al equipo a la hora de canturrear «¡Uno, dos, tres..., Lakers!» antes del inicio del partido. Esa noche O'Neal taponó ocho lanzamientos y neutralizó eficazmente la amenaza planteada por Iverson. En otras situaciones, lo motivaba indirectamente a través de la prensa. En pleno aburrimiento en mitad de la temporada 2000-2001, pinché a Shaq para que se dinamizase diciendo a los periodistas que, en mi opinión, los únicos jugadores que lo daban todo eran Kobe y Fox. Shaq se molestó por el comentario, pero luego se mostró mucho más agresivo en la pista.

Shaq sentía un gran respeto por las figuras masculinas de autoridad, pues así lo había criado su padrastro, Phil, militar de carrera al que llamaba «sargento». De hecho, en mi primer año con el equipo Shaq se refería a mí como su «padre blanco». Estaba tan automatizado a la hora de respetar la autoridad que, si no quería hacer algo, solicitaba a otros que me lo comunicasen. La primera temporada le pedí que jugase 48 minutos por partido en lugar de los 40 a los que estaba acostumbrado. Lo intentó durante una o dos semanas, participó todos los minutos durante varios partidos y al final decidió que necesitaba más descanso. En lugar de decírmelo personalmente, nombró como mensajero a John Salley. En otra ocasión, envió a uno de los preparadores físicos a informarme de que aquel día no asistiría al entrenamiento. Cuando pedí explicaciones, el preparador respondió que Shaq, que quería ser agente de policía, había pasado toda la noche recorriendo la ciudad en busca de coches que figuraban en la lista de vehículos robados del departamento de policía de Los Ángeles. En el fondo, el pívot soñaba con convertirse en un Clark Kent de carne y hueso.

El personal de los Lakers comenzó a llamar Gran Temperamental a Shaq porque solía refunfuñar cuando sufría lesiones o su propio juego lo decepcionaba. Dirigió contra mí buena parte de su frustración. A principios de la temporada 2001-02 lo multé por tomarse dos días libres por el nacimiento de su hija cuando solo había solicitado uno. Como reacción, Shaq dijo a los reporteros: «El muy cabrón sabe perfectamente qué puede hacer con esa multa». En el siguiente partido, contra Houston, anotó treinta puntos y trece rebotes.

Llamar la atención de la prensa no me preocupaba tanto como cuando Shaq se desquitaba con uno de sus compañeros de equipo. Fue lo que sucedió en un partido contra los San Antonio Spurs durante los *play-offs* de 2003. Shaq estaba furioso porque al final del encuentro Devean George cometió un error que permitió a Malik Rose coger un rebote ofensivo y anotar la canasta ganadora. Acabado el encuentro, Shaq empezó a golpear a Devean en el vestuario, pero Brian Shaw lo frenó.

Shaw era quien se encargaba de cantar las cuarenta al equipo. Comprendía perfectamente la espinosa dinámica interpersonal de los Lakers, por lo que fomenté que dijera lo que pensaba. «Mientras crecí, mi madre siempre dijo que esta boca mía algún día me metería en líos —recuerda Brian—, ya que si veía algo que no me parecía correcto necesitaba expresarlo. Pensaba que todo estaría bien siempre y cuando dijese la verdad. Nadie puede enfadarse con la verdad».

Al ver que Shaq agredía a Devean, Brian le gritó: «Si hubieras aprovechado toda esa energía para bloquear el rebote bajo los tableros lo habrías cogido y probablemente habríamos ganado el partido. En lugar de desquitarte con Devean, ¿por qué no te haces responsable de tus carencias?». En ese momento Shaq soltó a Devean y se abalanzó sobre Brian, que intentó hacerle un placaje, pero acabó arrastrado por los suelos del vestuario hasta que le empezaron a sangrar las rodillas y el resto de los jugadores lo rescataron.

«Shaq se puso furioso conmigo porque herí sus sentimientos —añade Brian—. Un par de días después me abordó y dijo: "Debo reconocer que tenías razón. Actué mal. No tendría que haberme puesto así".»

Aquella temporada, Kobe también estaba inmerso en una transición complicada. La primavera anterior se había distanciado de su familia a causa de su matrimonio con Vanessa Laine, una joven de dieciocho años que acababa de terminar el instituto. Sus padres, Joe y Pam, que habían compartido con él su casa de Brentwood, consideraron que era demasiado joven para casarse, pero Kobe estaba impaciente por comenzar una nueva vida. «Lo hago todo siendo joven», declaró a los periodistas. Joe y Pam, espectadores habituales de los partidos de los Lakers, regresaron a Filadelfia y aquel año no asistieron a las finales del campeonato en la ciudad natal de la familia. Kobe y sus padres se reconciliaron dos años después. Entretanto, Vanessa y él se trasladaron a una nueva casa, situada a una manzana de la que la madre de la joven ocupaba en Newport Beach, y tuvieron a Natalia, su primogénita.

En su prisa por entrar en la NBA, Kobe se había saltado la universidad y parte de los dolores de crecimiento que acompañan sistemáticamente a quien sale al mundo por primera vez. Tras la riña con sus padres, intentó funcionar como adulto por su cuenta, a veces de forma sorprendente. A pesar de que siempre había evitado los roces con otros jugadores, Kobe se volvió beligerante en varios momentos de la temporada 2001-02. En cierta ocasión discutió con Samaki Walker mientras viajaban en el autobús del equipo y de repente le asestó un puñetazo. Samaki rio para restar importancia a la situación y comentó: «Sirvió para conocer su intensidad». Posteriormente, durante un partido celebrado en el Staples Center, Kobe reaccionó violentamente ante los insultos de Reggie Miller, cerró el puño y lo persiguió por la pista hasta que cayeron de forma estrepitosa sobre la mesa de anotadores. Fue suspendido durante dos partidos.

Kobe arrastraba en su interior una gran ira contenida y me preocupaba que algún día hiciese algo de lo que podría arrepentirse. Brian, que se había convertido en su confidente y mentor, opinaba que esos rifirrafes eran muestras de que su compañero «iba de camino a la adultez y delimitaba lo que estaba dispuesto a soportar y lo que no». Aquel año yo había nombrado cocapitán a Kobe y Brian añade que, al verlo atravesar esa fase de crecimiento, «te dabas cuenta de que evidentemente estaba madurando y de que se convertía en mejor compañero de equipo y en uno de los nuestros. Hubo momentos en los que todavía perdía el norte y decía tonterías, pero la mayor parte del tiempo se sentía cómodo en su piel y mucho más seguro de quien era».

La improvisación fue la única manera de superar la temporada 2001-02. Nada de lo que sucedió siguió un patrón que yo conociera de antemano. Comenzamos con una racha 16-1, el mejor inicio en la historia de la franquicia, y los medios de comunicación empezaron a soltar indirectas en el sentido de que podríamos superar el palmarés 72-10 de los Bulls. La algarabía no duró mucho. En diciembre nos hundimos en un letargo inexplicable que duró hasta mediados de febrero. Aunque nos defendimos ante los rivales más duros, en ese período perdimos seis veces contra equipos colistas, incluidos dos encuentros con unos Bulls en vías de reconstrucción. A partir de esa fecha nos nivelamos, pero en ningún momento logramos accionar ese interruptor ilusorio del que todos hablaban.

Sabía que ese equipo era capaz de jugar muchísimo mejor. La estrategia consistía en mantener unidos cuerpo, mente y espíritu hasta llegar a los *play-offs*. Una de mis mayores decepciones tuvo que ver con el modo de sacar lo mejor de Mitch Richmond. Era un magnífico anotador que a principios de la temporada había promediado 22,1 puntos, si bien tuvo dificultades para adaptarse al triángulo ofensivo. No le gustaba entrar y salir constantemente del banquillo porque necesitaba mucho tiempo para calentar las piernas. Afortunadamente, al final de la temporada Shaw pudo ocupar el lugar de Mitch como tercer base. Dado que el banquillo no era tan sólido, tuvimos que apoyarnos mucho en los titulares a la hora de jugar minutos adicionales y las grietas comenzaron a notarse. Hacia el final de la temporada decidí ser menos severo con el equipo para evitar que los jugadores titulares se agotaran demasiado pronto. En consecuencia, entramos en los *play-offs* empatados en el segundo puesto de la Conferencia Oeste y todavía seguíamos sin encontrar la inspiración.

En la primera ronda arrasamos a Portland, pero nuestro juego no fue impresionante. Solo cuando perdimos como locales con los Spurs, en el segundo partido de las semifinales de la Conferencia Oeste, y la serie quedó empatada 1-1 despertamos por fin y comenzamos a jugar como campeones.

Shaq lo estaba pasando mal. Por si no bastara con los problemas en los dedos de los pies, en el primer encuentro se hizo daño en el índice de la mano con la que anotaba y, en el segundo, se torció el tobillo izquierdo. Yo seguía pensando que tenía que ser más agresivo y lo manifesté. Antes del tercer enfrentamiento, en San Antonio, los reporteros me acribillaron a preguntas y respondí: «A decir verdad, he tenido una conversación acalorada con Shaq para que se involucre activamente en la búsqueda del balón... Respondió, básicamente, [me duele] el dedo del pie». Esa semana Shaq había evitado a la prensa, pero cuando un periodista lo presionó espetó: «Pregúntale a Phil, el cabrón se las sabe todas».

Shaq participó en el partido tal como yo esperaba. A pesar del índice lesionado marcó veintidós puntos y consiguió quince rebotes pese a los problemas de los pies. También ayudó a refrenar a la mayor amenaza de los Spurs, Tim Duncan, que falló 17 de sus 26 lanzamientos de campo.

Aunque Shaq se recompuso, aquel fue el partido de Kobe. Quedaban seis minutos y veintiocho segundos y los Lakers ganaban por 81-80 cuando Kobe anotó siete puntos en un parcial de 11-2 que aseguró nuestra victoria. Sus declaraciones posteriores sonaron como si acabara de salir de un taller de meditación: «Estuve más cen-

trado y focalizado en todo lo que me rodeaba. Los pequeños detalles se te escapan si en un partido te implicas demasiado emocionalmente. Tienes que salir del círculo».

Aquel encuentro me demostró lo bueno que podía
ser ese equipo en el último período. En el cuarto partido
íbamos diez puntos por detrás cuando quedaban cuatro
minutos y cincuenta y cinco segundos. Entonces, Kobe
volvió a cobrar vida, anotó dos triples, cogió un rebote
con canasta en los últimos cinco segundos y el partido
acabó 87-85. Dos noches después tuvimos una racha de
10-4 en los últimos minutos y ganamos la serie por 4-1.
Por fin el equipo había encontrado su identidad como
uno de los grandes rematadores de encuentros. No había más tiempo que perder.

A los seguidores de Sacramento, sede de nuestros
adversarios en la Conferencia Oeste, les encantaba odiar
a los Lakers. Años atrás yo había hecho la broma de que
la capital del estado era una ciudad ganadera a medio civilizar y desde entonces habían intentado devolvér-
mela, colgando cencerros y gritando insultos detrás de
nuestro banquillo, por no hablar de otras tácticas de dis-
tracción. Tampoco ayudaba que los dos últimos años
hubiésemos eliminado a los Kings de los *play-offs*.

En esa ocasión, los fieles del equipo tenían motivos
para ser optimistas. Su equipo había terminado la temporada con el mejor balance de la liga, 61-21, y en los
play-offs contaba con la ventaja de casa. Los Kings eran
uno de los mejores equipos tiradores que he visto. Además de Chris Webber, el ala-pívot del All-Star, contaban
con una equilibrada alineación de lanzadores capaces de
hacerte daño desde todas las posiciones imaginables, alineación que incluía a Vlade Divac, Predrag Stojakovic,
Doug Christie y Hedo Turkoglu, por no hablar del
nuevo y veloz base Mike Bibby, osadísimo cuando se
trataba de penetrar defensas y realizar grandes lanzamientos.

Ganamos el primer encuentro en Sacramento y con doce marcamos el récord de victorias consecutivas en *play-offs* como visitantes. Los Kings se tomaron la revancha en el segundo partido y se aprovecharon de la situación de Kobe, que estaba en vías de recuperación de una intoxicación alimentaria. La gran sorpresa se produjo en el tercer enfrentamiento, que los Kings ganaron sin dificultades gracias a Bibby y a Webber, que juntos sumaron cincuenta puntos. Impertérrito, una vez terminado el partido, Kobe bromeó con los periodistas: «Bueno, ahora no nos aburrimos».

El lanzamiento milagroso se produjo en el cuarto encuentro. Durante la primera mitad las cosas no iban nada bien, ya que perdíamos por veinte puntos y éramos incapaces de poner en marcha nuestro ataque. En la mitad siguiente modificamos la situación, frenamos el veloz ataque de los Kings y nos comimos la ventaja que tenían. Solo quedaban once segundos cuando la diferencia se redujo a dos puntos. Kobe lanzó una bandeja y falló. Shaq cogió el rebote y también erró. Vlade Divac, el pívot de los Kings, golpeó la pelota, que acabó en manos de Robert Horry, solo en la línea de tres. Como si todo estuviera escrito, Robert se estiró, lanzó y vio que el balón entraba perfectamente justo cuando sonaba la bocina. Ganamos por 100-99.

Fue un tiro característico de Robert Horry, la clase de lanzamiento con el que sueñan los jóvenes. Aún nos quedaba mucho camino por recorrer antes de silenciar los cencerros. Los Kings volvieron a la carga y ganaron el quinto partido en casa, por lo que se adelantaron 3-2 en la serie de siete encuentros. Los Lakers no se dejaron dominar por el pánico. A las dos y media de la madrugada, el día del sexto enfrentamiento, Kobe telefoneó a Shaq, su nuevo mejor amigo, y le comunicó: «Tío, mañana te necesitamos. Haremos historia». Shaq estaba despierto, reflexionando sobre el próximo partido, y se dieron ánimos mutuamente. «Enfrentarse a la eliminación era para nosotros pan comido —declaró más ade-

289

lante Kobe a los periodistas—. Opinó exactamente lo mismo que yo.»

Aquella noche Shaq estuvo imparable. Anotó 41 puntos con diecisiete rebotes y dominó totalmente la zona. Los Kings pusieron a todos sus hombres contra él y en los últimos minutos tanto Divac como Scott Pollard fueron eliminados por faltas, de modo que el único que les quedó fue el pívot reserva Lawrence Funderburke, que no pudo hacer nada para frustrar las jugadas interiores de Shaq. «Para pararme tuvieron que cometer faltas…, no había otra opción», comentó Shaq. Kobe también estaba tocado por la gracia, ya que anotó 31 puntos, incluidos cuatro tiros libres decisivos en los últimos segundos, que garantizaron nuestra victoria por 106-100.

El domingo siguiente, el comité de bienvenida de seguidores de los Kings nos mostró el trasero cuando nuestro autobús llegó al Arco Arena para jugar el séptimo partido. Los Lakers reímos. Aunque solo fuera por eso, esa gamberrada contribuyó a quitar hierro a lo que podría haber sido el partido más complicado al que se enfrentaron nuestros jugadores. Aunque era un conjunto excelente como visitante, jugar el séptimo encuentro en la pista del adversario es la prueba más letal y desafiante que existe. La última vez que me había encontrado en esa tesitura había sido en 1973, como jugador, cuando teníamos que vencer a los Celtics en el séptimo enfrentamiento en Boston para ganar las finales de la Conferencia Este. Fue uno de los momentos más inquietantes y estimulantes de mi carrera.

Los Lakers estaban extraordinariamente tranquilos. Horas antes, habíamos meditado juntos en el hotel y me llevé una grata sorpresa cuando llegué y vi que estaban listos y a punto. Permanecimos en silencio y noté que los jugadores hacían un esfuerzo conjunto, preparándose mentalmente para la confrontación que les aguardaba. Esos hombres habían compartido mucho y sabían instintivamente que la conexión que mantenían se convertiría en la fuerza que disiparía la ansiedad a medida que, a lo largo del partido, la presión fuera en aumento.

Tenían razón: no solo se trataba de un partido de baloncesto, sino de un escalofriante maratón que se prolongó durante más de tres horas. Al final, fue la compostura colectiva de los Lakers la que se alzó con el triunfo. La ventaja cambió diecisiete veces de equipo; hubo prórroga cuando Bibby convirtió dos tiros libres y empató el marcador a 100, y Shaq falló un tiro de cuatro metros justo cuando sonaba la bocina. Fue una prueba bestial de voluntades y, tal como Fish comentó con Bill Plaschke, tuvimos que «ahondar más profundamente de lo que jamás lo habíamos hecho».

Me mostré más entusiasmado que de costumbre porque quería mantener focalizados a los jugadores. Kobe dijo que le pareció que los Kings jugaban mejor que nosotros, pero nosotros luchamos con más perseverancia, actitud que dio fruto en los últimos minutos del encuentro. Fox logró el récord de su carrera en los *playoffs* con catorce rebotes y Horry consiguió doce. Por su parte, los Kings estaban bastante alterados. Habitualmente serenos, fallaron catorce de sus treinta tiros libres y nosotros solo erramos seis de treinta y tres. En los dos últimos minutos de la prórroga, desperdiciaron una ventaja de dos puntos al fallar cinco lanzamientos seguidos y perder un par de veces el balón.

El final fue un esfuerzo denodado. Shaq realizó un lanzamiento en suspensión y luego anotó dos tiros libres, mientras Fish y Kobe encestaban un par cada uno desde la línea, con lo cual el partido quedó fuera del alcance de nuestros rivales. Una vez concluido el encuentro los jugadores estaban tan agotados que apenas lo celebraron, si bien el resultado no les sorprendió. «Hace cinco años que jugamos juntos —declaró Horry—. Si a estas alturas no sabemos lo que hay que hacer, algo falla.»

Terminado el encuentro, Shaq, que permaneció cincuenta y un agotadores minutos en pista, se mostró menos alegre que de costumbre. Cuando nuestro autobús salía del aparcamiento, Shaq reparó en un grupo de fans de Sacramento que nos increpaban, por lo que se bajó los pantalones y decidió despedirse cariñosamente de ellos a su estilo. Uno de los nuestros llamó a esa despedida «la salida de la luna llena».

En mi opinión, aquel fue el enfrentamiento por el título, por mucho que todavía teníamos que superar las finales del campeonato. El equipo adversario, los New Jersey Nets, contaban con Jason Kidd, uno de los mejores bases, y con Kenyon Martin, un ala-pívot impresionante, pero no tenían a nadie que pudiese hacer frente a Shaq. Intentaron que el *rookie* Jason Collins lo cubriera, pero Shaq hizo lo que quiso y promedió 36 puntos de camino a su tercer premio consecutivo como el jugador más valioso en las finales. A lomos de Shaq, pasamos por encima de los Nets y nos convertimos en el primer equipo de los Lakers que, tras el traslado del club desde Minesápolis a comienzos de la década de 1960, conquistaba tres anillos sucesivos. Por fin podíamos considerarnos legítimamente como una dinastía.

Con esa victoria empaté el récord de Red Auerbach en cuanto a mayor cantidad de campeonatos ganados: nueve. Los medios de comunicación dieron mucha importancia a ese empate, sobre todo después de que Auerbach declarara que costaba considerarme un gran entrenador porque jamás me había encargado de construir un equipo ni entrenado a jugadores jóvenes. Afirmé que dedicaba esa victoria a Red Holzman, mi mentor, que, de haber estado vivo, se habría sentido muy feliz de verme al mismo nivel que su archienemigo.

Para mí lo más importante fue lo que le sucedió al equipo. Cuando comencé a entrenar a los Lakers, pensé que cosecharíamos grandes éxitos si lográbamos llegar al punto en el que los jugadores confiasen lo suficiente en sus compañeros como para comprometerse con algo mayor que ellos mismos. A mediados de esa larga y difícil temporada, cuando los Memphis Grizzlies nos hicieron morder el polvo, no habría apostado un céntimo a nuestras posibilidades de hacer historia. En el último momento, que es el que de verdad cuenta, los jugadores ahondaron profundamente dentro de sí mismos y formaron un equipo de campeones basado en la confianza.

Por sorprendente que parezca, quien mejor lo comprendió fue Kobe Bryant. Tiempo atrás se habría burlado de esa idea, pero había madurado y el equipo había crecido con él. «Hemos compartido tantas batallas que la confianza surge de manera espontánea —afirmó—. Cuantas más guerras libramos, más comprendes a las personas que te acompañan en la batalla.»

Una respiración, una mente, un espíritu...

293

Capítulo dieciocho

La sabiduría de la ira

Aferrarse a la ira es como coger una brasa ardiente
con la intención de arrojársela a alguien.
Eres el único que se quema.
BUDA

*T*endría que haber sido un verano pacífico. A finales de junio, mientras recorría las Rocosas en moto, me alegré de dejar atrás la temporada 2002-03. Había sido un año difícil, salpicado de lesiones que iban del dedo del pie de Shaq, pasando por la rodilla de Kobe, al pie de Rick Fox. Habíamos tenido dificultades en los *play-offs* y apenas sobrevivimos a la primera y agotadora ronda contra los Timberwolves. En lo que a lesiones se refiere, el momento culminante para mí tuvo lugar durante las semifinales con los San Antonio Spurs. Fue entonces cuando me enteré de que tenía ocluida en un noventa por ciento una de las arterias coronarias, por lo que me practicaron una angioplastia de urgencia. Tal como sucedieron los acontecimientos, la intervención cardíaca tuvo un final mucho más feliz que el encuentro con los Spurs. Por primera vez en los cuatro años que hacía que entrenaba a los Lakers ni siquiera llegamos a las finales de la Conferencia Oeste, y evidentemente nada de anillos.

Pues sí, estaba más que dispuesto a olvidarme de esa temporada. Desde la operación me sentía mejor que en años y, mientras recorría las montañas, acogí de buena gana el poder centrarme en el siguiente capítulo. A pesar de que en vacaciones el equipo había perdido a Robert Horry, que se fue a los Spurs, habíamos fichado a Gary Payton y a Karl Malone, futuro miembro del Hall of Fame. Malone era la quintaesencia del ala-pívot, capaz de marcar más de veinte puntos y coger de ocho a diez rebotes por partido, al tiempo que con su cuerpo de tamaño considerable ocupaba la zona. Payton no solo era uno de los mejores bases de la liga, sino un tenaz defensor (de ahí que lo apodasen *El Guante*), por lo que esperaba que lograse frenar a algunos de los molestos pequeños bases de la liga. Me preocupaba cómo combinar esos grandes talentos con Shaq y con Kobe sin provocar un montón de egos heridos. No era un problema nimio, me inquietaba.

Me tomé mi tiempo en la BMW desde Los Ángeles hasta Arizona, atravesando Four Corners para llegar a Durango, Colorado, donde había quedado con un amigo y con un primo. Tras cruzar el imponente puerto de montaña rumbo a Ouray, mi siguiente parada fue Eagle, Colorado, una pequeña población cercana a Vail. Fui para recoger a un compañero del instituto, ya que íbamos a nuestra cuadragésima reunión en Williston, Dakota del Norte. Cuando salí de Los Ángeles no podía imaginar que, al cabo de pocos días, Eagle se convertiría en el centro de una importante noticia y me sumiría en una pesadilla de dolor y desinformación.

Mi amigo y yo habíamos pasado Deadwood, en Dakota del Sur, y acabábamos de registrarnos en un motel de Williston, ciudad que me había visto nacer, cuando sonó el teléfono.

Era Mitch Kupchak. Llamaba para comunicarme que habían detenido a Kobe en Eagle por presunta agresión sexual. Sin informarme ni comunicárselo a otro miembro del club, Kobe había programado su intervención de rodilla con un especialista de Vail. Por lo visto, la víspera de la operación había invitado a una mujer de diecinueve años a su hotel en la cercana Edwards para mantener lo que calificó de «sexo consensuado». Al día siguiente la mujer se presentó en la comisaría y denunció que había sido violada.

Al ver cómo evolucionaba la historia a lo largo de las semanas siguientes, resultó difícil deducir qué había pasado en realidad. Costaba creer que Kobe fuese capaz de semejante acto y las pruebas parecían, en el mejor de los casos, poco convincentes. El 18 de julio, fecha en la que fue formalmente acusado, realizó una rueda de prensa con Vanessa, su esposa, a su lado. Kobe negó vehementemente haber violado a la demandante aunque, con los ojos llenos de lágrimas, reconoció que había mantenido un encuentro sexual adúltero con ella.

Compadecí a Kobe y, tras conocer la noticia, intenté sin éxito ponerme en contacto con él. La situación era excesiva para un joven que acababa de cumplir veinticuatro años, sobre todo para alguien que a menudo se jactaba ante sus compañeros de equipo de que pensaba ser monógamo de por vida. En ese momento lo acusaron de un delito que podría llevarlo a la cárcel durante años. Kobe siempre había sido meticuloso con su imagen pública y de repente se convirtió en la comidilla de la prensa sensacionalista y de los cómicos de los programas nocturnos.

En lo que a mí se refiere, el incidente reabrió una vieja herida que nunca había cicatrizado del todo. Varios años antes, cuando estaba en la universidad, mi hija Brooke había sido víctima de una agresión durante una cita con un atleta del campus. Nunca me sentí del todo bien con mi reacción. Brooke esperaba que me enfureciera y la hiciese sentir protegida, pero contuve la cólera, tal como me habían condicionado a hacer desde la infancia. A decir verdad, no era mucho lo que podía hacer, ya que el caso quedó en manos de la policía y es probable que mi intervención hubiera sido más negativa que positiva. Por otro lado, ocultar la furia y mantener una apariencia de calma no reconfortó a Brooke, sino que le hizo sentirse más vulnerable. Al final, tras formalizar la denuncia, Brooke optó por no presentar cargos.

El incidente de Kobe desencadenó toda mi ira contenida y afectó la percepción que tenía de él. Hablé de mi lucha emocional interior con Jeanie y me sorprendió su evaluación pragmática de la situación. Desde su perspectiva, se trataba de una batalla legal y Kobe era uno de nuestros empleados estrella. Era necesario que le brindásemos el mayor apoyo posible a fin de ayudarlo a librar esa batalla y ganarla.

Para mí, el camino no estaba tan claro. Pese a que sabía que tenía la responsabilidad profesional de ayudar a Kobe a superar esa prueba, me costó desprenderme de la ira por lo que le había pasado a Brooke.

La lucha por aceptar mi cólera me recuerda una antigua historia zen: una noche de lluvia, dos monjes regresaban al monasterio cuando vieron a una bella mujer que tenía dificultades para sortear los charcos del camino. El monje de más edad le ofreció ayuda y la trasladó en brazos hasta la otra orilla. Entrada la noche, el monje más joven se acercó al mayor y comentó: «Señor, en nuestra condición de monjes no deberíamos tocar a las mujeres». «Así es, hermano», respondió el monje de más edad. «En ese caso, señor, ¿por qué cogió en brazos a la mujer que encontramos a la vera del camino?» El monje mayor sonrió y explicó: «Yo la he dejado al otro lado del camino, mientras que tú todavía la acarreas».

Al igual que el monje más joven, yo tenía una idea fija, idea que distorsionó mi perspectiva de Kobe durante la temporada 2003-04. Hiciera lo que hiciese con tal de apagarla, la ira siguió humeando en el fondo y, lamentablemente, generó la atmósfera de gran parte de las cosas extrañas que ocurrieron.

Y

Quede claro que el presunto delito de Kobe y mi reacción no fueron los únicos factores que aquella temporada entraron en acción. En septiembre, cuando regresé a Los Ángeles, descubrí que en el seno del equipo se preparaba la tormenta perfecta. No solo tuvimos que hacer frente a las cuestiones legales de Kobe, sino al hecho de que a finales de temporada se convertiría en agente libre. A su vez, ello obligaría al doctor Buss a tomar varias decisiones complicadas respecto al futuro de la organización. Los primeros indicios apuntaban a que Kobe quería irse a liderar un equipo en el que no tuviera que competir por ese honor. Al parecer, el que más le interesaba era nuestro rival local, los Clippers. A comienzos de temporada hizo un torpe intento de hablar de su futuro con Mike Dunleavy, el entrenador, actitud con la que se saltó la normativa de la NBA. A favor de Mike hay que decir que no permitió que esa charla llegase muy lejos.

Entretanto, Shaq no se sentía querido. Se presentó en el campamento de entrenamiento y, dado que su contrato acababa en 2006, reclamó una ampliación por dos años y sesenta millones de dólares. Era un precio muy alto por una estrella que comenzaba a perder luz. A pesar de que siempre había sido generoso con él, el doctor Buss se negó al oír la cifra. Por lo tanto Shaq reaccionó como solo él era capaz de hacer. En un partido de exhibición celebrado en Hawái contra los Golden State Warriors, clavó un mate y gritó al doctor Buss, que se encontraba en el borde de la pista: «¿Ahora piensa pagarme?».

Otro aspecto de la tormenta que se avecinaba fue mi contrato, que también finalizaba ese año. Antes del comienzo de la temporada, el doctor Buss y yo nos reunimos para hablar de las generalidades de un acuerdo y quedamos en afinar los detalles más adelante. Una parte de mí ansiaba tomarse tiempo libre del baloncesto para aclarar las ideas y centrarse en otros intereses. Mi decisión dependía, en gran medida, del resultado de las negociaciones con Kobe y Shaq. Si los Lakers estaban obligados a elegir entre ambas estrellas, yo era partidario de conservar a Shaq porque sería más fácil construir un equipo de campeones en torno a él que alrededor de Kobe. A medida que la temporada avanzaba, resultó evidente que el doctor Buss no compartía mi opinión.

Antes del inicio del campamento de entrenamiento, me reuní con Kobe e intenté evaluar cómo se sentía. Había adelgazado y lo noté cansado y demacrado. También mostró una actitud tajante que antes no le había visto. Le garanticé que le facilitaría las cosas tanto como pudiese a lo largo de la temporada. Le pregunté cómo se encontraba y no se mostró muy abierto, ya que su manera de gestionar el estrés consistía en replegarse. Sin embargo, hacia el final de la conversación me comunicó con actitud decidida que ya no estaba dispuesto a tolerar las tonterías de Shaq.

Hablaba en serio. Poco después, tras el tambaleante debut de Kobe en un partido de exhibición, Shaq comentó que Kobe tenía que modificar su juego y confiar más en los compañeros de equipo, hasta coger fuerzas en la pierna. Kobe le respondió que debía preocuparse por su posición más que por la suya. Shaq no lo dejó pasar. «Pregunta a Karl y a Gary por qué están aquí —declaró—. Por una persona, no por dos. Solo por una. Y se acabó. No pretendo decirle cómo tiene que jugar: solo le digo cómo jugar en equipo». También añadió que si a Kobe no le gustaba que expresase su opinión, ya podía largarse el año siguiente porque «yo no pienso moverme de aquí».

Días después, en una entrevista que concedió a Jim Gray, de ESPN, Kobe se desquitó con una durísima crítica sobre el liderazgo de Shaq. Dijo que debía dar ejemplo si quería que ese fuese su equipo. Eso significaba no presentarse en el campamento gordo, fuera de forma y culpando a los demás de los fracasos del equipo. «No solo es "mi equipo" cuando ganamos —aseguró Kobe—. Se trata de soportar la carga de la derrota con la misma elegancia con la que levantas el trofeo de campeón.» Añadió que, si a finales de temporada decidía dejar los Lakers, uno de los motivos principales tendría que ver con «el egoísmo y los celos ridículos de Shaq».

Shaq se enfureció y dijo a Mitch Kupchak que, la próxima vez que lo viera, le iba a dar una buena paliza a Kobe. Mitch y yo decidimos que, cuando al día siguiente se presentasen en las instalaciones de entrenamiento, separaríamos a Shaq y a Kobe para impedir que cometieran una estupidez. Yo me ocupé de Shaq y Mitch, de Kobe. Posteriormente hablé con Kobe y reconoció que lo que realmente le había enfurecido de Shaq fue su decisión de someterse a la operación del dedo del pie casi al inicio de la temporada anterior, motivo por el cual, en su opinión, había puesto en peligro nuestras posibilidades de conseguir el cuarto anillo. Era la primera vez que se lo oía decir.

Afortunadamente, tras la última ronda de acalorados intercambios verbales, la situación se calmó, al menos durante un tiempo. A ello contribuyó que en el equipo había jugadores veteranos como Karl y Gary, que tenían poca o ninguna paciencia con ese tipo de piques pueriles por el liderazgo. También contribuyó el excelente inicio de temporada: 19-5. Por desgracia, nuestro éxito fue efímero. En diciembre, Karl se lesionó la rodilla en un partido en casa contra los Suns y estuvo de baja casi toda la temporada. No contábamos con un buen sustituto de Karl y nos sumimos en un período de malestar hasta que, más entrada la temporada, nos recuperamos.

Mi estrategia de conceder espacio a Kobe no pareció dar resultado. Cuanta más libertad le concedía, más beligerante se mostraba. Dirigió contra mí gran parte de su ira. Kobe se había mostrado pasivo-agresivo antes, cuando no quería hacer lo que yo le pedía, pero en ese momento se volvió agresivo-agresivo. Realizó comentarios sarcásticos durante los entrenamientos y cuestionó mi autoridad en presencia del resto de los jugadores.

Consulté a un psicoterapeuta, quien apuntó que la mejor manera de tratar con Kobe consistía en: 1) reducir la intensidad de las críticas y proporcionarle mucha retroalimentación positiva; 2) no hacer nada que pudiese avergonzarlo ante sus compañeros, y 3) dejar que pensase que lo que yo quería que hiciese había sido idea suya. Puse a prueba algunas de esas tácticas y, hasta cierto punto, funcionaron, pero Kobe estaba en un estado muy alto de supervivencia y, cada vez que la presión se volvía insoportable, su reacción instintiva consistía en repartir golpes.

Llegué a la conclusión de que no era mucho lo que podía hacer para modificar su comportamiento, aunque sí podía cambiar mi forma de reaccionar ante sus estallidos de cólera. Fue una lección importante para mí.

Gestionar la ira es la tarea más difícil con la que nos enfrentamos los entrenadores. Requiere una enorme paciencia y sutileza porque la línea que separa la intensidad agresiva necesaria para ganar partidos y la furia destructiva suele ser muy delgada.

En algunas tribus aborígenes norteamericanas, los mayores solían identificar a los guerreros más coléricos de la aldea y les enseñaban a transformar su energía salvaje y descontrolada en una fuente de poder y fuerza creativos. Esos guerreros habitualmente acababan siendo los líderes tribales más competentes. He intentado hacer lo mismo con los jugadores jóvenes de mis equipos. 301

La cultura occidental suele considerar la cólera como un defecto que hay que eliminar. Así me criaron. Como cristianos devotos, mis padres consideraban que la ira era un pecado que se debía evitar. El intento de anular la furia nunca da resultado. Cuanto más intentas reprimirla, mayores son las probabilidades de que, más adelante, estalle de manera más virulenta. Un enfoque más adecuado consiste en conocer lo más íntimamente posible el modo en el que la ira opera en tu mente y en tu cuerpo a fin de transformar la energía subyacente en algo productivo. Tal como escribe el erudito budista Robert Thurman: «Sin duda, nuestra meta consiste en conquistar la cólera, pero sin destruir el fuego del que se ha adueñado fraudulentamente. Esgrimiremos ese fuego con sabiduría y lo dedicaremos a fines creativos».

De hecho, dos estudios recientes publicados en el *Jour-*

nal of Experimental Social Psychology demuestran la existencia de un vínculo entre la cólera y la creatividad. En uno de los estudios, los investigadores descubrieron que, en principio, los sentimientos de ira mejoran la capacidad de los participantes de resolver grupalmente problemas de forma creativa. En el otro, los mismos investigadores comprobaron que los sujetos impulsados a sentir cólera generan más ideas creativas que aquellos que experimentan tristeza o un estado carente de emociones. La conclusión es la siguiente: la ira es una emoción dinamizadora que realza la atención sostenida que necesitamos para resolver problemas y conduce a un pensamiento «a lo grande» más flexible.

De lo que no hay duda es de que la cólera centra la mente. Se trata de un sistema de alerta temprana que nos advierte de las amenazas dirigidas a nuestro bienestar. Vista así, la cólera puede convertirse en una fuerza poderosa a la hora de provocar cambios positivos. Claro que hace falta práctica, y una buena dosis de valor, para sobrellevar sentimientos tan incómodos y no dejarse arrastrar por ellos.

Cuando aflora la ira, mi práctica consiste en meditar. Simplemente, la observo cuando llega y se va, llega y se va. Lentamente y de forma creciente, con el paso del tiempo he aprendido que si puedo quedarme con la ira —que a menudo se manifiesta como ansiedad— y rechazar la respuesta condicionada de reprimirla, la intensidad de dicho sentimiento se disipa y estoy en condiciones de percibir la sabiduría que puede transmitir.

Quedarte con tu ira no significa ser pasivo, sino volverte más consciente y estar en estrecha relación con tu experiencia interior para actuar más cuidadosa y compasivamente de lo que es posible en el fragor del momento.

Aunque no resulta nada fácil, comportarse cuidadosamente es clave para crear relaciones fuertes y de confianza, sobre todo si desempeñas un papel de liderazgo. Sylvia Boorstein, maestra de meditación budista, dice: «La cólera sin expresar crea en las relaciones una brecha que ni la mejor de las sonrisas puede franquear. Es un secreto, una mentira. La respuesta compasiva es la que mantiene vivas las conexiones. Exige decir la verdad, pero decir la verdad puede resultar difícil, especialmente si la mente está agitada por la ira».

Desde el momento de la detención de Kobe hice muchas prácticas de controlar la ira y él fue mi maestro principal. A finales de enero se presentó en las instalaciones de entrenamiento con la mano vendada y me comunicó que se perdería el partido de esa noche. Por lo visto, accidentalmente había atravesado con la mano el cristal de una ventana mientras movía cajas en el garaje y habían tenido que darle diez puntos en el índice. Le pedí que durante el entrenamiento corriera un poco y aceptó, pero ni se movió. Después le pregunté por qué me había mentido y contestó que su respuesta había sido irónica.

No me causó la menor gracia. Me pregunté a qué clase de juego adolescente estaba jugando Kobe y decidí que, fuera cual fuese, yo no quería tener nada que ver.

Terminado el entrenamiento, subí a hablar con Mitch Kupchak y le dije que teníamos que hablar de traspasar a Kobe antes de la fecha límite de mediados de febrero. Expliqué: «No puedo entrenar a Kobe. No hace caso a nadie. Es imposible conectar con él». Fue una apelación inútil. Kobe era el niño mimado del doctor Buss, por lo que era improbable que lo traspasase, aunque eso significara poner en peligro nuestro intento de conseguir otro anillo.

Varios días después el doctor Buss, a quien preocupaba que su joven estrella se fuese a un equipo rival, visitó a Kobe en Newport Beach e intentó convencerlo de que continuase en los Lakers. Por supuesto yo no participé en esa reunión, pero poco después, mientras viajábamos en el autobús del equipo, Kobe dijo a Derek Fisher: «El año que viene tu hombre no vendrá». El hombre del que hablaba era yo.

Me quedé de piedra. Era evidente que, sin consultarme, el doctor Buss había compartido con Kobe información sobre el equipo y sobre mi futuro. Fue un golpe duro y Kobe pareció regodearse con el tema. En el fondo, ese giro de los acontecimientos me llevó a plantearme si podía confiar en Kobe y en el doctor Buss.

Entrado el día, llamé a Mitch y dije que, en mi opinión, estaban cometiendo un grave error. Recomendé que, si había que elegir entre Shaq y Kobe, se quedaran con el primero, pues era imposible entrenar a Bryant. Terminé la conversación con las siguientes palabras: «Puedes decírselo al propietario».

Al cabo de unos días, llamó mi representante y me comunicó que los Lakers habían suspendido las negociaciones de mi contrato. El 11 de febrero, fecha en que la franquicia dio la noticia, los periodistas preguntaron a Kobe si mi partida afectaría a sus planes como agente libre y respondió con toda la frialdad del mundo: «No me importa». Shaq estaba pasmado. No podía entender que, después de todo lo que habíamos pasado, Kobe se portara tan mal conmigo. Le pedí que se abstuviera de alborotar el avispero. Lo único que le faltaba al equipo era otra disputa verbal entre ambos jugadores.

Jeanie estaba convencida de que los Lakers intentaban deliberadamente debilitarme y lo más probable es que tuviese razón. De todas maneras, el anuncio me resultó extrañamente liberador. A partir de ese momento podía centrarme en la tarea que tenía entre manos, es decir, ganar otro campeonato, sin tener que preocuparme por el futuro. La suerte estaba echada.

Tras la pausa del All-Star me reuní con Kobe para aclarar la cuestión. Quedó claro que mi actitud no intervencionista había producido el efecto contrario y afectaba negativamente al equipo. Kobe había interpretado como indiferencia mi intento de dejarle espacio. Por consiguiente, decidí abordar otra táctica y trabajar más activamente con él. Mi intención consistió en ayudarlo a centrar la atención en el baloncesto para que lo considerara un refugio, tal como lo había sido para Michael Jordan cuando se sintió acosado por los medios debido a sus problemas con el juego.

El equipo pasaba por una fase peligrosamente frágil. Pedí a Kobe que dejase de hacer comentarios divisivos que confundían a los más jóvenes y amenazaban con separarnos aún más si cabe. Añadí que, una vez esclarecida la cuestión de mi contrato, éramos libres de ocuparnos solo de esa temporada, sin inquietarnos por otras cosas. Le pregunté si estaba de acuerdo en que podíamos trabajar juntos. Respondió que sí. Me di cuenta de que no era el final de la fricción existente entre nosotros, aunque se trataba de un buen principio.

El tema de Kobe como agente libre era un nubarrón que pendía sobre el equipo. Nadie sabía qué camino tomaría. Por si eso fuera poco, estuvo mucho tiempo alejado del equipo, tanto física como espiritualmente. Cuando estaba presente, parecía distante y con frecuencia recuperaba su vieja costumbre de tratar de ganar los partidos por su cuenta y riesgo. No nos habíamos cohesionado y formado el Dream Team III que los expertos deportivos habían vaticinado a comienzos de temporada.

Kobe no fue el único problema. Gary Payton también tuvo que realizar ajustes. Estaba acostumbrado a tener el balón en sus manos la mayor parte del tiempo y ahora tenía que compartirlo con otros jugadores. Le costó encontrar su ritmo. Como base de los Sonics, se había habituado a coger rebotes y a postear a los bases y los escoltas más pequeños. Ahora tenía que ceñirse al triángulo ofensivo que, en su opinión, anulaba su capacidad de expresarse creativamente. Además, había perdido uno o dos pasos en defensa, lo que llevó al columnista Mark Heisler a hacer la broma de que debían cambiar su apodo, *el Guante*, por el de *la Manopla*.

En marzo, poco después del regreso de Karl Malone a la alineación, el equipo volvió a ganar y tuvimos una racha de 11-0. En ese espacio de tiempo concedí más minutos de juego a Fish hacia el final de los partidos porque tenía una percepción del sistema triangular más sutil que la de Payton. También nombré a Kobe general de pista del equipo y le encomendé la dirección de la acción. La división entre Kobe y el resto del equipo se acrecentó. En la última semana de la temporada, Kobe, al que nunca le habían faltado agallas a la hora de lanzar, solo había intentado un tiro en la primera mitad del partido contra Sacramento, lo que permitió que los Kings obtuviesen una ventaja de diecinueve puntos y ganaran sin dificultades. La prensa llegó a la conclusión de que Kobe había fastidiado intencionadamente el partido para mejorar su posición negociadora con el doctor Buss. Kobe replicó que solo hacía lo que los entrenadores le habían pedido, es decir, compartir el balón, pero nadie le creyó. Un jugador que no quiso identificarse comentó con Tim Brown, de *Los Angeles Times*: «No sé si se lo podremos perdonar».

306   Esa declaración provocó una escena muy desagradable en el entrenamiento del día siguiente. Kobe entró hecho una furia e interrogó uno tras otro a los jugadores, intentando averiguar quién era el responsable de la cita. Fue un episodio desgarrador y doloroso.

Al principio de la temporada, alguien había definido a los Lakers como «la mayor colección de talentos que se haya reunido jamás en un equipo». En ese momento llegamos a los *play-offs* en el segundo lugar de la Conferencia Oeste y con la sensación de que estábamos perdiendo el control. Las lesiones fueron en aumento: Malone se torció el tobillo derecho; Devean George, la pantorilla; Fish sufrió un tirón muscular en la ingle y Fox se dislocó el pulgar derecho.

Las lesiones no fueron lo peor. Mi mayor preocupación seguía siendo que el equipo no había encontrado su identidad. Como dijo Fish: «Es como si este año nada se hubiera resuelto. Cada vez que parecía que nos habíamos asentado, que empezábamos a conocernos y que jugábamos bien, pasaba algo que nos hacía retroceder dos pasos.

Creo que esa fue la mayor diferencia en esta temporada. No hubo un solo instante en el que, como equipo, nos sintiéramos cómodos».

Solo empezamos a despertar cuando en las semifinales de la Conferencia Oeste llevábamos perdidos dos partidos contra los San Antonio Spurs. En el tercer encuentro, celebrado en el Staples Center, volvimos a nuestra fórmula estandarizada para ganar, practicando una defensa blindada y enviando balones a Shaq al poste, por lo que avasallamos a los Spurs por 105-81. El enfrentamiento siguiente fue testigo de la asombrosa anotación de Kobe, que tras regresar de su acusación formal en Colorado anotó 42 puntos, seis rebotes y cinco asistencias, lo que condujo a los Lakers a alcanzar la victoria con una remontada, y a empatar la serie 2-2. Acabada la contienda, un exultante Shaq llamó a Kobe «el mejor jugador que ha existido», incluido Michael Jordan. No era la primera vez que Kobe levantaba los ánimos del equipo tras regresar de una comparecencia en los tribunales de Colorado, pero aquella fue la más genial. Declaró que el baloncesto es, «más o menos, como un psicólogo. Aparta tu mente de muchas, muchísimas cosas».

307

En el quinto partido, que tuvo lugar en San Antonio, se produjo la verdadera magia. Ganábamos por 16 puntos en el primer cuarto, pero los Spurs acortaron distancias y recuperaron la ventaja en los últimos minutos. Quedaban 16 segundos cuando Kobe anotó un tiro de seis metros, lo que nos concedió una ventaja de 72-71. Ese resultado tendría que haber sido el definitivo cuando solo quedaban cinco segundos, pero milagrosamente entró un *fade away* desequilibrado, desde 5,5 metros de distancia, que lanzó el Spur Tim Duncan.

Los Spurs comenzaron a dar saltos, como si ya hubiesen ganado el partido. Durante el tiempo muerto dije a los jugadores que, pese a que quedaba menos de medio segundo, intentaríamos ganar. Payton sacó de banda y Robert Horry, que conocía nuestro historial de canastas in extremis, se encargó de tapar la línea de pase. Por lo tanto, Gary tuvo que pedir otro tiempo muerto. En esa ocasión le pedí que buscara al hombre sin marcar, daba igual quien fuese, y vio a Fish moviéndose libremente por la izquierda de la zona de tiros libres. Solo quedaban nanosegundos, pero Fish cogió el pase y lanzó un fantástico tiro en suspensión a la media vuelta. ¡Limpia! Habíamos ganado.

En el sexto partido acabamos con los Spurs y a continuación arrasamos a los Timberwolves, también en seis encuentros, con lo que ganamos las finales de la Conferencia Oeste. Malone volvió a lesionarse la rodilla en el último partido, hecho que frenó nuestro ímpetu y planteó grandes dudas sobre las finales del campeonato contra los Detroit Pistons.

Estaba inquieto respecto a los Pistons incluso antes del accidente de Malone. Formaban un equipo joven y cohesionado que estaba en su mejor forma en el momento oportuno y que acababa de ganar las finales de la Conferencia Este a los Indiana Pacers, el equipo con el mejor balance de toda la liga. Nuestros jugadores no se tomaban demasiado en serio a los Pistons porque no disponían de grandes figuras, si bien estaban entrenados por uno de los mejores, Larry Brown, y nos crearon serios problemas de emparejamiento. Chauncey Billups, sólido e ingenioso creador de juego, podía superar fácilmente a Payton o a Fisher; Tayshaun Prince, un defensor de 2,06 metros y brazos largos, causaría problemas a Kobe, y no contábamos con una buena solución para la doble amenaza de los ala-pívots Rasheed Wallace y Ben Wallace. La estrategia de Brown consistía en provocar faltas en ataque a Shaq haciendo que sus pívots cayeran sobre él cada vez que entraba. Antes de cada serie me gustaba dedicar tiempo a visualizar nuevas formas de neutralizar el ataque de nuestro siguiente adversario pero, en el caso de los Pistons, me quedé en blanco.

Todo comenzó a fallar en el primer partido en Los Ángeles. Los Pistons nos superaron defensivamente y recuperaron la ventaja de jugar en casa a pesar de que Shaq y Kobe anotaron 59 puntos en conjunto. En el segundo encuentro nos recuperamos y conseguimos ganar en la prórroga. Comenzamos a tener dificultades cuando la serie se desplazó a Detroit y no conseguimos recuperarnos. La rodilla siguió causando problemas a Malone y finalmente el motor se paró. Los Pistons alcanzaron la victoria en cinco encuentros.

Mi mayor decepción durante esa temporada tuvo que ver con nuestra incapacidad de aislarnos de las distracciones y de convertir a ese talentoso grupo de superestrellas en la fuerza imparable que tendría que haber sido. Hubo varias actuaciones individuales grandiosas (por parte de Kobe, Karl y otros), pero seguimos siendo mayoritariamente un conjunto de veteranos entrados en años y con las piernas cansadas, que lucharon por estar a la altura de un equipo joven, con ansias de ganar, enérgico y muy semejante a los Lakers de hacía unos años.

309

Para Fox, el motivo por el que perdimos estaba muy claro: «Un equipo siempre vence a un grupo de individuos y elegimos el peor momento para ser un grupo de individuos».

Para Fish, el fin de los Lakers comenzó mucho antes, hacia la mitad de nuestro tercer intento de ganar el campeonato. Afirma que, en cuanto el éxito se convirtió en un elemento habitual de la cultura de equipo, «los jugadores comenzaron a atribuirse más méritos en relación con lo que pasaba. Por lo tanto, se centraron menos en lo que el personal de entrenamiento incorporaba a la ecuación y más en plantearse de quién era el equipo, si de Shaq o de Kobe, y en qué componentes de la lista de jugadores tenía que progresar y mejorar. Esas cuestiones se colaron en el vestuario y trastocaron realmente la energía y la cohesión que habían existido en los primeros años.»

Y

El desmembramiento no tardó en producirse. Poco después del final de los *play-offs*, el doctor Buss confirmó lo que Mitch Kupchak ya me había dicho: el equipo se movía en otra dirección y no me renovarían el contrato. No me sorprendió que se planteasen traspasar a Shaq y albergaran la esperanza de renovar a Kobe. Transmití al doctor Buss que perder a Shaq probablemente significaría entregar como mínimo un campeonato al equipo que se lo quedase. Respondió que estaba dispuesto a pagar ese precio.

Mi profecía se hizo realidad. A mediados de julio, los Lakers traspasaron a Shaq a Miami y dos años después este lideró a su nuevo equipo a la conquista del campeonato. Un día después del traspaso de Shaq, los Lakers anunciaron que Kobe había firmado su permanencia en el equipo. El juicio en Colorado siguió adelante: el 27 de agosto se procedió a la selección de los miembros del jurado y el 1 de septiembre se acabó. El juez desestimó el caso después de que la acusación se retirara. Por lo visto, la testigo clave, la demandante de Kobe, se negó a testificar.

Cotton Fitzsimmons afirmó en cierta ocasión que no sabes qué clase de persona será un entrenador hasta que lo despiden. No sé muy bien lo que significa esto con respecto a mí pero, sea como sea, estaba deseoso de tomarme un respiro del baloncesto y buscar otras formas de alimentar mi mente y mi espíritu. Me quedaba trabajo pendiente con *La última temporada*, libro que estaba escribiendo sobre los años que había entrenado a los Lakers. En cuanto terminara, me iría muy lejos de Los Ángeles y emprendería un esclarecedor viaje de siete semanas por Nueva Zelanda, Australia y varios puntos del Pacífico Sur.

Pese al intenso dramatismo, estaba satisfecho de lo que había logrado con los Lakers a lo largo de los cinco años en los que me había encargado del equipo, aunque lo cierto es que me habría gustado redactar otro final. Cuando me marché, estaba satisfecho del cambio positivo que había tenido lugar en mi relación con Kobe. Conciliar tu cólera siempre resulta ingrato y de manera inevitable te pone en contacto con tus temores, tus fragilidades y tu mentalidad sentenciosa. Los pasos que Kobe y yo dimos aquella temporada, cada uno a su manera, sentaron las bases para la construcción de una conexión más firme y consciente en el futuro.

Cuando evoco ese periodo, tengo la sensación de que para mí fue el final de un capítulo importante..., que se cerró bien. Entrenar a los Lakers fue como tener una aventura salvaje y tempestuosa con una mujer hermosa, después de la cual había llegado el momento de seguir mi camino y probar algo nuevo.

Capítulo diecinueve

Corta leña y transporta agua

Olvida los errores, olvida los fracasos, olvídalo todo,
salvo lo que vas a hacer ahora y hazlo.
Hoy es tu día de suerte.
WILL DURANT

Acababa de iniciar mi período de descanso en Australia cuando recibí una llamada telefónica de Jeanie. Me explicó que la situación de los Lakers era calamitosa. El equipo iba de mal en peor y Rudy Tomjanovich, el nuevo entrenador, había dimitido. Me preguntó si podía volver y rescatar al equipo.

Reconozco que no me sorprendí. Rudy era un buen entrenador y había ganado dos campeonatos con los Houston Rockets, pero en Los Ángeles había heredado una situación imposible. Además, acababa de terminar un tratamiento contra el cáncer y ni física ni emocionalmente estaba en condiciones de cumplir con su cometido.

El equipo tampoco estaba por la labor. Durante las vacaciones la plantilla había quedado diezmada. Los Lakers no solo traspasaron a Shaq, sino que perdieron a Karl Malone, que se retiró; a Rick Fox, que se fue a los Celtics (y que al cabo de unos meses también se retiró), y a Gary

Payton y Fish, que pasaron a ser agentes libres. De Miami llegaron nuevos jugadores por mediación del traspaso de Shaq: el ala-pívot Lamar Odom, el alero Caron Butler y el pívot/ala-pívot Brian Grant, que tenía problemas de rodilla. Kobe intentaba arrastrar a ese manojo de jugadores todavía informe, pero no podía.

Respondí a Jeanie que no estaba dispuesto a regresar a Los Ángeles. No estaba preparado para renunciar al resto del viaje, que incluía una excursión en moto por Nueva Zelanda con mis hermanos. Tampoco tenía el menor interés en tratar de rescatar a un equipo que hacía mucho tiempo que había superado las posibilidades de salvarse. Jeanie me preguntó qué pensaba de hacerme cargo del equipo la temporada siguiente y contesté que lo pensaría.

Supongo que tal vez sentí un fugaz regodeo, pero lo cierto es que el desmembramiento de los Lakers me apenó. Había trabajado mucho para convertirlos en campeones y resultó doloroso ver cómo Frank Hamblen, que había sido mi entrenador asistente, intentaba inútilmente mantenerlos en pie al final de la temporada 2004-05. Desde principios de la década de 1990, era la primera vez que los Lakers quedaban eliminados de los *play-offs*.

313

A mi regreso a Estados Unidos, hablé con otros equipos que deseaban contratar a entrenadores, incluidos Nueva York, Cleveland y Sacramento. Ninguna de esas vacantes me atrajo tanto como la idea de reconstruir a los Lakers desde cero, algo que la primera vez no había podido hacer. Sin embargo, antes de aceptar tenía que saber si Kobe y yo podríamos volver a trabajar juntos.

No había hablado con Kobe desde nuestro tenso encuentro de hacía un año, a finales de la temporada. Desde entonces, había publicado *La última temporada*, en el que revelaba mi frustración mientras intentaba entrenarlo durante la turbulenta temporada 2003-04. Desconocía cómo me recibiría, aunque cuando lo llamé no percibí el menor resentimiento. Solo me pidió que fuera más discreto con los medios de comunicación y que no compartiese con los reporteros información personal sobre él. Me pareció razonable.

Creo que ambos nos dimos cuenta de que, para triunfar, necesitábamos el apoyo y la benevolencia del otro. Antes de la temporada 2004-05, Kobe había alardeado de que, mientras él jugara en los Lakers, el equipo nunca obtendría menos del 50 por ciento de victorias. Pero esto último fue exactamente lo que sucedió: los Lakers empataron en el último puesto de la División Pacífico con un balance de 34-48, lo que se convirtió en una auténtica señal de alarma para Kobe. Nunca había vivido un fracaso semejante y no le quedó más remedio que reconocer que, si quería volver a ganar un campeonato, tendría que aunar fuerzas con sus compañeros.

Supe que, si aceptaba el trabajo, mi primera y crucial labor consistiría en recuperar el orgullo que el equipo había perdido. En mi opinión, los expertos deportivos y los seguidores se habían lanzado sobre Kobe para acusarlo, injustamente, de que había roto la gran alineación campeona de los Lakers. Deduje que quizá mi regreso calmaría un poco los ánimos en ese sentido. Me interesaba la posibilidad de crear un nuevo equipo de campeones centrado en Kobe más que en Shaq. Para conseguirlo, Kobe y yo tendríamos que forjar una relación más profunda y cooperativa y él tendría que convertirse en una clase de líder distinto al que había sido. Me di cuenta de que llevaría tiempo, pero no avisté obstáculos insuperables en el camino. Kobe parecía tan deseoso como yo de enterrar el pasado y seguir avanzando.

Cuando me reuní con el doctor Buss para perfilar los detalles del contrato por tres años, quise que me garantizara que yo tendría un papel mayor en las decisiones sobre la plantilla y que no se me ocultaría información, como había ocurrido en la temporada 2003-04 con el tema de Shaq y Kobe. El doctor Buss accedió, pero rechazó mi otra petición: tener la propiedad parcial del equipo. A cambio, me ofreció un aumento de salario y me explicó que pensaba traspasar el control de los Lakers a sus seis hijos. Como parte de esa decisión, había incorporado a su hijo Jim para que aprendiese el oficio a fin de que, a largo plazo, se hiciera cargo de la parcela de los Lakers dedicada al baloncesto. Simultáneamente, Jeanie seguiría a cargo de las ventas, el marketing y las finanzas.

A mi regreso en la postemporada de 2005, Jim Buss había ascendido a vicepresidente de la plantilla de jugadores y estaba impaciente por conseguir a Andrew Bynum, un talentoso pívot de instituto de Nueva Jersey. Me pidió que lo sometiera a una prueba de aptitud cuando Andrew viniese a Los Ángeles. Mi única reserva con respecto a Andrew tenía que ver con su modo de correr, que más adelante desembocaría en graves problemas de rodilla. Por lo demás, consideraba que poseía potencial para convertirse en un pívot impresionante. Di mi visto bueno al acuerdo y lo escogimos en el puesto diez de la primera ronda. Con solo diecisiete años, se convirtió en el jugador más joven en un *draft* de la NBA.

Mi mayor preocupación a la hora de fichar jugadores recién salidos del instituto siempre se ha vinculado con las tentaciones que supone la vida en la NBA. Muchos jugadores jóvenes quedan tan seducidos por el dinero y la fama que no maduran ni hacen realidad sus expectativas como deportistas. En mi opinión, la clave para convertirse en un exitoso jugador de la NBA no consiste en aprender las jugadas más estupendas y espectaculares, sino en aprender a controlar tus emociones, a permanecer centrado en el juego, a jugar a pesar del dolor, a encontrar tu función en el equipo y a cumplirla coherentemente, a mantener la calma cuando estás sometido a presión y la ecuanimidad tras derrotas aplastantes y victorias exultantes. En Chicago decíamos: hay que pasar de jugador de baloncesto a jugador «profesional» de la NBA.

La mayoría de los *rookies* tardan tres o cuatro años en conseguirlo. Expliqué a Andrew que en su caso pondría-

315

mos la directa por el papel decisivo que queríamos que desempeñase en el equipo. Añadí que si se comprometía a entregarse a la tarea, yo me encargaría de apoyarlo hasta las últimas consecuencias. Andrew me aseguró que no tenía que preocuparme por su madurez y que hablaba en serio cuando decía que quería progresar. Cumplió fielmente su palabra, ya que la temporada siguiente se convirtió en el nuevo pívot titular de los Lakers.

Andrew no era el único jugador que necesitaba esa clase de preparación. Contábamos con varios jugadores jóvenes que tenían que aprender el abecé, entre ellos, Smush Parker, Luke Walton, Brian Cook, Sasha Vujacic, Von Wafer, Devin Green y Ronny Turiaf. Más que como un déficit, lo consideré la oportunidad de crear un nuevo equipo desde abajo, con un grupo nuclear de jugadores jóvenes que aprenderían juntos el sistema y nos transmitirían muchísima energía desde el banquillo. Dada la composición del equipo, me volví una figura paterna menos autoritaria y más paciente de lo que había sido. Era un equipo que se abría paso desde la infancia, algo que para mí representaba una experiencia novedosa, y tuve que alimentar con cuidado la confianza de los jugadores.

Uno de los grandes obstáculos a superar con el nuevo equipo fue la falta de buenas opciones de anotación más allá de Kobe. En principio había calculado que Lamar Odom cumpliría ese cometido. Un antiguo cuarto puesto de la primera ronda que anotaba más de quince puntos por partido, Lamar era un elegante alero de 2,08 metros y de estilo libre, cuyo juego me recordaba al de Scottie Pippen. Era excelente a la hora de coger rebotes y subir la pelota esquivando a la defensa. Gracias a su tamaño, su agilidad y su capacidad para crear juego, Lamar causó problemas de emparejamiento a muchos equipos y pensé que podríamos convertirlo en un sólido «base-pívot» al estilo de Pippen. Sin embargo, tuvo dificultades para aprender las complejidades del sistema triangular y su juego falló en numerosas ocasiones justo cuando más lo necesitábamos. Descubrí que el mejor modo de aprovechar a Lamar consistía en darle la libertad de reaccionar espontáneamente ante lo que ocurría en pista. Cada vez que intentaba asignarle una función determinada, parecía que su espíritu se desinflaba.

Hubo otros jugadores cuya actuación no estuvo a la altura de mis expectativas. Poco después de mi regreso y con la esperanza de reforzar nuestro juego interior, nos decantamos por Kwame Brown en un traspaso con Washington. Sabíamos que Kwame había sido un decepcionante número uno por los Wizards, pero, con sus 2,11 metros y sus 122 kilos, tenía un buen uno contra uno y poseía la fuerza y la velocidad imprescindibles para defender a los principales pívots de la liga. Solo mucho después nos enteramos de que no confiaba para nada en su tiro exterior. Durante un partido contra Detroit, Kobe se acercó sonriente al banquillo y me dijo: «Phil, será mejor que saques a Kwame. Acaba de pedirme que no le pase el balón porque podrían hacerle una falta y tendría que lanzar un tiro libre».

317

Otro jugador que en principio parecía prometedor pero carecía de fortaleza mental fue Smush Parker. Aunque el veterano Aaron McKie y el europeo recién llegado Sasha Vujacic parecían más fuertes, en el campamento de entrenamiento Smush los superó y anotó veinte puntos en tres de los cuatro primeros encuentros de la temporada regular, motivo por el cual lo nombramos base titular. Era un jugador ligero, astuto, hábil para esquivar a sus marcadores y atacar la canasta y para defender con solidez por toda la pista. Aunque con un lanzamiento irregular, su juego vivaz contribuyó a cargar de energía los ataques y aquella temporada nos ayudó a comenzar con buen pie.

Smush había tenido una infancia difícil, que lo dejó emocionalmente frágil y limitó su capacidad de relacionarse con los demás. Era muy joven cuando su madre murió de sida. Cuando todo iba bien, se convertía en el jugador más enérgico en pista, pero cuando la presión se incrementaba le costaba no desmoronarse. Era una bomba de relojería a punto de estallar.

Entretanto, Kobe siguió destacando. Como el equipo aún no dominaba el sistema, durante la primera parte de la temporada le dije que se soltara..., y respondió con unas anotaciones dignas de los libros de historia. Durante la temporada regular marcó más de 40 puntos en veintitrés partidos y promedió el máximo de su carrera, 35,4 puntos. El momento culminante fue los 81 puntos que marcó en enero, en el enfrentamiento con los Toronto Raptors en el Staples Center. En el tercer cuarto los Raptors ganaban por dieciocho puntos, así que se cabreó y en la segunda mitad marcó 55 puntos y lideró al equipo a la victoria por 122-104. Los 81 de Kobe se convirtieron en la segunda anotación más elevada de la historia de la NBA, tras el legendario partido de 1962 en el que Wilt Chamberlain anotó cien puntos. Lo que diferenció la actuación de Kobe fue la variedad de lanzamientos que realizó desde toda la cancha, incluidos siete triples, que en la época de Wilt no existían en la NBA. Por situar en perspectiva la actuación de Kobe, baste decir que la puntuación máxima que Michael Jordan alcanzó en un partido fue de 69 puntos.

Desde sus tiempos de *rookie*, la cuestión de si Kobe se convertiría en «el siguiente Michael Jordan» había sido objeto de infinitas especulaciones. Como el juego de Kobe había madurado, ya no parecía una cuestión frívola. Hasta Jordan ha dicho que Kobe es el único jugador con el que es posible compararlo y estoy totalmente de acuerdo. Ambos poseen una capacidad competitiva extraordinaria y son casi insensibles al dolor. Tanto Michael como Kobe han jugado algunos de sus mejores encuentros en condiciones terribles, ya fuera por intoxicación alimentaria o por huesos rotos, condiciones que habrían sacado de la pista al resto de los mortales. Su increíble resiliencia ha hecho posible lo imposible y permitido que, pese a estar rodeados de defensores, tanto uno como otro realizasen lanzamientos decisivos para ganar un encuentro. Dicho esto, sus estilos son distintos. Michael era más propenso a esquivar a sus atacantes con su poder y su fuerza mientras que, con frecuencia, Kobe intenta librarse de aglomeraciones masivas por medio de la astucia.

En mi condición de entrenador, sus diferencias me interesan más que sus semejanzas. Michael era más fuerte, con los hombros más anchos y una estructura más resistente; también tenía las manos grandes, lo que le permitía controlar mejor el balón y realizar fintas más sutiles. Kobe es más flexible y de ahí le viene su apodo preferido, *Mamba Negra*.

Ambos hombres no se relacionan de la misma manera con sus cuerpos. El entrenador Chip Schaefer, que trabajó mucho con los dos, asegura que Kobe trata a su cuerpo como un coche deportivo europeo perfectamente reglado, mientras que Michael era menos disciplinado con su comportamiento y le agradaba satisfacer su gusto por los buenos puros y el vino excelente. Incluso en el presente Schaefer se maravilla de la elegancia con la que Michael se deslizaba por la pista. «Lo que hago para ganarme la vida tiene que ver con los movimientos atléticos y nunca he visto a otro que se moviera así —asegura Chip—. Solo hay una forma de describirlos: hermosos».

Las diferencias entre el estilo de lanzamiento de Michael y Kobe son todavía más acentuadas. Michael era más preciso. A lo largo de su carrera promedió cerca del 50 por ciento en tiros de campo, una cifra extraordinaria, y en su mejor época se movió entre el 53 y el 54 por ciento. El promedio de Kobe ronda un respetable 45 por ciento, si bien sus rachas suelen durar más que las de Michael. De forma natural, Jordan era más propenso a dejar que el juego le llegara en lugar de forzar la mano, mientras que Kobe suele imponer la acción, sobre todo si el juego no sigue el desarrollo que quiere. Cuando falla un tiro, Kobe machaca implacablemente hasta que su suerte cambia. Por su parte, Michael volcaba su atención en la defensa, en los pases o en los bloqueos para ayudar a que el equipo ganase el encuentro.

Sin lugar a dudas, como defensor Michael era más resistente e intimidador. Podía pasar prácticamente cualquier bloqueo y anular a casi cualquier jugador con su estilo de defensa implacable y centrado como un láser. Kobe había aprendido mucho estudiando las estratagemas de Michael y a menudo lo empleábamos como arma secreta en defensa cuando necesitábamos modificar el desarrollo de un partido. En líneas generales, Kobe confía más en su flexibilidad y en sus estrategias, pero en defensa corre muchos riesgos y a veces paga el precio de su osadía.

A nivel personal, Michael era más carismático y gregario que Kobe. Le encantaba estar con sus compañeros de equipo y con el personal de seguridad jugando a las cartas, fumando cigarros y haciendo bromas. Kobe es distinto. Fue un adolescente reservado, en parte debido a que era más joven que el resto de los jugadores y a que no desarrolló sus habilidades sociales en la universidad. Al incorporarse a los Lakers, Kobe se abstuvo de confraternizar con sus compañeros de equipo. Su propensión a mantenerse apartado varió con el paso de los años. Dedicó cada vez más energía a conocer a los demás jugadores, sobre todo cuando el equipo estaba de gira, y durante la segunda serie de campeonatos se convirtió en el alma de la fiesta.

Aunque tanto Michael como Kobe poseen impresionantes coeficientes de inteligencia para el baloncesto, yo no los consideraría «intelectuales» en el sentido estricto de la palabra. Michael asistió a la universidad de Carolina del Norte y está dotado para las matemáticas, pero no manifestó demasiado interés por los libros que le di a leer cuando era su entrenador. Kobe tampoco se mostró interesado, si bien ahora me consulta periódicamente para que le recomiende libros, sobre todo los que tratan de liderazgo. Kobe podría haber asistido a cualquier universidad, pero se saltó esa etapa porque tenía demasiada prisa por conquistar la NBA. De todas maneras, debió de plantearse si había tomado la decisión adecuada, ya que en el verano de 1997 se colgó la mochila a la espalda y realizó un curso de italiano avanzado en la universidad de Los Ángeles.

Desde mi perspectiva, una de las mayores diferencias entre las dos estrellas es la aptitud superior de Michael como líder. Aunque en algunos momentos fue duro con sus compañeros de equipo, Michael era magistral a la hora de controlar el clima emocional de equipo con el mero poder de su presencia. En cuanto comprendió la eficacia del triángulo, supo instintivamente cómo convencer a los jugadores para que funcionase.

A Kobe le quedaba mucho camino por recorrer antes de dominar esa capacidad. Era capaz de hablar para realizar un buen partido, pero aún no había experimentado en carne propia la fría verdad del liderazgo, algo por lo que Michael ya había pasado. Pronto todo eso comenzaría a cambiar.

Mediada la temporada 2005-06, los jugadores empezaron a sentirse cómodos con el sistema triangular y a ganar encuentros, pese a que Kobe no batió ningún récord. Me alegré al constatar que el equipo progresaba más rápido de lo que esperaba. Terminamos la temporada regular con una racha de 11-3 y entramos en los *play-offs* con un balance de 45-37, un avance de once partidos con respecto a la temporada anterior.

La progresión fue en aumento y en la primera ronda logramos una inesperada ventaja de 3-1 contra los Phoenix Suns, que había ganado el título de la división. Nuestro plan consistió en que Kobe jugase dos contra uno para luego pasar a Kwame y a Lamar, estrategia que pareció funcionar. Nuestra remontada en el cuarto partido fue extraordinaria. Cuando solo quedaban 0,7 segundos para el final del tiempo reglamentario y con la ayuda de un decisivo balón robado por Smush, Kobe realizó un lanzamiento desde la línea de fondo que empató el encuentro y a continuación, con 0,2 segundos para el final, anotó un tiro en suspensión a la media vuelta, desde unos cinco metros, y vencimos en el tiempo suplementario. «Nunca me había divertido tanto —declaró una vez concluido el enfrentamiento—. Así somos nosotros. Así somos nosotros, el equipo al completo, disfrutando del momento en compañía de toda la ciudad de Los Ángeles.»

Las celebraciones no duraron mucho. Horas antes del quinto encuentro nos enteramos de que estaban investigando a Kwame por una presunta agresión sexual en Los Ángeles. Finalmente se desestimaron los cargos, pero los comentarios desconcentraron a los jugadores y nos impidieron resolver la serie en dicho partido. Luego el viento cambió a favor de los Suns. Durante el sexto partido, Smush se mostró cada vez más reacio a lanzar, por lo que Kobe lo alentó a que se concentrase en presionar defensivamente al base Steve Nash y a que no se preocupara por anotar. Pese a la heroica actuación de Kobe, que logró cincuenta puntos, en la prórroga perdimos. Una vez terminado el enfrentamiento, Smush se vino abajo emocionalmente, pues solo había anotado cinco puntos de doce lanzamientos. El equipo regresó a Phoenix para librar el séptimo partido contra los Suns en su propia pista. No fue gran cosa. En la media parte pedí a Kobe que volviese a nuestra estrategia original y pasase balones a Lamar y a Kwame en el poste. Por lo tanto, contuvo su juego y solo realizó tres lanzamientos en la segunda mitad. Lamentablemente, Lamar y Kwame parecían estar en otra parte y, a pesar de que dispusieron de infinitas oportunidades, su anotación total combinada solo ascendió a veinte puntos. Cuando el partido se convirtió en una soberana derrota por 121-90, la peor que han sufrido los Lakers en un séptimo encuentro, recordé lo importante que es el carácter cuando se trata de ganar grandes enfrentamientos. A ese equipo le hacía falta más corazón.

El equipo no era el único que presentaba debilidades. Yo había sufrido un grave problema de cadera y me colocaron una prótesis justo antes del inicio del campamento de entrenamiento de la temporada 2006-07. Como quedó limitada mi capacidad de desplazarme por la pista para controlar el rendimiento de cada jugador durante las prácticas, tuve que aprender a entrenar desde una silla específicamente diseñada. Vale la pena comentar que, aunque me preocupaba que la movilidad reducida afectase mi autoridad, lo cierto es que ocurrió exactamente lo contrario. Aprendí a ser enérgico sin volverme dominante: más lecciones en la escuela de «menos es más».

La temporada 2006-07 empezó bien, pero las cosas se torcieron en la segunda mitad debido a que varios jugadores, incluidos Lamar, Kwame y Luke Walton, sufrieron lesiones. La alineación quedó tan mermada que en cierto momento tuve que emplear como ala-pívot a Aaron McKie, escolta de 1,96 metros, con Andrew Bynum ocupando la posición de pívot. En febrero el equipo entró en caída libre y perdió trece de dieciséis partidos seguidos. A mediados de marzo, Kobe se hartó y decidió hacerse cargo de la situación, lo que funcionó aproximadamente durante dos semanas. Anotó más de cincuenta puntos en cinco de siete partidos y ganamos todos menos dos. Sin embargo, el resto de los jugadores se quejaron de que no veían la pelota y tuve que pedirle a Kobe que se moderase.

Habitualmente intentaba trabajar mucho al final de la temporada para que el equipo funcionara al máximo nivel de camino a los *play-offs*. En esa ocasión no hubo ni la más remota posibilidad de hacerlo. La química del equipo estaba tocada y se nos habían acabado los trucos de magia. Terminamos la temporada con una racha 4-8 y finalmente dejé de lado a Smush, sustituyéndolo por el *rookie* Jordan Farmar, más rápido y fiable cuando se trataba de marcar a bases y escoltas ligeros de pies.

Necesitábamos mucho más que velocidad para estar a la altura de Phoenix en la primera ronda. Aquel año los Suns se habían convertido, en todo caso, en un equipo incluso más fuerte. Habían conquistado el título de la división del Pacífico tres años seguidos y contaban con el mejor base de nuestro deporte, Nash, que previamente había ganado dos trofeos consecutivos al jugador más valioso. Era evidente que a los Suns les sobraba seguridad en sí mismos. Antes del primer partido, *Los Angeles Times* publicó un artículo que incluía un extracto de *:07 Seconds or Less*, el libro de Jack McCallum, colaborador de *Sports Illustrated*, en el que Mike D'Antoni, entrenador de los Suns, criticaba las debilidades defensivas de algunos de nuestros jugadores. Dijo cosas de este calibre: «Kwame es malísimo, Odom es un defensor mediocre, Vujacic no puede marcar a nadie y en la pista abierta Bryant corre excesivos riesgos».

Aunque no estuve de acuerdo con la evaluación de Mike, quedé impresionado por el nivel de desparpajo de los Suns al inicio de la serie. De todos modos, todavía creía que podríamos volver a sorprenderlos si permanecíamos focalizados.

Aquella fue la gran incógnita. Durante la serie mostré a los jugadores fragmentos de la película *Hustle & Flow* (Rapidez y fluidez) porque, en mi opinión, necesitaban un poco más de cada una de esas cualidades para vencer a los Suns. Es evidente que no captaron el mensaje. El equipo actuó como sonámbulo durante los dos primeros partidos en Phoenix, cobró vida y ganó el tercero en Los Ángeles, pero volvió a dormirse y perdió la serie por 4-1. Me sentí tan frustrado por su poca energía en el cuarto y decisivo partido que fingí un ataque y al día siguiente finalicé de repente el entrenamiento y les envié a todos a casa. La falta de rapidez (por no hablar de la fluidez) solo fue una parte del problema. Necesitábamos el revulsivo de talentos más experimentados para convertir a ese equipo en un contendiente viable. Algunos jugadores jóvenes que yo esperaba que se convirtiesen en campeones no habían resistido en situaciones críticas.

No fui el único que perdió la paciencia. Kobe estaba furioso porque la franquicia no había realizado cambios significativos de plantilla desde el traspaso de Shaq a Miami. Después del quinto encuentro, declaró a la prensa que estaba harto de ser «un espectáculo indivi-

324

dual», marcar cincuenta puntos por partido y perder. «No me gusta. Deseo ganar. Quiero ganar campeonatos y quiero ganarlos ahora. Por lo tanto, [los Lakers] tendrán que tomar decisiones.»

No se trataba de una amenaza gratuita. Después de los *play-offs* me preguntó si habíamos progresado en la incorporación de nuevos talentos. Respondí que habíamos hablado de agentes libres y que pensábamos en jugadores que tal vez estuviesen disponibles pero, de momento, no se había cerrado ningún trato. «Me parece que tendré que hacer algo al respecto», opinó Kobe.

Varias semanas después y enfurecido por el artículo que Mark Heisler publicó en *Los Angeles Times*, en el que una «fuente bien informada de los Lakers» afirmaba que era el responsable del enredo creado tras la salida de Shaq, Kobe dio a conocer públicamente su descontento en una entrevista radiofónica con Stephen A. Smith, de ESPN. Criticó al doctor Buss por no ser claro sobre la dirección que quería que el equipo siguiera y exigió su traspaso. Posteriormente habló con otros periodistas, confirmó su deseo de jugar en otro club y añadió que estaba dispuesto a rescindir la cláusula de no traspaso de su contrato con tal de que ocurriera. A decir verdad, durante una sesión de entrenamiento con la selección olímpica de 2008, no dio indicios a los periodistas acerca de si vestiría o no de púrpura y oro cuando en octubre empezara el campamento de entrenamiento.

Existía en perspectiva una firme posibilidad de traspaso suficientemente atractiva como para que Kobe cambiara de parecer y se quedase. Estoy hablando del pívot Kevin Garnett, de los Minnesota Timberwolves. Albergaba la esperanza de que Garnett fuera un buen compañero para Kobe y de que su incorporación a la alineación contribuyese a tranquilizarlo y lo motivase para volver a comprometerse con el equipo. Además, contar con Garnett nos permitiría llevar a cabo otro intento de conseguir el campeonato. El traspaso se suspendió en el último momento, ya que Boston hizo una oferta que Minnesota y

325

Garnett consideraron más atractiva. Años después el jugador reconoció que, en gran medida, no estuvo a favor del acuerdo con Los Ángeles debido a la insatisfacción de Kobe con el equipo.

La perspectiva de traspasar a Kobe nos parecía catastrófica. Es casi imposible obtener el mismo valor cuando cedes a un jugador de su categoría. El mejor acuerdo al que puedes llegar es aquel que te permite hacerte con un par de sólidos titulares y tal vez una buena elección del *draft*, pero no una estrella comparable. De todas maneras, aquel verano el doctor Buss se reunió con Kobe en Barcelona y accedió a recibir propuestas de traspaso de otros equipos, siempre y cuando Kobe dejara de hablar descaradamente del tema con la prensa. Al cabo de uno o dos meses sin novedades, Kobe y su representante solicitaron autorización para llegar ellos mismos a un acuerdo y sostuvieron varias conversaciones con los Chicago Bulls, pero ninguno de sus intentos llegó a buen puerto.

326   Justo antes del inicio de la temporada 2007-08, el doctor Buss, Jim Buss, Mitch Kupchak y yo mantuvimos varios encuentros con Kobe y su representante para hablar de posibles intercambios. Desde la perspectiva empresarial ninguna de esas propuestas tenía sentido, de modo que el doctor Buss pidió a Kobe que continuara a la espera de mejores ofertas. El dueño de los Lakers explicó sus razones y dijo a Kobe: «Si tuviera un diamante de gran valor, por ejemplo, de cuatro quilates, ¿crees que lo cambiaría por cuatro de un quilate cada uno? Pues no, en un traspaso jamás conseguiremos un valor equivalente al que tú aportas al equipo».

Permití que durante varios días Kobe no acudiera a los entrenamientos para que se dedicase a evaluar sus opciones. Comprendí su dilema, pese a que yo todavía creía que podríamos darle la vuelta a los Lakers. Sin duda, perder a Kobe representaría un golpe para la organización y también lo sería para mí. Kobe y yo habíamos compartido tiempos difíciles y durante las dos últimas temporadas habíamos sido capaces de forjar una relación más firme.

La duda de si se iba o se quedaba pesó sobre el equipo y los jugadores quedaron afectados por tanta incertidumbre. Les aconsejé que no se preocupasen, ya que la decisión de Kobe no dependía de nosotros. Lo único que podíamos hacer era concentrarnos en el equipo y preparar la próxima temporada. Necesitábamos ponernos a punto para lo que pase..., con o sin Kobe.

Como en el resto de la vida y por mucho que las circunstancias cambien, las instrucciones siguen siendo las mismas: corta leña y transporta agua.

Capítulo veinte

Hijos del destino

La conexión es la razón por la que estamos aquí.
Es aquello que da finalidad y sentido a nuestras vidas.
BRENÉ BROWN

*M*ientras estábamos en el limbo sucedió algo curioso: comenzó a aflorar un equipo nuevo y más dinámico.

La noche del estreno en el Staples Center fue agitada. Perdimos por 93-95 con los Rockets y el público abucheó a Kobe cuando lo presentaron. Tres días después nos desplazamos a Phoenix y batimos claramente a nuestra maldición, los Suns, por 119-98. Aquella noche el anotador principal fue el recién llegado Vladimir Radmanovic, que marcó diecinueve puntos, pero hubo cuatro jugadores más que consiguieron dobles figuras. Derek Fisher, que en vacaciones había regresado a los Lakers, consideró ese triunfo como el presagio de los que estaban por venir. Como declaró posteriormente: «Aquel partido sembró en nuestra mente la semilla de que, si jugábamos como correspondía, podíamos ser bastante buenos».

A mediados de enero teníamos un balance de 24-11 y habíamos derrotado a la mayoría de los mejores equipos de la liga. Uno de los motivos de nuestro éxito temprano tuvo que ver con la maduración de Andrew Bynum, que había perfeccionado su juego de pies y sus movimientos con Kareem Abdul-Jabbar y con Kurt Rambis, lo que le permitió convertirse en una seria amenaza anotadora. Kobe no tardó en notarlo y comenzó a utilizarlo en los bloqueos y continuación, con lo cual creó un montón de lanzamientos fáciles para Andrew. En los primeros tres meses promedió 13,1 puntos y 10,2 rebotes por partido, las cifras más altas de su carrrera.

Otra de las razones fue la inyección de energía procedente de varios reservas jóvenes, entre los cuales se incluían Radmanovic, Jordan Farmar, Luke Walton y Sasha Vujacic. Aunque aún les quedaba mucho camino por recorrer, ya habían realizado un largo trayecto. Lo mejor de todo es que estaban llenos de alegría y de entusiasmo y mejoraron la química del equipo. Cuando encajaron, incorporaron una dimensión novedosa y veloz a nuestro ataque, la cual fue muy difícil frenar. A finales de noviembre también fichamos a Trevor Ariza, otro jugador joven y talentoso, en un intercambio con Orlando. Se trataba de un alero rápido, polifacético, capaz de atacar la canasta y de realizar tiros exteriores en carrera.

El tercer motivo de nuestros progresos a comienzos de temporada, que probablemente fue el más importante, se relaciona con la segunda etapa de Derek Fisher. Fish era uno de los veteranos de nuestra conquista de tres campeonatos sucesivos y su retorno a los Lakers después de tres años con los Golden State Warriors y los Utah Jazz nos proporcionó un líder maduro, experimentado y capaz de dirigir el ataque y proporcionar al equipo el imprescindible sentido del orden.

Como ya he dicho, una de las claves de nuestro enfoque consiste en conceder a los jugadores la libertad de encontrar su propio destino en el marco de la estructura del equipo. Fish no era un creador de juego tan imaginativo como Steve Nash o Chris Paul, pero aprovechaba sus facultades (resistencia mental, sólidos tiros exteriores y claridad de ideas pese a estar sometido a presión) para desarrollar un papel que no solo le resultó útil, sino que ejerció una influencia profunda en el equipo.

«Al explicarlo parece más místico de lo que realmente es —dice acerca del proceso que llevó a cabo—. La meta de los entrenadores consistía en fijar las directrices básicas sobre cómo teníamos que jugar al baloncesto como grupo. A continuación tenías que desarrollar tus pautas de todo lo demás. Fue una forma extraña de crear una organización sin organizar en exceso. No tenía que ver con lo que pensaban que debías hacer, actitud que adoptan mucho entrenadores, sino que tomaron distancia y nos dejaron hacer.»

En su primera etapa en los Lakers, Fish empezó jugando como base reserva. Estudió diligentemente el juego e incorporó nuevas habilidades a su repertorio hasta que, en 2001 y tras la partida de Ron Harper, ocupó el puesto de titular. Aunque al principio tuvo dificultades para pasar los bloqueos defensivos, aprendió a aplicar su fuerza formidable para esquivar a los pívots. También desarrolló un lanzamiento de tres letal que resultaba muy útil en los últimos minutos de los partidos, cuando los adversarios se apiñaban alrededor de Kobe, por lo que quedaba totalmente desmarcado y podía causar graves daños. Cuando llegamos a la temporada del triplete, se había convertido en el tercer anotador de los Lakers, solo por detrás de Shaq y de Kobe.

También fue uno de los jugadores más generosos que he entrenado y un modelo para el resto del equipo. Al inicio de la temporada 2003-04, le pedí que renunciase a su titularidad para dar cabida a Gary Payton y accedió sin rechistar. Con el avance de la temporada, aumenté sus minutos de juego, sobre todo hacia el final de los partidos. El ataque fluía mejor cuando Fish estaba en la pista.

Tras esa temporada, pasó a ser agente libre y llegó a un lucrativo acuerdo de cinco años con los Warriors, aunque lo cierto es que nunca se sintió cómodo en ese equipo. Dos años después lo traspasaron a Utah, donde desempeñó un papel decisivo como base reserva en el intento del equipo por llegar a las finales de la Conferencia Oeste. Ese mismo año a su hija le diagnosticaron un cáncer ocular y Fish me abordó para plantear su regreso a Los Ángeles, donde la pequeña podría recibir una mejor atención médica. Al final llegó a un acuerdo con Mitch Kupchak para rescindir su contrato con los Jazz y firmar uno nuevo con los Lakers con un salario reducido.

En cuanto llegó al equipo, nombré cocapitán a Fish. También le dije que quería dar más de veinte minutos de juego por partido al base Jordan Farmar porque era excelente a la hora de salir del banquillo y desencadenar el ataque con su velocidad y presteza. A Fish le pareció bien y juntos promediaron 20,8 puntos por encuentro. En cierta ocasión pregunté a Fish qué necesitaba para mejorar su juego y contestó que le gustaría realizar más lanzamientos, pero debía conformarse con lo que tenía porque a alguien le tocaba encargarse de liderar el ataque y ni Kobe ni Lamar podían hacerlo.

331

Fish fue el perfecto compañero de liderazgo de Kobe. Habían crecido juntos como *rookies* y cada uno confiaba implícitamente en el otro. Derek era más paciente que Kobe y tenía un enfoque más equilibrado a la hora de resolver problemas. Mientras Kobe contagiaba al equipo su deseo de ganar, Fish tenía el don de inspirar a los jugadores con su labia y de mantenerlos con los pies en el suelo y centrados. Luke Walton comenta: «Cada vez que Derek hablaba, me parecía que debía sonar música de fondo, como en esas películas épicas sobre el deporte. Me hubiera gustado apuntar lo que decía porque nadie habría sido capaz de expresarlo mejor».

En ocasiones Fish cumplió la función de mediador entre Kobe y yo. Cierta vez lo critiqué durante una reunión del equipo por lanzar demasiado y desestabilizar el ataque; se marchó hecho una furia y dijo que no participaría en las prácticas informales de aquel día. Fish intervino hábilmente, habló con Kobe y consiguió calmarlo.

Cuando regresó a los Lakers, Fish comprendió rápidamente que Kobe y él tenían que adoptar un estilo de liderazgo distinto al que nos había dado resultado durante la primera época. En el equipo no había más veteranos de los campeonatos, nos habíamos quedado sin los Ron Harper, los John Salley y los Horace Grant. Fish fue consciente de que, si querían sintonizar con nuestra nómina de jugadores jóvenes e inexpertos, Kobe y él tendrían que ponerse en su piel. Actualmente dice: «No podíamos liderar ese equipo desde diez mil pies de altura. Tuvimos que descender al nivel del mar y tratar de crecer con ellos. A medida que el proceso se desplegó, comenzamos a notar verdaderas conectividad y hermandad».

Enero significó el mes de la verdad para el equipo. Mediado el mes, Bynum se dislocó la rótula en un partido contra Memphis, un duro golpe que lo dejó en el dique seco durante el resto de la temporada. Al día siguiente, en una entrevista de radio Kobe rindió homenaje a Andrew, con lo que puso fin a las especulaciones relativas a su posible traspaso. Aunque en vacaciones se había burlado de la falta de experiencia de Bynum, en ese momento Kobe habló como si fuera su principal seguidor y declaró que los Lakers eran «un equipo de campeones con él [Bynum] en la alineación».

Dos semanas después supe por Kupchak que había llegado a un acuerdo con los Grizzlies para traer a Los Ángeles al pívot All-Star Pau Gasol. A cambio, Memphis obtuvo a Kwame Brown, a Aaron McKie, a Javaris Crittenton y los derechos de Marc, el hermano de Pau, actualmente pívot All-Star de los Grizzlies. El acuerdo con Pau me recordó aquel momento de 1968 en el que los Knicks se hicieron con Dave DeBusschere en un intercambio con Detroit, transacción que un comentarista calificó como «el equivalente baloncestístico de la compra de Louisiana». Al igual que DeBusschere, Pau era maduro, inteligente, poseedor de una profunda comprensión de nuestro deporte y con disposición a adoptar una función subalterna, si era necesario, con tal de mejorar las probabilidades que el equipo tenía de ganar.

Fue la persona correcta en el momento adecuado. En cuanto se incorporó, dejamos de ser un equipo que luchaba por arañar cien puntos por encuentro para transformarnos en una veloz máquina de anotar que promediaba más de 110 puntos y se divertía muchísimo al conseguirlo.

Estrella de la selección española, Pau se formó según el estilo de baloncesto europeo, más cooperativo, motivo por el cual no tuvo dificultades en adaptarse enseguida a el triángulo ofensivo. La forma de jugar de Pau era ideal para el triángulo: no solo era un poste sólido, que medía 2,15 metros y pesaba 114 kilos, con una gran variedad de tiros en suspensión a media distancia, ganchos e intensas jugadas por arriba y por abajo, sino que también era un magnífico pasador, reboteador y un jugador veloz a la hora de iniciar contraataques. Su debilidad principal tenía que ver con la escasa fuerza de su cuerpo de cintura para abajo. Los pívots más sólidos y agresivos solían apartarlo en los bloqueos.

Antes de que Pau entrase en escena habíamos sufrido una pequeña racha perdedora y algunos de los jugadores más jóvenes comenzaron a comportarse de una manera que ejerció un efecto negativo en el estado de ánimo del equipo. Esos roces desaparecieron en cuanto Gasol hizo acto de presencia. En primer lugar, el intercambio dio pie a la salida de dos de los jugadores más rebeldes: Kwame y Javaris. Por si no bastase con eso, el comportamiento amable de Pau modificó el clima emocional del equipo. Es difícil quejarse cuando uno de los mejores talentos de la liga juega a tu lado y hace lo que sea necesario para ganar.

La llegada de Pau también permitió que varios jugadores mostraran facultades hasta entonces ocultas. Por ejemplo, hacía años que Lamar Odom luchaba, sin éxito, por convertirse en un sólido jugador número dos. La presencia de Pau hizo desaparecer la presión y liberó a Lamar, que volvió a mostrar un estilo de juego más relajado y libre, con el que se sentía más cómodo.

La forma de jugar de Kobe también mejoró. Estaba encantado de tener en el equipo a un pívot «con un par de manos», como solía decir, y no tardaron en desarrollar una de las mejores combinaciones un-dos de la liga. La presencia de Pau también dio a Kobe la oportunidad de dedicar más atención al juego y de permitir que otros jugadores lanzasen, lo que lo convirtió en un mejor jugador global de equipo y, por extensión, en mejor líder. Kobe no cabía en sí de alegría por los fichajes fundamentales que llevamos a cabo esa temporada, sobre todo los de Fish, Trevor Ariza y Pau. «Logramos un nuevo base, un nuevo alero y un español y después todo salió bien —declaró—. Ese año los regalos de Navidad se adelantaron.»

El amargo descontento de Kobe, que en la pretemporada también había hecho mella en el equipo, era agua pasada. Lo mejor de todo es que se recuperó el carácter y corazón necesarios para crear una hermandad de campeones.

De repente todo se puso a nuestro favor. Con Pau en la plantilla tuvimos una racha 26-8 y acabamos la temporada con un balance de 57-25, el mejor palmarés de la Conferencia Oeste. Kobe fue elegido el jugador más valioso de la liga debido, en parte, a que se convirtió en un deportista mejor y más polifacético. El único equipo con un balance mejor que el nuestro fueron los Celtics, que en vacaciones habían fichado a Garnett y al certero escolta Ray Allen y que consiguieron el tercer mejor récord de su franquicia con un balance de 66-16.

En general, es el talento el que decide los *play-offs*, aunque en ocasiones los acontecimientos fortuitos también determinan la victoria. En nuestro caso, hubo un poco de todo. En las dos primeras rondas superamos a los Nuggets y a los Jazz practicando un baloncesto enérgico e integrado que hacía años que no veía. Después, mientras esperábamos el equipo al que nos enfrentábamos en las finales de la Conferencia Oeste, un extraño giro de los acontecimientos inclinó la balanza a nuestro favor. Los Spurs, defensores del título, se hicieron con el séptimo partido, duramente ganado en Nueva Orleans. Tras este, quedaron retenidos en el aeropuerto. El equipo se vio obligado a dormir en el avión mientras esperaban la llegada de otro. En consecuencia, su vuelo aterrizó a las seis y media de la mañana, hora del Pacífico. Aunque el entrenador Gregg Popovich se negó a considerar que ese viaje de pesadilla había sido responsable de la deslucida actuación del equipo en los dos encuentros siguientes, yo estoy convencido de que guarda relación con ella. En el tercer cuarto del primer partido cogieron veinte puntos de ventaja, pero en el último cuarto se vinieron abajo y les arrebatamos la victoria por 89-85. Tres días después parecían agotados cuando los derrotamos por una diferencia de treinta puntos. Los Spurs se recuperaron y ganaron el tercer encuentro en San Antonio, pero en los dos enfrentamientos posteriores Kobe se hizo cargo de la situación y en cinco partidos sellamos el resultado de la serie.

Por fin llegó la largamente esperada confrontación con Boston. La rivalidad entre los Lakers y los Celtics es una de las más legendarias que existen en el deporte. De hecho, el doctor Buss estaba tan obsesionado con los Celtics que en su lista de deseos a realizar apuntó que quería ganar más campeonatos que ellos. Hasta entonces íbamos a la zaga de los de Boston, que nos superaban por dos, 16-14, y teníamos un misérrimo historial 2-8 en las finales que habíamos disputado con ellos. Era la primera vez que ambos equipos se enfrentaban en una final desde 1987, año en que los Lakers se alzaron con el triunfo por 4-2.

No estaba seguro de que nuestro equipo se encontrara en condiciones de volver a derrotar a los Celtics,

335

que contaban con un poderoso juego interior liderado por Garnett, Paul Pierce y Kendrick Perkins. También me preocupaba que consiguieran dominarnos bajo la canasta, sobre todo teniendo en cuenta que Andrew Bynum estaba fuera de juego. Asimismo, me inquietaba que nuestro equipo hubiese tenido demasiado éxito prematuramente y no se hubiese puesto lo bastante a prueba durante las primeras rondas como para resistir a un equipo duro y físico como Boston.

Los Celtics ganaron el primer partido en casa por 98-88, en parte inspirados por el regreso de Pierce a la cancha en el último cuarto, después de retirarse de la pista en el tercer periodo debido a lo que parecía una grave lesión de rodilla. Tres días después se pusieron con una ventaja de 2-0 en la serie. Quedé impresionado por la forma en la que marcaron a Kobe. En lugar de asignarle un doble marcaje, hicieron que varios defensores se movieran y asistiesen a quien lo cubría, táctica que a menudo le impidió entrar en la zona y lo mantuvo exiliado en el perímetro durante la mayor parte del partido. Garnett, elegido jugador defensivo del año, realizó una excelente labor con Lamar, se colocó a su izquierda y lo retó a que lanzara tiros en suspensión. Esa situación generó cada vez más inseguridad en Lamar, por lo que Garnett se sintió lo bastante confiado como para apartarse momentáneamente de su lado y ayudar a Kendrick Perkins a castigar a Pau cada vez que este penetraba en la zona.

Nos recuperamos fugazmente y ganamos el tercer encuentro en casa, pero en la segunda mitad del siguiente nos derrumbamos, desaprovechamos una ventaja de veinticuatro puntos y nos pusimos 3-1 en la serie. Tras librarnos de una situación ignominiosa en el quinto partido, volvimos a Boston y en el último encuentro la paliza fue tan brutal, 131-92, que la derrota nos persiguió a lo largo de todo el verano.

El tono de la confrontación quedó fijado a comienzos del primer cuarto, cuando Garnett embistió por la zona, arrojó a Pau al parqué y machacó por encima de él mientras el pívot yacía en el suelo e intentaba evitar ser golpeado. Como era previsible, ninguno de los árbitros pitó falta.

Terminado el encuentro, Kobe y yo nos encerramos en el vestuario de los Boston Bruins, equipo de hockey sobre hielo que juega en el mismo estadio. Kobe estaba deprimido y tardó bastante en dirigirse a las duchas. Mientras permanecíamos en el vestuario, Ron Artest, que en aquellas fechas jugaba con los Sacramento Kings, se acercó y nos dijo que en el futuro le gustaría formar parte de los Lakers. Poco sabíamos que dos años después, en las finales, Artest desempeñaría una función decisiva cuando nos enfrentásemos a los Celtics.

La pesadilla continuó incluso después de dejar el pabellón. Las calles se habían llenado de alborotados seguidores de los Celtics, que maldijeron a los Lakers e intentaron volcar el autobús del equipo cuando un atasco nos obligó a detenernos. Un forofo se subió al parachoques delantero, me miró cabreado y me hizo la peineta. Me molestó que la policía de Boston no hiciese nada por alejar a la muchedumbre, aunque al final agradecí ese alboroto porque sacó del letargo a cuantos viajaban en el autobús, que se comprometieron a regresar a Boston y devolvérsela a los Celtics con la misma moneda.

No hay nada más eficaz que una derrota humillante para focalizar la mente.

Una vez que regresamos a Los Ángeles, mi antiguo compañero en los Knicks, Willis Reed, llamó para consolarme por la vergonzosa derrota ante Boston. Repuse que, en mi opinión, nuestros jugadores tenían que crecer y asumir la responsabilidad de lo que había pasado en las finales.

—Supongo que dejaste que tus chicos fueran a morir en el séptimo partido para que aprendiesen algo de esa espantosa sensación —comentó Reed.

—Así es, porque nadie comprende realmente lo que significa a no ser que lo sufra —añadí.

A partir de ese momento, no fue necesario convencer de nada a los jugadores. Cuando en octubre regresaron a Los Ángeles para el campamento de entrenamiento de la temporada 2008-09, detecté en sus ojos un brillo hasta entonces inexistente. «No hay experiencia que retuerza tanto las entrañas como llegar a las finales de la NBA y perder —afirma Fish—. Nos fuimos de vacaciones cuestionándolo todo porque habíamos estado muy cerca y todavía seguíamos muy lejos. Creo que esa derrota nos obligó a plantearnos si era eso lo que realmente queríamos.»

La respuesta fue radicalmente afirmativa. Desde el primer día los Lakers se convirtió en un equipo de posesos. «No estábamos dispuestos a que nada nos frenase —añade Fish—. Nos daba igual lo que hubiera que afrontar y no nos importaban los altibajos, ya que sabíamos que tanto mental como físicamente éramos lo bastante fuertes como para resolverlo. Y así fue.»

Durante el campamento de entrenamiento conversamos sobre lo que habíamos aprendido en los *play-offs* y que en el futuro podría resultarnos útil. Los jugadores comentaron que se habían dado cuenta de lo buenos que podíamos ser y también comprendieron que no habíamos jugado con la intensidad física necesaria para ganarlo todo. Cuando Boston nos arrasó, Pau fue etiquetado de «blando», pero sabíamos que no era cierto. De todas maneras, si pretendíamos ganar el campeonato teníamos que modificar esa percepción.

Quedé impresionado por la fría determinación de los jugadores. La temporada anterior habían dado un paso de gigantes en lo que se refiere al dominio del sistema triangular. En esta, e inspirados por la derrota compartida, ahondaron en su compromiso para volverse más integrados e invencibles como equipo.

Es esto lo que a menudo describo como «bailar con el espíritu». Al mencionar al espíritu no me refiero a nada religioso, sino a ese sentimiento profundo de camaradería que se desarrolla cuando un grupo de jugadores se compromete a apoyarse mutuamente a fin de lograr algo más grande que ellos mismos, sin tener en consideración los riesgos. Esa clase de compromiso con frecuencia implica compensar las debilidades de los compañeros, despotricar cuando es necesario y proteger al jugador que es acosado por el adversario. Cuando un equipo se compromete en esos términos, lo notas en el modo en el que los jugadores mueven el cuerpo y se relacionan entre sí, tanto dentro como fuera de la pista. Juegan con gozoso abandono y hasta cuando se pelean lo hacen con dignidad y respeto.

Los Lakers de la temporada 2008-09 formaron un equipo de esas características y su espíritu se fortaleció a medida que avanzaba la temporada. No fue el equipo más talentoso ni el más dominante físicamente que yo haya entrenado, pero los jugadores alcanzaron una profunda conexión espiritual que, de vez en cuando, les permitió hacer milagros en la cancha. Algo que me gustaba mucho de esa versión de los Lakers era que un buen puñado de jugadores habían crecido juntos y aprendido a jugar del modo correcto. Para entonces se conocían lo suficientemente bien como para sincronizar sus movimientos de tal forma que desconcertaban a sus adversarios.

Un jugador que reflejaba el espíritu del equipo fue Luke Walton. Hijo de Bill Walton, miembro del Hall of Fame, Luke había bebido de las fuentes de la sabiduría del baloncesto desde su más tierna infancia. Tras estudiar en la Universidad de Arizona, los Lakers lo eligieron en el *draft* de 2003, pero tuvo dificultades para encontrar su sitio porque no encajaba en el perfil al uso de los aleros. No poseía un tiro en suspensión letal ni estaba dotado para crear sus propios lanzamientos, aunque le encantaba mover el balón y jugar correctamente al baloncesto. Era excelente a la hora de bascular el flujo del juego de un lado a otro de la pista, actividad decisiva en el triángulo ofensivo. Muchos entrenadores no atribuyen gran valor a esas habilidades, pero yo alenté a Luke a que se desarrollase en esa dirección. Al final se convirtió en uno de los mejores facilitadores del equipo.

Como tantos jugadores jóvenes, Luke era emotivo y solía encerrarse en sí mismo y no hablar con nadie durante días si había jugado mal o el equipo había perdido debido a un error suyo. Intenté transmitirle que la mejor manera de apearse de la montaña rusa emocional consiste en coger el camino del medio y no entusiasmarse demasiado cuando ganas ni deprimirte en exceso si juegas mal. Con el paso del tiempo, Luke maduró y se serenó.

Para reaccionar, algunos jugadores necesitan un toque suave y otros, como Luke, algo más revulsivo. A veces lo irritaba a propósito para ver cómo reaccionaba. En otros momentos, durante los entrenamientos lo ponía en situaciones difíciles para comprobar si era capaz de gestionar la presión.

340 «Fue frustrante —recuerda Luke—, porque no siempre entendí qué hacía Phil o con qué intención. No estaba dispuesto a explicarlo. Quería que lo averiguaras por tu cuenta.» Al cabo de un par de años, Luke se dio cuenta de que había asimilado lo que le enseñamos y comenzó a jugar de forma más natural e integral.

Otro componente del equipo que en esa época también se convirtió en un jugador más completo fue Kobe. Desde el regreso de Fish, Kobe había desarrollado un estilo de liderazgo más incluyente que fructificó en la temporada 2008-09.

Hasta entonces, Kobe había liderado mayormente con el ejemplo. Había trabajado más que nadie, casi nunca se perdía un partido y esperaba que los compañeros jugasen a su nivel. No había sido la clase de cabecilla que se comunica eficazmente y logra que todos estén en sintonía. Cuando hablaba con sus compañeros, hacía comentarios como este: «Pásame el maldito balón. Me importa un bledo que me marquen dos defensores».

Ese enfoque solía surtir el efecto contrario. Luke lo

describe en los siguientes términos: «Kobe está en pista y me grita que le pase el balón. Tengo a Phil en el banquillo diciendo que haga el pase correcto, sean cuales sean las consecuencias. Por lo tanto, en lugar de fijarme en lo que pasa en la cancha, intento prestar atención a lo que grita Kobe y al entrenador, que me dice que no le lance el balón. Eso dificultó mucho mi trabajo».

Kobe empezó a cambiar. Aceptó al equipo y a sus compañeros, comenzó a reunirse con ellos cuando estaban de gira y los invitó a cenar. Fue como si los demás jugadores hubieran dejado de ser sus escuderos para convertirse en sus colegas.

Luke detectó el cambio. De repente, Kobe conectó con él de una forma mucho más positiva. Si estaba bajo de ánimo porque había fallado tres tiros seguidos, Kobe le decía: «Venga ya, tío, no te preocupes por esa chorrada. Yo fallo tres tiros consecutivos en cada puñetero partido. Sigue lanzando. El próximo intento entrará». Luke añade que cuando el líder te habla así en lugar de fulminarte con la mirada, realizar el siguiente lanzamiento te resulta mucho más sencillo.

341

La temporada comenzó con una racha de 17-2 y no aflojamos hasta comienzos de febrero cuando, después de vencer a Boston y a Cleveland, decidí que nos tomaríamos las cosas con más tranquilidad. Quería hacer cuanto estuviese en mi mano para evitar que los jugadores se agotaran antes de los *play-offs*. Solo habíamos perdido dos partidos contra los Spurs y los Magic. Terminamos la temporada con el mejor balance de la Conferencia Oeste, 65-17, lo que nos dio la ventaja de jugar en casa contra todos salvo los Cleveland Cavaliers, en el caso de que tuviéramos que enfrentarnos con ellos.

Para motivar a los jugadores, decidí ponerme mi anillo de campeón de 2002 en los partidos de *play-off*. Aquel anillo había sido testigo de muchas cosas. Lo había llevado en dos finales del campeonato que perdimos y en otros *play-offs* que no salieron como pretendíamos. Tal como le dije a Mike Bresnahan, periodista de *Los Angeles Times*: «Tengo que deshacerme de este anillo».

Mi mayor reserva era la indolencia del equipo. Todo había sido muy fácil en la temporada regular y en la primera ronda arrasamos a los Utah Jazz por 4-1. Me inquietaba cómo se enfrentaría el equipo con un advesario de nuestro nivel y capaz de jugar una variante más física del baloncesto. En la segunda ronda nos topamos con un equipo de esas características: los Houston Rockets.

En principio, los Rockets no parecían tan imponentes. Se habían quedado sin dos de sus mejores jugadores, Tracy McGrady y Dikembe Mutombo, y confiábamos en poder frenar a la amenaza que les quedaba, el pívot Yao Ming, mediante un doble marcaje por parte de Bynum y de Gasol. Cuando en el tercer encuentro Yao se rompió el pie y no pudo participar en el resto de la serie, Rick Adelman, entrenador de los Rockets, reaccionó organizando una alineación pequeña compuesta por Chuck Hayes, pívot de 1,98 metros; el alero Ron Artest, el ala-pívot Luis Scola y los bases Aaron Brooks y Shane Battier. La estrategia dio resultado. Durante el cuarto encuentro, nuestra apática defensa se desplomó y Houston empató la serie a dos. Lamar lo calificó de «nuestro peor partido del año».

Aunque el espíritu del equipo pareció flaquear, remontamos en el quinto partido en el Staples Center y derrotamos a los Rockets por 118-78, la mayor ventaja en una victoria de los Lakers en un *play-off* desde 1986. Luego volvimos a perder impulso y en el sexto enfrentamiento nos vinimos abajo. Posteriormente Kobe etiquetó al equipo de bipolar, y debo reconocer de que no iba muy errado. Fue como si los Lakers tuviesen dos personalidades en conflicto y nunca sabíamos cuál (si el doctor Jekyll o míster Hyde) haría acto de presencia en una noche determinada.

Las cosas finalmente cambiaron durante el séptimo partido, que tuvo lugar en Los Ángeles. Decidimos comenzar el juego con una defensa agresiva, lo que elevó nuestro rendimiento a otro nivel. De repente Pau plantó cara y realizó bloqueos decisivos; Kobe defendió al estilo Jordan, cortó líneas de pase y robó balones; Fish y Farmar aunaron fuerzas para contener a Brooks, y Andrew se convirtió en una fuerza imparable en la zona, ya que anotó catorce puntos con seis rebotes y dos tapones. Logramos reducir el porcentaje de lanzamiento de los Rockets al 37 por ciento, los superamos en rebotes por 55-33 y alcanzamos la victoria por 89-70.

Después del partido, Kobe reflexionó sobre las consecuencias de lo que acabábamos de conseguir: «El año pasado, por estas fechas, todos nos calificaban de imbatibles y en las finales mordimos el polvo. Prefiero ser el equipo que está allí, al final de las finales, no ahora».

Nos quedaban unas cuantas lecciones que aprender antes de llegar a ese punto, pero me alegré de haber superado nuestro problema de doble personalidad. ¿O todavía lo teníamos?

Nuestro adversario en las finales de la Conferencia Oeste, los Denver Nuggets, representaba otra clase de amenaza. Contaban con grandes lanzadores, incluido Carmelo Anthony, al que Kobe había apodado *el Oso*, y dos jugadores que en el pasado nos habían hecho mucho daño: el base Chauncey Billups y el ala-pívot Kenyon Martin.

En el primer encuentro los Nuggets jugaron muy duro y sobrevivimos por los pelos gracias al heroico empujón en el último momento de Kobe, que en el último cuarto anotó dieciocho de sus cuarenta puntos. En el segundo partido desperdiciamos una ventaja de catorce puntos y perdimos por 106-103. Quedé decepcionado por la falta de entusiasmo y la floja defensa aplicada por Bynum en ese enfrentamiento, por lo que en el tercer encuentro incluí a Odom en la alineación inicial a fin de contar con más energía atlética en pista. Reconozco que nos ayudó, pero lo que más me impresionó fue la resiliencia del equipo en los últimos minutos del encuentro.

Durante un tiempo muerto del final del último cuarto, Fish reunió al equipo y pronunció uno de sus discursos más edificantes: «Este es un momento en el que podemos definirnos. Un momento en el que podemos adentrarnos en ese destino».

Sus palabras causaron impacto. Quedaba un minuto y nueve segundos cuando Kobe, que marcó 41 puntos, encestó un triple por encima de J. R. Smith, lo que nos llevó a ponernos por delante, 96-95. En los últimos treinta y seis segundos, Trevor Ariza robó un saque de banda de Kenyon Martin y garantizó la victoria.

Claro que la serie aún no había terminado. En el cuarto encuentro los Nuggets nos apisonaron y en el siguiente nos las vimos y nos las deseamos. El punto de inflexión tuvo lugar en el último cuarto del quinto partido, en el que pusimos en práctica un plan para volver contra los Nuggets su propia agresividad. En lugar de evitar los marcajes dobles, hicimos que Kobe y Pau atrajesen a los defensores, lo que creó posibilidades interiores para Odom y Bynum, y en cuanto los Nuggets intentaron tapar esos agujeros, Kobe y Pau se lanzaron al ataque. Ganamos por 103-94 y dos días después rematamos la serie en Denver.

Esperábamos enfrentarnos nuevamente con los Celtics en las finales del campeonato, pero Orlando los venció en una reñida serie a siete partidos en las semifinales de la Conferencia Este y luego ganó a los Cleveland Cavaliers, de modo que fueron los Magic los que se enfrentaron con nosotros. Los Orlando Magic contaban con Dwight Howard, pívot de veintitrés años y jugador defensivo del año, y con un sólido grupo de triplistas, encabezado por Rashard Lewis. Me sorprendió que los Orlando Magic batieran a los Celtics (sin Garnett) y a los Cavaliers (con LeBron James) y pensé que ese equipo todavía no estaba en condiciones de llegar al primer nivel.

Kobe compartió mi opinión y logró que en el primer encuentro, celebrado en el Staples Center, todo pareciera muy fácil, ya que anotó cuarenta puntos, su máximo en un partido de las finales, al tiempo que nuestra defensa reducía las estadísticas de Howard a doce puntos, para finalmente ganar por 100-75. En el segundo enfrentamiento, los dioses del baloncesto nos acompañaron, ya que en los últimos segundos Courtney Lee falló un alley-oop potencialmente ganador, lo que nos dio otra oportunidad de arañar la victoria en la prórroga.

Cuando nos desplazamos a Orlando para el tercer partido, los Magic renacieron, consiguieron un porcentaje récord en unas finales de la NBA del 62,5 por ciento de aciertos y ganaron por 108-104. Esa situación sentó las bases del mejor momento de Fish en todos los *play-offs* en los que ha jugado.

Fish, que tenía una enorme capacidad de realizar grandes tiros ganadores, no estuvo muy certero en el cuarto partido. De hecho, cuando saltó a la pista, perdíamos por tres puntos, solo quedaban 4,6 segundos y había fallado sus cinco intentos anteriores de triple. Eso no le impidió prepararse para el sexto cuando su defensor, Jameer Nelson, retrocedió insensatamente para ayudar a marcar a Kobe en lugar de hacer una falta a Fish, que solo dispondría de dos tiros libres, a fin de asegurar el partido. Ese error permitió que Fish anotara un triple y provocase la prórroga. Con el marcador empatado a 31,3 segundos del final, Fish lanzó otro triple espectacular y los Lakers nos adelantamos por 94-91.

Puro carácter. Puro Fish.

De haber sido una película, aquel tendría que haber sido el final, pero todavía nos quedaba por superar un gran obstáculo.

Antes del inicio del quinto encuentro, la prensa había entrado en el vestuario y pedido a los jugadores que imaginasen qué sentirían si ganaban el anillo. Cuando entré en la sala de los preparadores físicos, oí que Kobe y Lamar se planteaban preguntas sobre pequeñeces relati-

345

vas a las finales de la NBA. Cerré las puertas e intenté generar otro estado de ánimo.

En lugar de dar mi charla habitual de antes del partido, tomé asiento y dije: «Situemos correctamente nuestras mentes». Permanecimos cinco minutos en silencio y sincronizamos nuestra respiración.

A continuación el entrenador asistente Brian Shaw inició su explicación con diagramas sobre los Magic. Cuando le dio la vuelta al sujetapapeles vi que estaba totalmente en blanco. «No he escrito nada porque tus chicos ya saben qué tienen que hacer para superar a este equipo. Salid y luchad con la idea de que jugáis por cada uno de vosotros y con cada uno de vosotros para que esta noche se acaben los *play-offs*».

Fue una manera genial de fijar las pautas del partido decisivo.

Kobe lideró el ataque desde el primer minuto, anotó treinta puntos que nos permitieron coger ventaja en el segundo cuarto y ya no hubo vuelta atrás. Cuando sonó la bocina, Kobe dio un salto y celebró el triunfo con sus compañeros en el centro de la pista. Luego se acercó a la banda y me abrazó.

No recuerdo exactamente qué nos dijimos, pero su mirada me conmovió profundamente. Aquel fue nuestro instante de triunfo, un momento de reconciliación total que había tardado siete largos años en llegar. Su expresión de orgullo y de alegría consiguió que valiera la pena todo el dolor que habíamos soportado a lo largo de ese camino.

Para Kobe fue el momento de la redención. Ya no tendría que aguantar que los expertos deportivos y los seguidores le dijesen que, en ausencia de Shaq, jamás volvería a ganar un campeonato. El jugador describió esa falta de confianza como una tortura china.

En mi caso, fue un momento de reivindicación. Aquella noche superé el récord de campeonatos conseguidos por Red Auerbach, algo que a su manera me resultó gratificante. De todos modos, para mí lo más importante fue el modo de conseguirlo: juntos, como un equipo plenamente integrado.

Lo más gratificante fue ver que Kobe dejaba de ser un jugador egoísta y exigente para transformarse en un líder al que sus compañeros querían seguir. Para llegar a ese punto, Kobe tuvo que aprender a dar a fin de recibir. El liderazgo no consiste en imponer tu voluntad a los demás, sino en dominar el arte de dejarte ir.

347

Capítulo veintiuno

La liberación

Cae siete veces. Levántate ocho.
PROVERBIO CHINO

348

*E*ra el momento que todos esperábamos. Después de nueve meses y 104 partidos, la temporada 2009-10 se redujo a eso: el partido de revancha con los Boston Celtics en el séptimo encuentro de las finales del campeonato. Cuando esa tarde llegamos al Staples Center, no cabía la menor duda de que los jugadores estaban decididos a vengarse del desastre que hacía dos años habían padecido en el TD Garden.

Ya era bastante negativo que los Celtics nos hubiesen pisoteado durante el último partido de las finales de 2008. Nos habían humillado al estilo bostoniano clásico: empaparon con Gatorade al entrenador Doc Rivers antes de que se cumpliera el tiempo reglamentario, de modo que tuvimos que sentarnos en el banquillo con toda nuestra pena y esperar a que los asistentes secaran el parqué del estadio lleno a reventar de boquiabiertos seguidores locales que nos dijeron de todo menos guapos. Cuando pensamos que por fin todo había terminado, nos tocó soportar un infernal trayecto en medio de un gentío alborotador que intentó volcar el autobús del equipo. Esa pesadilla había perdurado en nuestras mentes durante dos años.

De haberse tratado de otro equipo, tal vez habríamos quitado hierro al asunto, pero se trataba de los Celtics, el conjunto que obsesionaba a los Lakers desde 1959, año en el que los de Boston aplastaron a los entonces Minneapolis Lakers en cuatro encuentros y conquistaron el campeonato de la NBA. En la década de 1960 el dominio de los Celtics fue tan absoluto que Jerry West dejó de vestir prendas verdes porque le recordaban la frustración sufrida por los Lakers a lo largo de esa década.

La derrota más vergonzosa tuvo lugar en 1969, cuando unos Celtics entrados en años y liderados por Bill Russell en su última temporada como jugador-entrenador, se recuperaron de una desventaja por 2-3 y arrebataron el triunfo a los Lakers en su propia pista. Los Lakers estaban tan seguros de ganar el séptimo partido que el propietario Jack Kent Cooke encargó que colocaran miles de globos púrpuras y dorados en el techo del Forum para soltarlos durante las celebraciones una vez terminado el encuentro. ¡Ah, no pudo ser! Quedaba menos de un minuto cuando West golpeó la pelota, alejándola mientras defendía, y esta cayó en manos de Don Nelson, que realizó un lanzamiento desde la línea de tiros libres que tocó la parte posterior del aro, flotó por el aire y entró milagrosamente en la canasta. Los Celtics se adelantaban por 108-106.

West, que había jugado genialmente a lo largo de la serie y se convirtió en el primer y único baloncestista de un equipo perdedor al que nombraron jugador más destacado de las finales, quedó traumatizado. «Me pareció injusto que diéramos tanto, que jugáramos hasta que ya no nos quedaban fuerzas en el cuerpo y que no pudiésemos ganar —le contaba años después al escritor Roland Lazenby—. Creo que la gente no entiende el trauma que supone perder. No se imagina lo triste que puede hacerte sentir, sobre todo a mí. Me sentí fatal. Incluso llegué al extremo de querer abandonar el baloncesto.»

West no lo dejó. Tres años después logró un anillo de

campeonato, si bien no fue contra los Celtics, sino contra mi equipo, los Knicks. La maldición de los Celtics se cernió sobre la franquicia como un globo de los que no pudieron soltar hasta mediada la década de 1980, fecha en la que los Lakers de los años dorados vencieron a Boston dos de las tres finales que disputaron. La rivalidad entre ambos equipos era un elemento tan importante en la tradición de los Lakers que, en cierta ocasión, Magic Johnson confesó que iba con Boston cuando ese equipo no jugaba contra los Lakers porque, como apunta el escritor Michael Wilbon, «solo los Celtics saben los que se siente al estar en lo más alto del mundo del baloncesto durante toda la existencia de la franquicia».

Al comenzar el séptimo partido de 2010, las estadísticas no estaban de nuestra parte. A lo largo de las décadas, los Lakers se habían enfrentado cuatro veces a los Celtics en el séptimo encuentro de una final y siempre habían perdido. En esa rotación jugábamos en casa y dos días antes habíamos ganado claramente el sexto encuentro por 89-67. Ahora teníamos más armas que en 2008, sobre todo gracias al pívot Andrew Bynum, que en dicho año no había podido jugar debido a una lesión de rodilla. También habíamos fichado a Ron Artest, uno de los mejores jugadores defensivos de la liga. Quien más me preocupaba era Rasheed Wallace, que ocupaba el puesto de Kendrick Perkins, el pívot lesionado. En defensa Wallace no era tan fuerte como Perkins, si bien representaba una impresionante amenaza ofensiva que con anterioridad nos había causado muchos problemas. Por eso no quise dar nada por hecho.

Según las pautas de los Lakers, la temporada 2009-10 no había presentado muchos incidentes. El peor contratiempo se produjo antes del comienzo de la temporada, cuando Trevor Ariza, que había desempeñado un gran papel en el intento de conquistar el campeonato de 2009, abandonó el equipo para convertirse en agente libre. También era un magnífico lanzador exterior bajo presión, tanto desde las esquinas como desde otros puntos de la cancha. Durante las vacaciones, las negociaciones entre el representante de Trevor y los Lakers llegaron a un punto muerto, por lo que Mitch Kupchak habló seriamente con Artest, cuyo contrato con los Rockets estaba a punto de expirar. Por su parte, antes de que se firmara el acuerdo, Ron anunció en Twitter que se incorporaba a los Lakers. Desconcertado por ese giro de los acontecimientos, Trevor firmó con Houston como agente libre y posteriormente fue traspasado a Nueva Orleans.

De Artest me gustaban su corpulencia (medía 2,01 metros y pesaba 118 kilos), su fuerza y su juego defensivo cerrado. Ron, al que hacía poco la encuesta de los gerentes generales había considerado el jugador «más duro» de la NBA, era lo bastante contundente y astuto como para neutralizar a aleros ágiles y móviles como Paul Pierce, de los Boston Celtics. Por otro lado, en ataque Ron podía volverse irregular y no era tan veloz como Trevor, lo que significaba que tendríamos que modificar nuestro rápido contraataque y adaptarlo a una ofensiva más lenta en el centro de la pista.

También me preocupaba la imprevisibilidad de Ron. Era célebre por la descomunal pelea en la que participó como jugador de los Pacers en un partido de 2004 contra los Pistons en Auburn Hills. La riña estalló después de que Ron hiciese una falta a Ben Wallace, que se disponía a anotar una bandeja, por lo que este se vengó empujándolo con un golpe en el pecho. En mitad de la disputa, un seguidor de Detroit tiró un vaso a Ron, que se dirigió a las gradas y empezó a repartir golpes. El resultado fue la suspensión durante setenta y tres partidos, la más larga en la historia de la NBA no relacionada con las drogas ni con las apuestas. También penalizaron a Wallace y a otros jugadores, pero no tanto como a Ron.

Durante la serie contra Houston en los *play-offs* de 2008 Ron, que entonces jugaba en los Rockets, fue expulsado en el segundo encuentro tras un choque con Kobe por un rebote. También perdió dos autobuses de equipo que se dirigían al Staples Center para disputar el séptimo encuentro y cogió el tercero, que trasladaba a la directiva de Houston, vestido con chándal.

Ron se crio en el duro ambiente de las viviendas públicas de Queensbridge y se tatuó una Q en la pierna derecha y una B en la izquierda para no olvidar sus raíces. Recuerda que oía disparos mientras jugaba en las pistas de la calle Doce. En cierta ocasión fue testigo de la muerte de un joven durante un partido en un centro de barrio; estalló una pelea y uno de los jugadores arrancó una pata de la mesa de los anotadores y se la clavó. «Sigo perteneciendo al gueto —declaró Ron al *Houston Chronicle*—. Eso no cambiará. Jamás cambiaré mi cultura.»

El baloncesto fue su salvación. A los doce años ya era lo bastante bueno como para jugar de forma amateur. Se unió a Lamar Odom y a Elton Brand, también futura estrella de la NBA, en el equipo Brooklyn Queens Express, que un verano destacó por ganar 67-1. Los tres jugadores triunfaron en el instituto y en la universidad y fueron elegidos en la primera ronda del *draft* de 1999. Los Bulls escogieron a Brand y a Ron en los puestos primero y decimosexto y los Clippers se quedaron con Lamar en la cuarta posición. Desde 1999, Artest había jugado en cuatro equipos (los Bulls, los Pacers, los Kings y los Rockets) y ahora estaba a punto de compartir pista con Lamar, su compañero de infancia. Para Ron fue como volver a casa.

A pesar de sus orígenes y a su propensión a jugar duro, fuera de la pista Ron es un alma bondadosa que, sin hacer alardes, tiene muchos gestos solidarios con los niños. En cierta ocasión estaba en China y conoció a un joven forofo que no podía pagar sus libros de texto, por no hablar de un par de zapatillas de baloncesto firmadas por él. Ni corto ni perezoso, el deportista se quitó su reloj de 45.000 dólares y lo subastó a fin de sufragar la educación del muchacho.

Ron es muy poco convencional. En la época en la que jugó en los Kings propuso, sin éxito, prescindir de la totalidad de su salario a fin de que su amigo, el escolta Bonzi Wells, no se fuese a otro equipo. En 2011 se cambió el nombre por el de Metta World Peace, según dijo, «para inspirar y unir a los jóvenes de todo el mundo». La palabra *metta* significa «amabilidad amorosa» en pali y alude a un principio fundamental de las enseñanzas budistas: el cultivo del amor universal. Por lo tanto, su nombre viene a ser «paz mundial y amabilidad amorosa». Está claro que Ron ha recorrido un largo camino desde sus primeros tiempos en los Lakers, cuando le dijo a Mark Ziegler, reportero del *San Diego Union-Tribune*: «No se qué significa zen, pero me gustaría ser un hombre zen. Espero que me permita flotar. Siempre he soñado con flotar».

Lo que más me preocupaba de Ron era si aprendería el triángulo ofensivo con la rapidez necesaria. Al igual que Dennis Rodman, a Ron le costaba mantener la concentración. La solución de Dennis consistía en trabajar día y noche en el gimnasio para quemar esa energía agotadora. Como le costaba ceñirse a una pauta de ejercicios, Ron se dedicó a practicar tiros en suspensión. El único problema radicó en que cada día lanzaba con un estilo distinto. Eso influyó en su rendimiento en los partidos. A veces parecía tocado por la gracia y todo entraba, pero otras era imposible saber qué sucedería.

Durante una sesión de entrenamientos propuse a Ron que escogiera un tipo de lanzamiento y se limitara a practicarlo, pero me entendió mal.

—¿Por qué siempre te metes conmigo? —preguntó.

—No creo que me haya metido contigo. Solo pretendo ayudarte —respondí.

Aunque ninguno de los dos habló con tono colérico, el entrenador asistente Brian Shaw me llevó a un aparte y me advirtió:

—Phil, estás pisando terreno pantanoso.

Quedé muy sorprendido. Solo había querido apoyar a Ron. A Brian le preocupaba que el jugador interpretase erróneamente mi lenguaje corporal (acercarme y hablar en voz baja) y lo considerara una forma de agresión.

Después de ese incidente me di cuenta de que la mejor manera de comunicarme con Ron consistía en ponerlo todo de forma positiva, no solo las palabras que empleaba, sino mis ademanes y mis expresiones faciales. Al final aprendió a usar el sistema triangular y, con la ayuda de Kobe y de otros compañeros, se integró en el ADN del equipo.

Ron no fue la única duda de la temporada 2009-10. El deterioro físico de Kobe fue otra de las preocupaciones de la temporada. En diciembre, durante un partido contra los Timberwolves, se rompió el índice de la mano con la que lanzaba, pero decidió saltarse la operación y dejar que soldase solo, decisión de la que más tarde se arrepintió. Como no podía ser de otra manera, esa lesión tuvo un efecto negativo en su porcentaje de lanzamientos; sus números bajaron varias categorías.

En febrero se agudizó su torcedura de tobillo y accedió a descansar tres partidos con el fin de recuperarse. Kobe estaba orgulloso de su férrea resiliencia y detestaba perderse partidos. A decir verdad, las dos temporadas anteriores había jugado los 208 encuentros disputados. Sin embargo, tenía que recuperarse y el descanso proporcionó al equipo la oportunidad de jugar sin él. Cabe añadir que ganaron esos tres partidos contra adversarios de peso.

En abril, justo cuando volvía a encontrar el ritmo, la rodilla derecha de Kobe, que hacía años que le causaba molestias, se inflamó y lo obligó a perderse dos partidos. Esa lesión lo afectaría durante los *play-offs* y tuvo que ver con sus desconcertantes problemas de tiro en los finales de temporada.

El único elemento favorable del problema de rodilla de Kobe fue el efecto positivo que ejerció en nuestra relación. La temporada anterior, cuando esa rodilla empezó a fallarle, lo autoricé a no forzarse en los entrenamientos e incluso le permití saltarse algunos para que no perdiera fuerzas en la pierna. Kobe se sintió conmovido por mi interés por su bienestar y el vínculo entre nosotros se reforzó. En los entrenamientos solíamos comentar diversas ideas y en los vuelos en el avión del equipo solíamos dedicar tiempo a estudiar vídeos de partidos. Con el tiempo desarrollamos esa clase de estrecha camaradería que yo ya había mantenido con Michael Jordan. En el caso de Kobe, la conexión fue menos formal. Con Michael solía organizar reuniones por adelantado para hablar de estrategias, mientras que Kobe y yo charlábamos constantemente.

A Kobe le gusta decir que aprendió el noventa por ciento de lo que sabe de liderazgo viéndome actuar. «No solo se trata de una forma de liderazgo en baloncesto, sino de una filosofía de vida. Consiste en estar presente y disfrutar cada momento tal cual llega, dejar que mis hijas se desarrollen a su ritmo en lugar de tratar de imponerles que hagan algo con lo que, en realidad, no se sienten cómodas; se trata de nutrirlas y guiarlas. Todo eso lo aprendí de Phil.» Agradezco esas palabras.

Al comienzo de los *play-offs*, Kobe tendría diversas oportunidades de poner a prueba sus aptitudes como líder. Durante la temporada regular las lesiones acosaron al equipo, no solo a Kobe, sino a otros jugadores. Tanto Pau Gasol como Andrew Bynum se perdieron diecisiete partidos debido a varios problemas y Luke Walton estuvo de baja la mayor parte de la temporada a causa de un intenso dolor de espalda. La mayor parte del tiempo la química del equipo fue buena, lo que nos permitió conservar el primer puesto de la Conferencia Oeste, con un balance de 57-25, pese a que a finales de temporada sufrimos una racha negativa de 4-7.

Nuestro adversario en la primera ronda fueron los Oklahoma City Thunder, equipo que nos presionó más de lo previsto. Con el propósito de inquietar a Kevin Durant, su joven y prometedor alero, declaré a los periodistas que, en mi opinión, los árbitros lo malcriaban concediéndole un montón de canastas fáciles, como si fuera una superestrella. (Lo digo porque durante la temporada lanzó la mayoría de los tiros libres, en gran medida debido a la jugada que empleaba, enganchando el brazo con el que lanzaba por debajo de los brazos de los defensores, jugada que desde entonces ha sido prohibida por la NBA.) Con ese comentario Durant se puso a la defensiva, que era exactamente lo que yo pretendía, y la NBA me multó con 35.000 dólares, algo que no entraba en mis planes. Tal como sucedieron las cosas, Durant no tuvo un gran rendimiento en la serie, aunque sospecho que en esto tuvo más que ver la defensa que aplicó Ron que no mi verborrea.

La estrategia de los Thunder consistió en dejar libre a Ron en las esquinas con la intención de recuperar los rebotes cuando fallaba e iniciar rápidos contraataques. Ron les dio el gusto y falló veinte de sus veintitrés lanzamientos en los cuatro primeros encuentros. El veloz ataque de los Thunder, así como nuestra lenta defensa de transición, permitieron que Oklahoma City ganase dos partidos en su cancha y empatara la serie a dos.

En los cuatro primeros partidos Kobe había tenido que hacer un gran esfuerzo, pero en el quinto renació después de que le extrajeran una considerable cantidad de líquido de la rodilla. Una de nuestras mejores estrategias consistió en encomendarle que marcara a Russell Westbrook, el base libre de los Thunder, que había hecho lo que le daba la gana con nuestros bases y escoltas. Kobe no solo mantuvo a Westbrook en quince puntos en cuatro de trece lanzamientos, sino que activó nuestro ataque convirtiéndose en facilitador del juego y moviendo el balón por dentro para pasárselo a Pau, que anotó veinticinco puntos, y a Bynum, que consiguió veintiuno. Marcador final: Lakers 111, Thunder 87.

En el sexto enfrentamiento, el director de orquesta fue Artest, que redujo al 21,7 por ciento el acierto de tiros de campo de Durant, uno de los porcentajes más bajos en la historia de los *play-offs*. De todas maneras, el juego fue un toma y daca hasta el último segundo, en el que Pau palmeó un lanzamiento de Kobe que no entraba y selló la victoria por 95-94.

Las dos rondas siguientes no fueron tan angustiosas. Lo mejor fue que, como la rodilla ya no le molestaba tanto, de repente Kobe comenzó a promediar cerca de treinta puntos por encuentro. Tras liquidar a los Jazz en cuatro enfrentamientos, en las finales de la Conferencia Oeste, nos enfrentamos con los Phoenix Suns, el equipo más destacado de la liga desde la pausa del All-Star. No eran tan grandiosos como la alineación de los Lakers, pero tenían una sólida combinación 1-2 gracias a Steve Nash y Amar'e Stoudemire, así como un banquillo fuerte y una defensa enérgica y compacta.

El momento decisivo se produjo en el quinto partido, que tuvo lugar en Los Ángeles. La serie estaba empatada a dos y el marcador permaneció muy igualado casi todo el tiempo. Avanzado el partido, que los Lakers ganaban por tres puntos, Ron cogió un rebote ofensivo y, en lugar de esperar a que pasase el tiempo, lanzó un triple mal preparado y erró, lo que permitió a los Suns luchar y empatar el encuentro con un triple. Por suerte, Ron se redimió cuando quedaban muy pocos segundos, ya que recuperó un caprichoso tiro en suspensión de Kobe y anotó los puntos ganadores justo cuando sonaba la bocina.

Dos días después viajamos a Phoenix y finiquitamos la serie. Ron revivió, consiguió cuatro de siete desde la línea de tres y anotó veinticinco puntos. Todo indicaba que por fin demostraba su valía..., justo cuando más lo necesitábamos.

En cuanto comenzaron las finales del campeonato, mis inquietudes se centraron en la hiriente defensa de los Boston Celtics. Su estrategia consistió en taponar la zona con cuerpos voluminosos, presionar a nuestros hombres pequeños para que perdieran el balón y obligar a Lamar y a Ron a lanzar tiros en suspensión. Se trataba de un buen plan, que en el pasado había dado resultados, pero ahora éramos más resilientes que en 2008 y teníamos una mayor variedad de opciones anotadoras.

Impulsados por Pau, que estaba impaciente por demostrar al mundo que no era un perdedor «blando», apelativo que la prensa le había endilgado en 2008, en el primer encuentro salimos a por todas. En el segundo, los Celtics respondieron con el asombroso rendimiento del escolta Ray Allen, que anotó treinta y dos puntos, incluidos ocho triples, que se convirtieron en el récord en una final. Aunque Fish soportó muchas críticas de los medios de comunicación por no poder controlar a Allen, Kobe también tuvo dificultades para contener al base Rajon Rondo, que consiguió un triple-doble. De repente la serie quedó empatada a uno y emprendimos el viaje para librar tres encuentros en Boston.

En el tercero le tocó saldar cuentas a Fish. En primer lugar, anuló a Allen en defensa y le forzó a no anotar ni uno solo de sus trece intentos de campo, uno menos que el récord de una final. En el cuarto partido, Fish se apropió del partido, anotó once puntos seguidos y recuperó la ventaja de pista para los Lakers. Exultante por lo que acababa de conseguir, terminado el encuentro entró en el vestuario, donde le costó contener las lágrimas. Los Celtics no se dieron por vencidos. Ganaron los dos encuentros siguientes, se adelantaron 3-2 en la serie y dieron pie a la confrontación clásica en Los Ángeles.

Tex Winter solía decir que nuestros anillos habían sido desencadenados por un partido en el que habíamos dominado totalmente a nuestros adversarios. El sexto encuentro tuvo esas características. Dominamos en el primer cuarto, superamos claramente a los Celtics por 89-67 y volvimos a empatar la serie.

Por su parte, el espíritu de Boston permaneció prácticamente intacto. Al inicio del séptimo partido salieron decididos a luchar y consiguieron una ventaja de seis puntos. Mediado el tercer cuarto, los Celtics acrecentaron la diferencia hasta los trece, por lo que decidí hacer algo atípico y solicité dos tiempos muertos. En esa ocasión no podía quedarme cruzado de brazos y esperar a que a los jugadores se les ocurriese una solución: necesitaba movilizar urgentemente la energía.

El problema consistía en que Kobe estaba tan desesperado por ganar que había abandonado el triángulo ofensivo y vuelto a sus antiguas costumbres de pistolero, pero se sentía tan presionado que fallaba. Le aconsejé que confiase en el sistema: «No tienes que hacerlo todo solo. Permite que el juego te llegue».

Este es el ejemplo clásico del momento en el que es más importante prestar atención al espíritu que al marcador. Poco después, oí que Fish elaboraba con Kobe un plan para volver a introducirlo en el ataque en cuanto abandonase el banquillo y volviera a la cancha.

Kobe cambió el chip, todo volvió a fluir y paulatinamente redujimos la ventaja de los Celtics. La clave estuvo en el triple de Fish cuando quedaban seis minutos y once segundos de partido, que puso el marcador 64-64 y que desencadenó un parcial de 9-0 que permitió que nos adelantásemos por seis puntos. Los Celtics se situaron a tres puntos gracias al triple de Rasheed Wallace, a falta de un minuto y veintitrés segundos, pero Artest respondió inmediatamente con otro triple y acabamos ganando por 83-79.

La belleza de ese partido estaba en su descarnada intensidad. Fue como ver que dos pesos pesados veteranos que habían luchado con todas sus armas regresaban al cuadrilátero por última vez y que se esforzaban hasta que sonaba la última campana.

Las emociones se desbordaron cuando acabó el partido. Kobe, que aseguró que esa victoria era, «con mucho, la más dulce», se subió de un salto a la mesa del marcador, se regodeó con las aclamaciones de los seguidores, extendió los brazos y dejó que la lluvia de confeti púrpura y dorada cayese sobre él. Fish, que solía ser el estoicismo personificado, volvió a llorar en el vestuario cuando abrazó a un Pau Gasol también con los ojos llenos de lágrimas. Magic

359

Johnson, que había participado en las celebraciones de cinco campeonatos, confesó a Micke Bresnahan, de *Los Angeles Times*, que jamás había visto semejante manifestación de emociones en el vestuario de los Lakers. «Creo que por fin comprendieron la historia de la rivalidad y lo difícil que resultaba vencer a los Celtics.»

Aquella fue la victoria más gratificante de mi carrera. La temporada había sido ardua, salpicada de incoherencias y de lesiones engorrosas, pero al final los jugadores se convirtieron en un ejemplo de valor y de trabajo en equipo. Me conmovió ver cómo Pau superaba el estigma de «blandito» que durante dos años lo había perseguido y la forma en la que Fish luchó después de ser calcinado por Ray Allen. También fue enternecedor ver que Ron maduraba, desempeñaba una función clave a la hora de contener a Pierce y realizaba los lanzamientos correctos justo cuando los necesitábamos. Posteriormente declaró: «No me imaginaba que ganar ese trofeo me haría sentir tan bien. Ahora me parece que soy alguien».

360

Más allá de la emoción de conseguir otro anillo, hubo algo profundamente satisfactorio en dejar atrás la maldición de los Celtics con una apoteósica victoria en nuestro pabellón. La afición desempeñó un papel muy importante en ese triunfo. Los seguidores de los Lakers suelen ser objeto de burla por su actitud serena y relajada, pero aquel día se mostraron más fogosos que nunca.

Fue como si ellos también entendieran instintivamente la importancia simbólica de ese momento, la importancia no solo para el equipo, sino para el conjunto de la comunidad angelina. En la ciudad de los sueños, ese fue el único *reality show* real.

Capítulo veintidós

Este partido está en la nevera

Todos somos fracasados..., al menos los mejores.

J. M. Barrie

*T*al vez tendría que haber puesto punto final a mi trayectoria mientras los seguidores nos aclamaban y el confeti caía, pero la vida nunca está tan programada.

Tuve mis reservas a la hora de seguir en activo durante la temporada 2010-11. En primer lugar, la rodilla derecha me causaba problemas y estaba deseoso de entrar en el quirófano para que me implantaran una prótesis. En segundo lugar, aunque continuaría la mayor parte del núcleo del equipo, probablemente perderíamos a varios jugadores clave, sobre todo a los bases Jordan Farmar y Sasha Vujacic, que se convertirían en agentes libres. Sabía que sería muy difícil reemplazarlos. En tercer lugar, tenía el anhelo secreto de librarme del agotador calendario de viajes de la NBA y de la presión de estar constantemente expuesto al público.

Durante las finales de la Conferencia Oeste, almorcé en Phoenix con el doctor Buss para hablar de la próxima temporada. Comentó que las negociaciones contractuales con el sindicato de jugadores no iban bien y que suponía que los propietarios declararían el cierre patronal una vez concluida la temporada 2010-11. Eso significaba que los Lakers debían tomar medidas urgentes para recortar gastos. Añadió que los dueños de otros clubes se habían quejado de mi salario, ya que las condiciones de mi contrato los obligaban a pagar más a sus entrenadores. Vayamos al grano: si decidía quedarme, mi sueldo se reduciría.

Contesté que respondería en julio. Como es obvio, sabía que me costaría decir que no a Kobe y a Fish en el supuesto de que ganásemos las finales. Poco después de nuestro triunfo ante los Celtics, ambos me enviaron suplicantes mensajes de móvil en los que me pedían que me quedase para «volver a conquistar un triplete».

Negocié un acuerdo por un año con el doctor Buss y me puse a trabajar con Mitch Kupchak en la preparación de la nueva plantilla. Puse a la campaña el nombre de «último desafío», definición que, ay, fue un modo bastante acertado de describir esa triste temporada.

Tuvimos que reemplazar cerca del cuarenta por ciento de la plantilla de la temporada anterior. Además de decir adiós a Jordan y a Sasha, que a mediados de diciembre serían traspasados a los Nets, perdimos al pívot reserva Didier Ilunga-Mbenga, así como al alero Adam Morrison y al ala-pívot Josh Powell. Los sustituimos por una mezcla de jugadores veteranos y jóvenes, los más prometedores de los cuales eran el alero Matt Barnes y el base Steve Blake. Barnes se lesionó la rodilla y no jugó casi un tercio de la temporada, mientras que hacia el final Blake cogió la varicela, lo que redujo sus minutos de juego en los *play-offs*. Por si eso fuera poco, Theo Ratliff, el pívot de treinta y siete años que incorporamos como suplente de Andrew Bynum, se lesionó y no pudo jugar muchos minutos. De todas maneras, nuestros hombres altos no me preocupaban. Lo que me inquietaba tenía que ver con la falta de juventud y de energía del equipo. Jordan, Sasha y Josh pinchaban constantemente a los veteranos para que incrementasen el nivel de energía. Perderlos suponía que nuestros entrenamientos no serían tan intensos como antes, lo cual no auguraba nada bueno.

La rodilla derecha de Kobe fue otro de los problemas. En vacaciones se había sometido a otra artroscopia y luego comentó que su rodilla había perdido tanto cartílago que los médicos le informaron de que era «casi hueso sobre hueso». Siguió teniendo problemas para recuperarse después de los partidos y de los entrenamientos intensos, por lo que redujimos su tiempo de práctica la víspera de los partidos con la esperanza de que el descanso adicional acelerase la recuperación. Esa situación también redujo la intensidad de los entrenamientos y, lo que es todavía más importante, aisló a Kobe de sus compañeros, con lo cual, entrada la temporada, se generó un vacío de liderazgo.

Pese a esos problemas, el equipo tuvo un saludable inicio de 13-2 y parecía estar bastante fuerte hasta que, el día de Navidad, los renovados Miami Heat, liderados por LeBron James, nos aplastaron por 96-80. Justo antes del partido del All-Star emprendimos una gira que concluyó con tres perturbadoras derrotas ante Orlando, Charlotte y Cleveland.

En el partido contra los Cavaliers, en esas fechas el equipo peor clasificado de la NBA, Kobe tuvo problemas de faltas luchando con el escolta Anthony Parker y Ron Artest intentó salvar la situación, pero cometió una sucesión de errores que, hacia la mitad del encuentro, nos llevaron a perder por cinco puntos. Kobe y Fisher estaban muy descontentos. Dijeron que no entendían qué intentaba hacer Ron, sobre todo en la pista, ya que dificultaba la organización de un ataque cohesionado.

Durante la pausa del All-Star convoqué una reunión y hablamos de las diversas maneras de volver a encarrilar el equipo. Chuck Person, el nuevo entrenador asistente, propuso que probásemos un sistema defensivo que, según aseguraba, nos ayudaría a protegernos de nuestro viejo coco, los bloqueos y continuación, y de paso reforzaría nuestros lazos como equipo. El sistema era contrario al sentido común y exigía que los jugadores desaprendieran gran parte de las jugadas defensivas que practicaban desde su época en el instituto. Algunos entrenadores asistentes consideran arriesgado incorporar en plena temporada un enfoque radicalmente distinto como aquel, pero pensé que intentarlo merecía la pena.

La pega principal consistió en que, debido a los problemas de rodilla, Kobe no tendría suficiente tiempo para practicar el nuevo sistema con el equipo. Me convencí de que no era un obstáculo excesivamente importante. Kobe aprendía deprisa y era muy hábil a la hora de adaptarse a situaciones desafiantes. Comenzamos a probar el sistema en los partidos y con frecuencia se enfadó con sus compañeros y les dio instrucciones que se contradecían con lo que habían practicado. Más adelante esa desconexión nos fastidiaría.

364 De todas maneras, al principio el nuevo sistema funcionó y después de la pausa del All-Star tuvimos una racha de 17-1. A principios de abril perdimos cinco encuentros seguidos, incluido el enfrentamiento con el que supuestamente era el mejor equipo de bloqueo y continuación de toda la liga: los Denver Nuggets. Para mantener el segundo puesto de la conferencia nos vimos obligados a ganar el último partido de la temporada..., contra Sacramento y en la prórroga. No era la primera vez que sufríamos bajones al final de la temporada y, a pesar de todo, nos habíamos alzado con el triunfo, pero en esa ocasión todo fue distinto. No tendríamos que estar luchando tanto a esas alturas del calendario.

No sirvió de mucho que nuestros contrincantes en la primera ronda de los *play-offs* fuesen los New Orleans Hornets, cuyo base estrella, Chris Paul, apenas tuvo dificultades para romper nuestro sistema defensivo y causar estragos por toda la pista. Los Hornets también contaban con Trevor Ariza, un antiguo Laker que estaba empeñado en demostrar lo mucho que nos habíamos equivocado al prescindir de sus servicios. Lo hizo muy bien, creando problemas defensivos a Kobe y anotando varios triples clave. Casi sin que nos diéramos cuenta, los Hornets se hicieron con el primer partido en Los Ángeles por 109-100 y tuvimos que luchar denodadamente para adelantarnos en la serie por 2-1.

Los Hornets no fueron nuestro único obstáculo. Tras el entrenamiento del sábado, antes del cuarto partido, Mitch se reunió con cada uno de los miembros de mi equipo técnico y les comunicó que sus contratos, que finalizaban el 1 de julio, no serían renovados. Me refiero a todos los entrenadores asistentes, los preparadores físicos, los masajistas, los instructores de peso y de forma y el responsable de los equipos, es decir, todos salvo el preparador atlético Gary Vitti, que tenía contrato por dos años. Dada la perspectiva del cierre patronal de la NBA, Mitch quería darles tiempo para que buscaran otro trabajo. El momento de hacer ese anuncio, en medio de la reñida serie de la primera ronda, ejerció un efecto destructivo no solo en el personal técnico, sino en los jugadores.

Como si con eso no bastase, esa madrugada el *rookie* Derrick Caracter fue detenido porque presuntamente agarró y zarandeó a la cajera de un International House of Pancakes, por lo que fue acusado de agresión, de embriaguez en lugar público y de desacato a la autoridad. El domingo fue puesto en libertad bajo fianza y no fue acusado, pero tampoco jugó el cuarto encuentro, que los Hornets ganaron, con lo cual la serie quedó empatada a dos.

Analizábamos en grupo los vídeos de los partidos cuando notamos que Chris Paul esquivaba la defensa y obligaba a uno de nuestros pívots a cambiar de posición y marcarlo, que era exactamente lo que pretendía.

Apagué el reproductor y pregunté:

—Bien, chicos, ¿qué opináis? Da la sensación de que nuestra defensa está totalmente confundida. No sabemos lo que queremos. Eso significa ponernos en sus manos.

Fish fue el primero en contestar:

—Hay algo que va mal. Sé que hemos tenido muchos problemas y que algunos habéis estado lesionados, puede tener que ver con nuestra actitud o con nuestra falta de concentración, pero algo no va bien.

Tras oír esa respuesta, cogí una silla, me senté ante los jugadores y les hablé de un problema personal con el que luchaba desde hacía dos meses, problema que evidentemente habían captado a nivel energético y no verbal: en marzo me habían diagnosticado cáncer de próstata. A lo largo de las semanas siguientes me dediqué a pensar cuál era el mejor camino a seguir. Al final, decidí esperar a que pasasen los *play-offs* para operarme, ya que mi médico me aseguró que, al menos de forma transitoria, controlaríamos con medicación la evolución del tumor.

—Ha sido una época difícil para mí —reconocí—. Chicos, no sé si ha influido en mi capacidad de daros el ciento por ciento de lo que estoy acostumbrado a ofreceros. Reconozco que ha habido momentos en los que he estado más retraído que de costumbre.

Mientras hablaba se me cayeron las lágrimas y me pareció que los jugadores se sentían conmovidos. Pensándolo bien, no sé si tomé la decisión adecuada. Decir la verdad nunca es un error, pero puede tener graves repercusiones. El momento oportuno también es importante. Me pregunté si mi confesión uniría al equipo o solo conseguiría que los jugadores se compadeciesen de mí. Nunca antes me habían visto tan vulnerable. Para ellos era el «tío zen», el hombre que estaban seguros de que siempre mantendría la calma pese a estar sometido a presión. ¿Qué pensarían a partir de ese momento?

En retrospectiva, tendría que haber previsto lo que sucedió después. Nunca había visto a uno de mis equipos desplomarse de forma tan pavorosa y escalofriante. Al fin y al cabo, el equipo volvía a estar en modo campeonato y en los dos partidos siguientes nos deshicimos de los Hornets. Quedé tan impresionado por su rendimiento en el sexto encuentro que declaré a los periodistas que, en mi opinión, esa escuadra tenía «el potencial para ser tan buena como cualquier otro equipo de los Lakers que he entrenado».

De más está decir que me adelanté a los acontecimientos.

No se debió a que nuestros siguientes adversarios, los Dallas Mavericks, representaran una gran amenaza. Se trataba de un talentoso equipo de veteranos que había finalizado la temporada con el mismo balance que nosotros: 57-25. En el pasado siempre los habíamos dominado y en marzo los habíamos vencido sin dificultades, lo que nos permitió conquistar la serie de tres partidos de la temporada regular por 2-1 y contar con la ventaja de pista en los *play-offs*.

Sin embargo, los Mavericks nos crearon problemas graves de emparejamiento. Ante todo, no contábamos con nadie capaz de seguir el ritmo de José Juan Barea, el menudo y veloz base que, al igual que Chris Paul, fue muy hábil a la hora de superar nuestra defensa. Albergábamos la esperanza de que Steve Blake, más ligero y ágil que Fish, se convirtiese en nuestro tapón defensivo, pero después de haber pasado la varicela no estaba en condiciones de correr. En segundo lugar, los Mavericks se las apañaron para contener a Kobe con DeShawn Stevenson, escolta sólido y musculoso, y prácticamente neutralizaron a Andrew Bynum con el dúo de pívots formado por Tyson Chandler y Brendan Haywood. Además, como Barnes y Blake no estaban en plena forma, nuestro banquillo tuvo dificultades para enfrentarse a la segunda unidad de los de Dallas, sobre todo al sexto hombre Jason Terry, devastador desde la zona de triples.

Una de las mayores decepciones tuvo que ver con la actuación de Pau, que en el pasado se había desempeñado bien contra los Mavericks. Los árbitros permitieron que Dirk Nowitzki, ala-pívot de los de Dallas, empujase a Pau y le impidiera ocupar firmemente la posición de poste, lo que nos causó muchos problemas a la hora de atacar. Insistí

367

a Pau para que luchase, pero se debatía con un grave problema familiar y no estaba concentrado. Como no podía ser de otra manera, los medios de comunicación se inventaron explicaciones para justificar el rendimiento menos que estelar de Pau, incluidos cotilleos como que había roto con su novia y había tenido una disputa con Kobe, nada de lo cual era cierto. De todas maneras, los rumores perturbaron a Pau e influyeron en su concentración.

El primer encuentro fue un misterio para mí. De buen principio dominamos y en el tercer cuarto llevábamos lo que consideré una sólida ventaja de dieciséis puntos. Repentinamente y sin saber por qué, dejamos de jugar tanto en defensa como en ataque y la energía pasó a los Mavericks. Hacia el final del último cuarto todavía teníamos posibilidades de ganar pero, de forma nada característica, perdimos varias oportunidades de definir el partido. A cinco segundos del final los Mavericks ganaban por un punto cuando Kobe tropezó intentando esquivar a Jason Kidd y el pase de Pau se le escapó. A continuación hicieron falta a Kidd, que encestó uno de los tiros libres, y Kobe falló un triple abierto en el mismo momento en el que sonaba la bocina. Los Mavericks ganaron por 96-94.

En el segundo encuentro la situación fue de mal en peor. Salimos con fuego en la mirada, pero no tardó en apagarse. Los Mavericks no vencieron debido a la brillantez de su juego, que no existió, sino a que nos superaron en agresividad y se las apañaron para aprovechar nuestras jugadas defensivas en cámara lenta. La gran sorpresa la dio Barea, que estuvo prácticamente imparable y, sin esfuerzo, superó con gran habilidad a los defensores para conseguir doce puntos (equivalente al total de nuestro banquillo) y cuatro asistencias. Nowitzki superó fácilmente a Pau y anotó veinticuatro puntos, que contribuyeron a la victoria de los Mavericks por 93-81. En los últimos segundos del encuentro, Artest estaba tan frustrado que se colgó de Barea, que intentaba presionarle en defensa, actitud que le valió un partido de suspensión. No tuvo una de sus mejores noches.

La ausencia de Artest nos dolió pero no resultó catastrófica. En el tercer partido lo sustituimos por Lamar y llevamos a cabo un esfuerzo concertado para mover el balón por dentro a fin de aprovechar nuestro mejor juego interior, que era más sólido. Funcionó durante la mayor parte del encuentro y nos permitió disponer de una ventaja de siete puntos cuando quedaban cinco minutos para el final. En ese momento los Mavericks, cargados de buenos lanzadores de tres, aprovecharon nuestra debilidad en el perímetro, sobre todo cuando empleamos una alineación corpulenta. Liderados por Nowitzki, que anotó treinta y dos puntos y cuatro de cinco triples, consiguieron la victoria por 98-92.

Tras esa derrota, mi hijo Charley me telefoneó para decirme que tanto él como sus hermanos Chelsea, Brooke y Ben tenían previsto volar a Dallas para asistir al siguiente encuentro. Le pregunté si se habían vuelto locos y respondió:

—No. No queremos perdernos tu último partido.

—¿Qué significa eso de mi último partido? El domingo ganaremos.

Desde que empecé a entrenar en la Continental Basketball Association, mis hijos siempre han ido al pabellón a los grandes encuentros. Por aquel entonces nos desplazábamos en coche desde nuestra casa en Woodstock para asistir a los enfrentamientos y June convertía esos trayectos en aventuras familiares. Cuando me incorporé a los Bulls, como los niños estudiaban, solo asistían a los partidos finales, viajes que pagaba el club. El ritual continuó cuando me trasladé a Los Ángeles, aunque para entonces tenían edad suficiente como para disfrutar de las fiestas relacionadas con las series. En 2011 habían asistido a tantas finales (trece, para ser exactos) que les gustaba decir que cada mes de junio la NBA les organizaba un juerga.

Mi momento preferido fue cuando se presentaron en Orlando para las finales de 2009 y me regalaron la gorra de baloncesto amarilla de los Lakers con el número ro-

369

mano X bordado para celebrar mi décimo campeonato. Me pregunté si habría una gorra con el XII.

Los buitres ya habían comenzado a rondarme. Al ver que llegaba a Dallas mi amigo Andy Bernstein, fotógrafo de la NBA, lo saludé a medias en broma y a medias en serio como «un muerto que camina». Por mucho que ahora parezca solo un pensamiento mágico, lo cierto es que estaba realmente convencido de que ganaríamos el cuarto enfrentamiento y nos llevaríamos la serie a Los Ángeles. He de reconocer que no había pensado mucho en cómo quería terminar mi carrera ni en lo que haría después. Solo intentaba concentrarme en el momento y llegar al próximo partido.

Transmití el siguiente mensaje a los jugadores: ganad el partido, haced que la serie vuelva a nuestro terreno y presionad a los Mavericks. Tal vez se me escapó algo, pero no tenía la sensación de que los jugadores habían tirado la toalla ni de que la serie ya estaba perdida. Tampoco pensé que se habían hartado de jugar juntos.

370

Cuando eres entrenador no experimentas los mismos temores que tienes como jugador. Como baloncestista, te obsesionas por no fastidiarla y cometer un error que destroce el encuentro. Como míster, piensas de qué manera puedes entusiasmar a esos chicos y lograr que se centren en el partido. Te planteas qué clase de perspectivas puedes ofrecerles para que jueguen con más espontaneidad y qué cambios puedes producir en tu forma de entrenar a fin de colocarlos en una posición ventajosa.

En el cuarto enfrentamiento, mi preocupación consistió en lograr que Pau desplazara a Nowitzki y consiguiera una mejor posición en el poste. La clave de nuestra victoria se basaba en el firme juego interior que iniciaba Pau. Durante el tercer encuentro me harté tanto de ver cómo lo empujaban que, para cabrearlo, le di un golpe en el pecho justo cuando salía de la pista. A la prensa le causó gracia y Pau entendió qué me proponía pero, por desgracia, no bastó.

Me temo que la varita mágica del entrenador no habría

servido de nada en el cuarto encuentro. Los Mavericks tuvieron el toque apropiado de principio a fin, consiguieron un extraordinario 60,3 por ciento en tiros de campo y del 62,5 por ciento desde la zona de tres; bailaron, rieron, se divirtieron y nos dieron una paliza: 122-86. Gran parte de los daños fueron obra de los reservas de los Mavericks, sobre todo de Terry, que conquistó el récord de los *play-offs* anotando nueve triples y 32 puntos; Predrag Stojakovic encestó seis triples de seis y Barea consiguió veintidós puntos corriendo por la pista como Correcaminos o el Coyote.

La primera mitad fue tan asimétrica que casi resultó cómica. En la media parte íbamos 63-39, pero me negué a rendirme. Dije a los jugadores que solo necesitábamos unos pocos ajustes defensivos y varios lanzamientos para darle la vuelta al partido. Comenzaron a intentarlo. En la mitad del tercer cuarto, Fish robó el balón e hizo un pase largo a Ron, que corrió totalmente solo por la pista. Podría haber sido el momento de cambiar la dirección del encuentro pero, al elevarse hacia la canasta, dio la sensación de que no sabía qué hacer con el balón, por lo que se le escapó de las manos y rodó por el borde del aro. Poco después Terry encestó un triple y puso fin a lo que había sido nuestra última amenaza.

Fue muy duro ver lo que pasó a continuación. En el último cuarto, Lamar hizo una fea falta a Nowitzki y lo expulsaron. Segundos después, Bynum asestó a Barea un peligroso codazo y lo arrojó al suelo. Fue inmediatamente expulsado y, más tarde, suspendido durante cinco encuentros. Al abandonar la cancha se quitó la camiseta y mostró el pecho a los seguidores, gesto bochornoso y típico de una liga menor.

Todo había terminado.

Cuando pensaba que un enfrentamiento estaba decidido, Chick Hearn, el difunto locutor de los Lakers, solía decir: «¡Este partido está en la nevera; la puerta se ha cerrado, la luz se ha apagado, los huevos se enfrían, la mantequilla se endurece y la gelatina tiembla!».

En aquel momento esas palabras resultaron muy verídicas, no solo con relación al encuentro, sino a ese intento de ganar el campeonato y a mi época como entrenador principal de los Lakers.

Todo estaba en la nevera.

Nunca he sido hábil para afrontar las pérdidas. Como tantos competidores, una de las fuerzas principales que han impulsado mi vida no solo ha sido la de ganar, sino la de evitar perder. Por alguna razón, ese fracaso no me afectó tanto como otras pérdidas que he sufrido en mi trayectoria dedicada al baloncesto. Se debió, en parte, a que no eran las finales. Es mucho más fácil hacer frente a la derrota en las primeras rondas que en un encuentro en el que sientes que estás a punto de conquistar el anillo. Además, la manera en la que se desplegó el último partido con los Mavericks fue tan absolutamente absurda que resultó difícil tomársela en serio.

372   No me gustó la forma en la que los jugadores se comportaron al final del partido. Cuando nos reunimos por última vez en el vestuario, me pareció poco adecuado soltar un discurso sobre el manual de comportamiento en la NBA, así que dije: «Creo que esta noche no jugamos correctamente. No sé qué ha pasado en este momento concreto y es probable que la prensa le atribuya mucha importancia, pero no deberíais considerar este partido como la vara de medir vuestra capacidad o vuestra competitividad. Sois mucho mejores». Me moví por el vestuario y agradecí personalmente a cada jugador la gran tarea que habíamos compartido a lo largo de los años.

Por regla general, a los jugadores les resulta más fácil asimilar las pérdidas que a los entrenadores. Se meten en la ducha, salen y dicen: «Estoy cansado y tengo hambre. Vayamos a cenar». Los entrenadores no disfrutan de la misma clase de liberación que produce practicar un deporte agotador. Nuestro sistema nervioso continúa en plena actividad una vez que se apagan los focos del estadio.

En mi caso, los nervios suelen activarse en plena noche. Duermo unas horas y de repente mi cerebro despierta y empieza a dar vueltas: «¿Tendría que haber hecho eso o aquello? Por Dios, el castigo del último cuarto fue mortificante. Quizá tendría que haber modificado la jugada...». Y así hasta el infinito. A veces necesito sentarme y meditar largo rato para que el runrún cese y pueda volver a dormir.

El entrenamiento te conduce a una montaña rusa emocional que cuesta detener, por mucho que hayas practicado diligentemente el desprenderte de tu deseo de que las cosas no sean como en realidad son. Da la sensación de que siempre hay algo más, por pequeño que sea, de lo que prescindir. El maestro zen Jakusho Kwong propone que nos convirtamos en «participantes activos de la pérdida». Añade que hemos sido condicionados para buscar solo el triunfo, ser felices y procurar satisfacer la totalidad de nuestros deseos. Por mucho que a cierto nivel comprendamos que la pérdida es la catalizadora del crecimiento, la mayoría de las personas siguen considerando que la pérdida es lo contrario a la ganancia y que hay que evitarla a toda costa. Si algo he aprendido en mis años de práctica del zen y como entrenador de baloncesto es que lo que resiste perdura. A veces el desprendimiento ocurre enseguida y otras requiere varias noches o semanas en vela.

Después de hablar con los jugadores, recorrí el pasillo del American Airlines Center en dirección a la sala donde esperaban mis hijos. Estaban desconsolados. Algunos tenían los ojos llenos de lágrimas y el resto se mostraban incrédulos.

«No me lo puedo creer —declaró Chelsea—. Es el partido más difícil que hemos visto. ¿Por qué tuvo que ser justamente este?»

Desde entonces me he hecho varias veces la misma pregunta. Tenemos tendencia a achacar la culpa a otro cuando sucede un desastre imprevisto. Los columnistas se dieron un festín culpando a todo el mundo de esa de-

373

rrota, desde Kobe y Pau, pasando por Fish, hasta Ron y Lamar..., y, por descontado, a mí. Andrew declaró a la prensa que consideraba que el equipo tenía «problemas de confianza» pendientes y es posible que haya algo de verdad en sus palabras. Considero que diversos factores impidieron que ese equipo de los Lakers se conjuntara en esa fuerza integrada y ganadora de campeonatos que con anterioridad tantas veces había sido.

La fatiga fue un factor considerable. Hacen falta muchas agallas, tanto física y psicológica como espiritualmente, para ganar un campeonato. Cuando lanzas para conquistar el tercer anillo consecutivo, has jugado tantos partidos que cada vez es más difícil apelar a los recursos interiores que te permiten alzarte con el triunfo. Además, muchos individuos clave del equipo, yo incluido, estábamos dispersos debido a cuestiones personales que nos impidieron luchar con el mismo espíritu competitivo del pasado. Como declaró llanamente Lamar una vez terminado el partido: «Simplemente nos faltó algo».

Los sabios budistas sostienen que «solo hay una distancia casi imperceptible» entre el cielo y la tierra. Creo que lo mismo se aplica al baloncesto. Ganar un campeonato es un acto de delicado equilibrio y con la voluntad solo puedes lograr algo hasta cierto punto. Como líder tu tarea consiste en hacer cuanto está en tu mano para crear las condiciones perfectas para el éxito, aparcando tu ego e inspirando al equipo para que juegue de la manera correcta, aunque llegados a cierto punto tienes que soltarte y entregarte a los dioses del baloncesto.

El alma del éxito consiste en entregarse a lo que existe.

Agradecimientos

*L*a elaboración de este libro comenzó en el invierno de 2011-12 en el salón de la casa de Phil en la californiana Playa del Rey, una apacible ciudad a orillas del océano. La sala, un espacio inmenso que mira al Pacífico, abunda en recuerdos: una foto de Edward Curtis de un guerrero kutenai recolectando juncos en una canoa que surca las aguas del lago Flathead; el retrato, semejante a un tótem, del equipo de los Lakers que conquistó el segundo triplete y una réplica gigantesca del anillo de campeones de 2010. Al otro lado de los ventanales, las promesas olímpicas jugaban al vólei-playa, al tiempo que un desfile de angelinos con chándales de vivos colores paseaban montados en patines en línea, bicicletas, patinetes y otros vehículos no contaminantes.

De cuando en cuando, Phil dejaba de explicar las maravillas del triángulo ofensivo y contemplaba el océano con mirada ensoñadora. «Mira», decía, y señalaba una barca de pesca que se alejaba o un grupo de delfines que retozaba en las aguas cercanas a la playa. Permanecíamos en silencio, observando lo que me había mostrado, hasta que decidía que había llegado el momento de volver a desvelar los secretos del «cerdito ciego» o cualquier otro aspecto misterioso de las jugadas jacksonianas.

En el fondo del salón hay un pequeño espacio de meditación, rodeado de biombos de bambú de estilo japonés, en el que casi todas las mañanas Phil practica zazen. De la pared cuelga un maravilloso dibujo caligráfico de enso, el símbolo zen de la unidad o la integridad, con las siguientes palabras de Tozan Ryokai, monje budista del siglo ix:

No intentes ver el mundo objetivo.
Tú, al que se da un objeto para que veas que es muy distinto de ti mismo.
Sigo mi camino y me encuentro conmigo mismo, que incluye todo aquello con lo que me cruzo.
No soy algo que pueda ver (como un objeto).
Cuando comprendes que tú mismo lo incluyes todo, alcanzas por fin tu verdadero camino.

En eso radica la esencia de lo que hemos intentado transmitir en este libro: el sendero de la transformación consiste en verte a ti mismo como algo que va más allá de los estrechos confines de tu ego, algo que «lo incluye todo».

Por mucho que los señores de la prensa intenten representarlo de otra manera, el baloncesto no es un deporte individual. Si a eso vamos, tampoco es un deporte de cinco personas. Se trata de una danza compleja que requiere que todo suceda en el mismo momento determinado: el deslizamiento del balón por el borde del aro, el murmullo del público, el brillo de la cólera en los ojos de tu adversario, la cháchara de tu mente inquieta.

Otro tanto se aplica a la escritura. Crear un libro como este va más allá del trabajo solitario de dos hombres que teclean en sus portátiles. Afortunadamente, en este proyecto hemos contado con la bendición de un equipo extraordinario de hombres y mujeres que han colaborado con sus propuestas, sus ideas creativas y su esfuerzo para que cobrase vida.

Ante todo, queremos manifestar nuestro agradecimiento a nuestra agente, Jennifer Rudolph Walsh, de Wi-

376

lliam Morris Entertainment, por ayudarnos a darle vida y por alimentarlo a lo largo del camino. También vaya nuestra gratitud para el agente extraordinario Todd Musburger por su perseverancia, su integridad y su habilidad para conjuntar las piezas.

Tenemos una gran deuda de gratitud con Scott Moyers, nuestro editor, por defender desde el principio la visión de *Once anillos* y lograr que se hiciera real. Vayan también nuestras alabanzas para Mally Anderson, la asistente de Scott, y para el resto del equipo editorial de The Penguin Press por su elegancia jordanesca cuando se vieron presionados.

Deseamos manifestar nuestro especial agradecimiento a los jugadores, a los entrenadores, a la prensa y a cuantos se tomaron la molestia de compartir con nosotros sus reflexiones particulares sobre Phil y los acontecimientos referidos en este libro. En concreto, nos gustaría dar las gracias al senador Bill Bradley y a Mike Riordan por sus comentarios sobre los Knicks; a Michael Jordan, Scottie Pippen, John Paxson, Steve Kerr y Johnny Bach por los relativos a los Bulls, y a Kobe Bryant, Derek Fisher, Rick Fox, Pau Gasol, Luke Walton, Frank Hamblen, Brian Shaw y Kurt Rambis por sus aportaciones referentes a los Lakers. Gracias también a Bill Fitch, Chip Schaefer, Wally Blase, George Mumford, Brooke Jackson y Joe Jackson por sus colaboraciones de incalculable valor.

Tenemos una deuda de gratitud concreta con los escritores Sam Smith y Mark Heisler por su asesoramiento y su conocimiento profundo de la NBA. Rick Telander, columnista del *Chicago Sun-Times*, también supuso una gran ayuda, así como los reporteros Mike Bresnahan, de *Los Angeles Times*, y Kevin Ding, del *Orange County Register*.

Nos quitamos el sombrero ante John Black, mago de las relaciones públicas de los Lakers, y su equipo, por allanar el camino como solo él sabe hacerlo. También nos gustaría dar las gracias a Tim Hallam y a su equipo en los Bulls.

Vaya un agradecimiento muy especial a los colabora-
dores de Phil en los libros anteriores, los escritores
Charley Rosen (*Maverick* y *More Than a Game*) y Mi-
chael Arkush (*La última temporada*) y los fotógrafos
George Kalinsky (*Take It All!*) y Andrew D. Bernstein
(*Journey to the Ring*). Asimismo, nos hemos beneficiado
de las perspectivas de otros autores que aparecen en di-
chas obras: *Life on the Run*, de Bill Bradley; *Miracle on
33rd Street*, de Phil Berger; *Garden Glory*, de Dennis
D'Agostino; *Red on Red*, de Red Holzman y Harvey
Frommer; *Mindgames* y *The Show*, de Roland Lazenby;
Playing for Keeps, de David Halberstam; *The Jordan Rules*, de Sam Smith; *In the Year of the Bull*, de Rick Telander; *Ain't No Tomorrow*, de Elizabeth Kaye, y *Mad-
men's Ball*, de Mark Heisler.

Queremos agradecer las aportaciones de varios periodistas que han cubierto a Phil y a sus equipos a lo largo de
su trayectoria profesional, sobre todo a Frank Deford, Jack
McCallum y Phil Taylor, del *Sports Illustrated*; a Tim Ka-
wakami, Tim Brown, Bill Plaschke, T. J. Simers y Brode-
rick Turner, de *Los Angeles Times*; a Melissa Isaacson,
Terry Armour, Skip Myslenski, Bernie Lincicome y Bob
Verdi, del *Chicago Tribune*; a Lacy J, Banks, John Jackson
y Jay Mariotti, del *Chicago Sun-Times*; a Tim Sullivan y
Mark Ziegler, del *San Diego Union-Tribune*; a Howard
Beck y Mike Wise, del *New York Times*; a Mike Lupica,
del *New York Newsday*; a J, A, Adande, Ramona Shel-
burne y Marc Stein, de ESPN, y a Michael Wilbon, del
Washington Post.

Las investigadoras Sue O'Brian y Lyn Garrity lleva-
ron a cabo una labor excepcional a la hora de comprobar la
exactitud de los datos. Una gran reverencia para Kathleen
Clark por crear la maravillosa galería de imágenes y a
Brian Musburger y Liz Calamari por sus inagotables es-
fuerzos en la promoción del libro. Gracias también a
Chelsea Jackson, Clay McLachlan, John M. Delehanty,
Jessica Catlow, Rebekah Berger, Amanda Romeo, Gary
Mailman, Amy Carollo, Kathleen Nishimoto, Gayle Wa-

ller y Chrissie Zartman por su ayuda más allá de lo que podíamos imaginar.

Nos sentimos colmados, sobre todo, por el afecto y el apoyo de las dos más grandes defensoras de esta obra: Barbara Graham y Jeanie Buss.

Desde el principio, Barbara se ha entregado en alma y corazón a este proyecto y ha mejorado el libro con sus correcciones magistrales y su visión creativa.

De no ser por Jeanie, tal vez esta obra no habría visto la luz. Es la razón por la cual Phil regresó a los Lakers. Hemos de estar agradecidos a Jeanie, así como al difunto doctor Buss, por conceder a Phil la oportunidad de ganar sus dos últimos anillos.

PHIL JACKSON Y HUGH DELEHANTY
Febrero de 2013

Índice onomástico

393

Este libro utiliza el tipo Aldus, que toma su nombre
del vanguardista impresor del Renacimiento
italiano Aldus Manutius. Hermann Zapf
diseñó el tipo Aldus para la imprenta
Stempel en 1954, como una réplica
más ligera y elegante del
popular tipo
Palatino

***
**
*

Once anillos se acabó de imprimir
en un día de invierno de 2014,
en los talleres gráficos de Liberdúplex, s.l.u.
Crta. BV-2249, km 7,4, Pol. Ind. Torrentfondo
Sant Llorenç d'Hortons (Barcelona)

***
**
*